中华人民共和国
核安全法律法规汇编

大字版

中国法制出版社
CHINA LEGAL PUBLISHING HOUSE

目 录

法 律

中华人民共和国核安全法 ………………………………… 1
　　（2017 年 9 月 1 日）
中华人民共和国放射性污染防治法 ……………………… 29
　　（2003 年 6 月 28 日）
中华人民共和国国家安全法 ……………………………… 45
　　（2015 年 7 月 1 日）
中华人民共和国突发事件应对法 ………………………… 60
　　（2007 年 8 月 30 日）

行政法规及文件

中华人民共和国民用核设施安全监督管理条例 ………… 81
　　（1986 年 10 月 29 日）
核电厂核事故应急管理条例 ……………………………… 89
　　（2011 年 1 月 8 日）

放射性废物安全管理条例 …………………………………… 100
　　（2011 年 12 月 20 日）
中华人民共和国核材料管制条例 …………………………… 116
　　（1987 年 6 月 15 日）
民用核安全设备监督管理条例 ……………………………… 122
　　（2019 年 3 月 2 日）
放射性物品运输安全管理条例 ……………………………… 139
　　（2009 年 9 月 14 日）
放射性同位素与射线装置安全和防护条例 ………………… 160
　　（2019 年 3 月 2 日）
中华人民共和国核出口管制条例 …………………………… 182
　　（2006 年 11 月 9 日）
中华人民共和国核两用品及相关技术出口管制条例 ……… 187
　　（2007 年 1 月 26 日）
国家核应急预案 ……………………………………………… 193
　　（2013 年 6 月 30 日）
突发事件应急预案管理办法 ………………………………… 210
　　（2024 年 1 月 31 日）
国务院办公厅关于印发国家突发环境事件应急预案
　　的通知 …………………………………………………… 224
　　（2014 年 12 月 29 日）

目 录

部门规章及文件

国防科技工业军用核设施安全监督管理规定……… 245
　　（1999 年 11 月 8 日）
核动力厂、研究堆、核燃料循环设施安全许可程序
　　规定…………………………………………………… 253
　　（2019 年 8 月 26 日）
民用核设施操作人员资格管理规定………………… 274
　　（2021 年 1 月 27 日）
核设施的安全监督…………………………………… 287
　　（1995 年 6 月 14 日）
核电厂营运单位的应急准备和应急响应…………… 299
　　（1998 年 5 月 12 日）
核与辐射安全监督检查人员证件管理办法………… 313
　　（2013 年 12 月 30 日）
核动力厂管理体系安全规定………………………… 321
　　（2020 年 12 月 31 日）
放射性固体废物贮存和处置许可管理办法………… 340
　　（2019 年 8 月 22 日）
核材料管制条例实施细则…………………………… 349
　　（1990 年 9 月 25 日）

民用核安全设备设计制造安装和无损检验监督管理
　　规定（HAF601）······ 361
　　（2019 年 8 月 22 日）
民用核安全设备无损检验人员资格管理规定············ 379
　　（2019 年 6 月 13 日）
民用核安全设备焊接人员资格管理规定················ 389
　　（2019 年 6 月 12 日）
进口民用核安全设备监督管理规定（HAF604）········ 396
　　（2019 年 8 月 22 日）
放射性物品道路运输管理规定························ 411
　　（2023 年 11 月 10 日）
放射性物品运输安全许可管理办法···················· 425
　　（2021 年 1 月 4 日）
放射性物品运输安全监督管理办法···················· 442
　　（2016 年 3 月 14 日）
放射性同位素与射线装置安全许可管理办法············ 458
　　（2021 年 1 月 4 日）
放射性同位素与射线装置安全和防护管理办法·········· 475
　　（2011 年 4 月 18 日）
核安全信息公开办法································ 495
　　（2020 年 8 月 31 日）
军工核安全设备监督管理办法························ 501
　　（2015 年 5 月 31 日）

中华人民共和国核安全法

(2017年9月1日第十二届全国人民代表大会常务委员会第二十九次会议通过 2017年9月1日中华人民共和国主席令第73号公布 自2018年1月1日起施行)

第一章 总 则

第一条 为了保障核安全,预防与应对核事故,安全利用核能,保护公众和从业人员的安全与健康,保护生态环境,促进经济社会可持续发展,制定本法。

第二条 在中华人民共和国领域及管辖的其他海域内,对核设施、核材料及相关放射性废物采取充分的预防、保护、缓解和监管等安全措施,防止由于技术原因、人为原因或者自然灾害造成核事故,最大限度减轻核事故情况下的放射性后果的活动,适用本法。

核设施,是指:

(一)核电厂、核热电厂、核供汽供热厂等核动力厂及装置;

（二）核动力厂以外的研究堆、实验堆、临界装置等其他反应堆；

（三）核燃料生产、加工、贮存和后处理设施等核燃料循环设施；

（四）放射性废物的处理、贮存、处置设施。

核材料，是指：

（一）铀-235 材料及其制品；

（二）铀-233 材料及其制品；

（三）钚-239 材料及其制品；

（四）法律、行政法规规定的其他需要管制的核材料。

放射性废物，是指核设施运行、退役产生的，含有放射性核素或者被放射性核素污染，其浓度或者比活度大于国家确定的清洁解控水平，预期不再使用的废弃物。

第三条 国家坚持理性、协调、并进的核安全观，加强核安全能力建设，保障核事业健康发展。

第四条 从事核事业必须遵循确保安全的方针。

核安全工作必须坚持安全第一、预防为主、责任明确、严格管理、纵深防御、独立监管、全面保障的原则。

第五条 核设施营运单位对核安全负全面责任。

为核设施营运单位提供设备、工程以及服务等的单位，应当负相应责任。

第六条 国务院核安全监督管理部门负责核安全的监督管理。

国务院核工业主管部门、能源主管部门和其他有关部门在各自职责范围内负责有关的核安全管理工作。

国家建立核安全工作协调机制，统筹协调有关部门推进相关工作。

第七条 国务院核安全监督管理部门会同国务院有关部门编制国家核安全规划，报国务院批准后组织实施。

第八条 国家坚持从高从严建立核安全标准体系。

国务院有关部门按照职责分工制定核安全标准。核安全标准是强制执行的标准。

核安全标准应当根据经济社会发展和科技进步适时修改。

第九条 国家制定核安全政策，加强核安全文化建设。

国务院核安全监督管理部门、核工业主管部门和能源主管部门应当建立培育核安全文化的机制。

核设施营运单位和为其提供设备、工程以及服务等的单位应当积极培育和建设核安全文化，将核安全文化融入生产、经营、科研和管理的各个环节。

第十条 国家鼓励和支持核安全相关科学技术的研究、开发和利用，加强知识产权保护，注重核安全人才的培养。

国务院有关部门应当在相关科研规划中安排与核设施、核材料安全和辐射环境监测、评估相关的关键技术研究专项，推广先进、可靠的核安全技术。

核设施营运单位和为其提供设备、工程以及服务等的单位、与核安全有关的科研机构等单位，应当持续开发先进、可靠的核安全技术，充分利用先进的科学技术成果，提高核安全水平。

国务院和省、自治区、直辖市人民政府及其有关部门对在科技创新中做出重要贡献的单位和个人,按照有关规定予以表彰和奖励。

第十一条 任何单位和个人不得危害核设施、核材料安全。

公民、法人和其他组织依法享有获取核安全信息的权利,受到核损害的,有依法获得赔偿的权利。

第十二条 国家加强对核设施、核材料的安全保卫工作。

核设施营运单位应当建立和完善安全保卫制度,采取安全保卫措施,防范对核设施、核材料的破坏、损害和盗窃。

第十三条 国家组织开展与核安全有关的国际交流与合作,完善核安全国际合作机制,防范和应对核恐怖主义威胁,履行中华人民共和国缔结或者参加的国际公约所规定的义务。

第二章 核设施安全

第十四条 国家对核设施的选址、建设进行统筹规划,科学论证,合理布局。

国家根据核设施的性质和风险程度等因素,对核设施实行分类管理。

第十五条 核设施营运单位应当具备保障核设施安全

运行的能力，并符合下列条件：

（一）有满足核安全要求的组织管理体系和质量保证、安全管理、岗位责任等制度；

（二）有规定数量、合格的专业技术人员和管理人员；

（三）具备与核设施安全相适应的安全评价、资源配置和财务能力；

（四）具备必要的核安全技术支撑和持续改进能力；

（五）具备应急响应能力和核损害赔偿财务保障能力；

（六）法律、行政法规规定的其他条件。

第十六条　核设施营运单位应当依照法律、行政法规和标准的要求，设置核设施纵深防御体系，有效防范技术原因、人为原因和自然灾害造成的威胁，确保核设施安全。

核设施营运单位应当对核设施进行定期安全评价，并接受国务院核安全监督管理部门的审查。

第十七条　核设施营运单位和为其提供设备、工程以及服务等的单位应当建立并实施质量保证体系，有效保证设备、工程和服务等的质量，确保设备的性能满足核安全标准的要求，工程和服务等满足核安全相关要求。

第十八条　核设施营运单位应当严格控制辐射照射，确保有关人员免受超过国家规定剂量限值的辐射照射，确保辐射照射保持在合理、可行和尽可能低的水平。

第十九条　核设施营运单位应当对核设施周围环境中所含的放射性核素的种类、浓度以及核设施流出物中的放射性核素总量实施监测，并定期向国务院环境保护主管部门和所在地省、自治区、直辖市人民政府环境保护主管部门报告监测结果。

第二十条 核设施营运单位应当按照国家有关规定，制定培训计划，对从业人员进行核安全教育和技能培训并进行考核。

核设施营运单位应当为从业人员提供相应的劳动防护和职业健康检查，保障从业人员的安全和健康。

第二十一条 省、自治区、直辖市人民政府应当对国家规划确定的核动力厂等重要核设施的厂址予以保护，在规划期内不得变更厂址用途。

省、自治区、直辖市人民政府应当在核动力厂等重要核设施周围划定规划限制区，经国务院核安全监督管理部门同意后实施。

禁止在规划限制区内建设可能威胁核设施安全的易燃、易爆、腐蚀性物品的生产、贮存设施以及人口密集场所。

第二十二条 国家建立核设施安全许可制度。

核设施营运单位进行核设施选址、建造、运行、退役等活动，应当向国务院核安全监督管理部门申请许可。

核设施营运单位要求变更许可文件规定条件的，应当报国务院核安全监督管理部门批准。

第二十三条 核设施营运单位应当对地质、地震、气象、水文、环境和人口分布等因素进行科学评估，在满足核安全技术评价要求的前提下，向国务院核安全监督管理部门提交核设施选址安全分析报告，经审查符合核安全要求后，取得核设施场址选择审查意见书。

第二十四条　核设施设计应当符合核安全标准，采用科学合理的构筑物、系统和设备参数与技术要求，提供多样保护和多重屏障，确保核设施运行可靠、稳定和便于操作，满足核安全要求。

第二十五条　核设施建造前，核设施营运单位应当向国务院核安全监督管理部门提出建造申请，并提交下列材料：

（一）核设施建造申请书；

（二）初步安全分析报告；

（三）环境影响评价文件；

（四）质量保证文件；

（五）法律、行政法规规定的其他材料。

第二十六条　核设施营运单位取得核设施建造许可证后，应当确保核设施整体性能满足核安全标准的要求。

核设施建造许可证的有效期不得超过十年。有效期届满，需要延期建造的，应当报国务院核安全监督管理部门审查批准。但是，有下列情形之一且经评估不存在安全风险的除外：

（一）国家政策或者行为导致核设施延期建造；

（二）用于科学研究的核设施；

（三）用于工程示范的核设施；

（四）用于乏燃料后处理的核设施。

核设施建造完成后应当进行调试，验证其是否满足设计的核安全要求。

第二十七条 核设施首次装投料前,核设施营运单位应当向国务院核安全监督管理部门提出运行申请,并提交下列材料:

(一)核设施运行申请书;

(二)最终安全分析报告;

(三)质量保证文件;

(四)应急预案;

(五)法律、行政法规规定的其他材料。

核设施营运单位取得核设施运行许可证后,应当按照许可证的规定运行。

核设施运行许可证的有效期为设计寿期。在有效期内,国务院核安全监督管理部门可以根据法律、行政法规和新的核安全标准的要求,对许可证规定的事项作出合理调整。

核设施营运单位调整下列事项的,应当报国务院核安全监督管理部门批准:

(一)作为颁发运行许可证依据的重要构筑物、系统和设备;

(二)运行限值和条件;

(三)国务院核安全监督管理部门批准的与核安全有关的程序和其他文件。

第二十八条 核设施运行许可证有效期届满需要继续运行的,核设施营运单位应当于有效期届满前五年,向国务院核安全监督管理部门提出延期申请,并对其是否符合核安全标准进行论证、验证，经审查批准后，方可继续运行。

第二十九条 核设施终止运行后，核设施营运单位应当采取安全的方式进行停闭管理，保证停闭期间的安全，确保退役所需的基本功能、技术人员和文件。

第三十条 核设施退役前，核设施营运单位应当向国务院核安全监督管理部门提出退役申请，并提交下列材料：

（一）核设施退役申请书；

（二）安全分析报告；

（三）环境影响评价文件；

（四）质量保证文件；

（五）法律、行政法规规定的其他材料。

核设施退役时，核设施营运单位应当按照合理、可行和尽可能低的原则处理、处置核设施场址的放射性物质，将构筑物、系统和设备的放射性水平降低至满足标准的要求。

核设施退役后，核设施所在地省、自治区、直辖市人民政府环境保护主管部门应当对核设施场址及其周围环境中所含的放射性核素的种类和浓度组织监测。

第三十一条 进口核设施，应当满足中华人民共和国有关核安全法律、行政法规和标准的要求，并报国务院核安全监督管理部门审查批准。

出口核设施，应当遵守中华人民共和国有关核设施出口管制的规定。

第三十二条 国务院核安全监督管理部门应当依照法定条件和程序，对核设施安全许可申请组织安全技术审查，满足核安全要求的，在技术审查完成之日起二十日内，依法作出准予许可的决定。

国务院核安全监督管理部门审批核设施建造、运行许可申请时，应当向国务院有关部门和核设施所在地省、自治区、直辖市人民政府征询意见，被征询意见的单位应当在三个月内给予答复。

第三十三条　国务院核安全监督管理部门组织安全技术审查时，应当委托与许可申请单位没有利益关系的技术支持单位进行技术审评。受委托的技术支持单位应当对其技术评价结论的真实性、准确性负责。

第三十四条　国务院核安全监督管理部门成立核安全专家委员会，为核安全决策提供咨询意见。

制定核安全规划和标准，进行核设施重大安全问题技术决策，应当咨询核安全专家委员会的意见。

第三十五条　国家建立核设施营运单位核安全报告制度，具体办法由国务院有关部门制定。

国务院有关部门应当建立核安全经验反馈制度，并及时处理核安全报告信息，实现信息共享。

核设施营运单位应当建立核安全经验反馈体系。

第三十六条　为核设施提供核安全设备设计、制造、安装和无损检验服务的单位，应当向国务院核安全监督管理部门申请许可。境外机构为境内核设施提供核安全设备设计、制造、安装和无损检验服务的，应当向国务院核安全监督管理部门申请注册。

国务院核安全监督管理部门依法对进口的核安全设备进行安全检验。

第三十七条 核设施操纵人员以及核安全设备焊接人员、无损检验人员等特种工艺人员应当按照国家规定取得相应资格证书。

核设施营运单位以及核安全设备制造、安装和无损检验单位应当聘用取得相应资格证书的人员从事与核设施安全专业技术有关的工作。

第三章 核材料和放射性废物安全

第三十八条 核设施营运单位和其他有关单位持有核材料，应当按照规定的条件依法取得许可，并采取下列措施，防止核材料被盗、破坏、丢失、非法转让和使用，保障核材料的安全与合法利用：

（一）建立专职机构或者指定专人保管核材料；
（二）建立核材料衡算制度，保持核材料收支平衡；
（三）建立与核材料保护等级相适应的实物保护系统；
（四）建立信息保密制度，采取保密措施；
（五）法律、行政法规规定的其他措施。

第三十九条 产生、贮存、运输、后处理乏燃料的单位应当采取措施确保乏燃料的安全，并对持有的乏燃料承担核安全责任。

第四十条 放射性废物应当实行分类处置。

低、中水平放射性废物在国家规定的符合核安全要求的场所实行近地表或者中等深度处置。

高水平放射性废物实行集中深地质处置,由国务院指定的单位专营。

第四十一条 核设施营运单位、放射性废物处理处置单位应当对放射性废物进行减量化、无害化处理、处置,确保永久安全。

第四十二条 国务院核工业主管部门会同国务院有关部门和省、自治区、直辖市人民政府编制低、中水平放射性废物处置场所的选址规划,报国务院批准后组织实施。

国务院核工业主管部门会同国务院有关部门编制高水平放射性废物处置场所的选址规划,报国务院批准后组织实施。

放射性废物处置场所的建设应当与核能发展的要求相适应。

第四十三条 国家建立放射性废物管理许可制度。

专门从事放射性废物处理、贮存、处置的单位,应当向国务院核安全监督管理部门申请许可。

核设施营运单位利用与核设施配套建设的处理、贮存设施,处理、贮存本单位产生的放射性废物的,无需申请许可。

第四十四条 核设施营运单位应当对其产生的放射性固体废物和不能经净化排放的放射性废液进行处理,使其转变为稳定的、标准化的固体废物后,及时送交放射性废物处置单位处置。

核设施营运单位应当对其产生的放射性废气进行处理，达到国家放射性污染防治标准后，方可排放。

第四十五条 放射性废物处置单位应当按照国家放射性污染防治标准的要求，对其接收的放射性废物进行处置。

放射性废物处置单位应当建立放射性废物处置情况记录档案，如实记录处置的放射性废物的来源、数量、特征、存放位置等与处置活动有关的事项。记录档案应当永久保存。

第四十六条 国家建立放射性废物处置设施关闭制度。

放射性废物处置设施有下列情形之一的，应当依法办理关闭手续，并在划定的区域设置永久性标记：

（一）设计服役期届满；

（二）处置的放射性废物已经达到设计容量；

（三）所在地区的地质构造或者水文地质等条件发生重大变化，不适宜继续处置放射性废物；

（四）法律、行政法规规定的其他需要关闭的情形。

第四十七条 放射性废物处置设施关闭前，放射性废物处置单位应当编制放射性废物处置设施关闭安全监护计划，报国务院核安全监督管理部门批准。

安全监护计划应当包括下列主要内容：

（一）安全监护责任人及其责任；

（二）安全监护费用；

（三）安全监护措施；

（四）安全监护期限。

放射性废物处置设施关闭后，放射性废物处置单位应当按照经批准的安全监护计划进行安全监护；经国务院核安全监督管理部门会同国务院有关部门批准后，将其交由省、自治区、直辖市人民政府进行监护管理。

第四十八条　核设施营运单位应当按照国家规定缴纳乏燃料处理处置费用，列入生产成本。

核设施营运单位应当预提核设施退役费用、放射性废物处置费用，列入投资概算、生产成本，专门用于核设施退役、放射性废物处置。具体办法由国务院财政部门、价格主管部门会同国务院核安全监督管理部门、核工业主管部门和能源主管部门制定。

第四十九条　国家对核材料、放射性废物的运输实行分类管理，采取有效措施，保障运输安全。

第五十条　国家保障核材料、放射性废物的公路、铁路、水路等运输，国务院有关部门应当加强对公路、铁路、水路等运输的管理，制定具体的保障措施。

第五十一条　国务院核工业主管部门负责协调乏燃料运输管理活动，监督有关保密措施。

公安机关对核材料、放射性废物道路运输的实物保护实施监督，依法处理可能危及核材料、放射性废物安全运输的事故。通过道路运输核材料、放射性废物的，应当报启运地县级以上人民政府公安机关按照规定权限批准；其中，运输乏燃料或者高水平放射性废物的，应当报国务院公安部门批准。

国务院核安全监督管理部门负责批准核材料、放射性废物运输包装容器的许可申请。

第五十二条 核材料、放射性废物的托运人应当在运输中采取有效的辐射防护和安全保卫措施，对运输中的核安全负责。

乏燃料、高水平放射性废物的托运人应当向国务院核安全监督管理部门提交有关核安全分析报告，经审查批准后方可开展运输活动。

核材料、放射性废物的承运人应当依法取得国家规定的运输资质。

第五十三条 通过公路、铁路、水路等运输核材料、放射性废物，本法没有规定的，适用相关法律、行政法规和规章关于放射性物品运输、危险货物运输的规定。

第四章 核事故应急

第五十四条 国家设立核事故应急协调委员会，组织、协调全国的核事故应急管理工作。

省、自治区、直辖市人民政府根据实际需要设立核事故应急协调委员会，组织、协调本行政区域内的核事故应急管理工作。

第五十五条 国务院核工业主管部门承担国家核事故应急协调委员会日常工作，牵头制定国家核事故应急预案，经国务院批准后组织实施。国家核事故应急协调委员会成员单位根据国家核事故应急预案部署，制定本单位核事故应急预案，报国务院核工业主管部门备案。

省、自治区、直辖市人民政府指定的部门承担核事故应急协调委员会的日常工作，负责制定本行政区域内场外核事故应急预案，报国家核事故应急协调委员会审批后组织实施。

核设施营运单位负责制定本单位场内核事故应急预案，报国务院核工业主管部门、能源主管部门和省、自治区、直辖市人民政府指定的部门备案。

中国人民解放军和中国人民武装警察部队按照国务院、中央军事委员会的规定，制定本系统支援地方的核事故应急工作预案，报国务院核工业主管部门备案。

应急预案制定单位应当根据实际需要和情势变化，适时修订应急预案。

第五十六条 核设施营运单位应当按照应急预案，配备应急设备，开展应急工作人员培训和演练，做好应急准备。

核设施所在地省、自治区、直辖市人民政府指定的部门，应当开展核事故应急知识普及活动，按照应急预案组织有关企业、事业单位和社区开展核事故应急演练。

第五十七条 国家建立核事故应急准备金制度，保障核事故应急准备与响应工作所需经费。核事故应急准备金管理办法，由国务院制定。

第五十八条 国家对核事故应急实行分级管理。

发生核事故时，核设施营运单位应当按照应急预案的要求开展应急响应，减轻事故后果，并立即向国务院核工业主管部门、核安全监督管理部门和省、自治区、直辖市人民政府指定的部门报告核设施状况，根据需要提出场外应急响应行动建议。

第五十九条 国家核事故应急协调委员会按照国家核事故应急预案部署，组织协调国务院有关部门、地方人民政府、核设施营运单位实施核事故应急救援工作。

中国人民解放军和中国人民武装警察部队按照国务院、中央军事委员会的规定，实施核事故应急救援工作。

核设施营运单位应当按照核事故应急救援工作的要求，实施应急响应支援。

第六十条 国务院核工业主管部门或者省、自治区、直辖市人民政府指定的部门负责发布核事故应急信息。

国家核事故应急协调委员会统筹协调核事故应急国际通报和国际救援工作。

第六十一条 各级人民政府及其有关部门、核设施营运单位等应当按照国务院有关规定和授权，组织开展核事故后的恢复行动、损失评估等工作。

核事故的调查处理，由国务院或者其授权的部门负责实施。

核事故场外应急行动的调查处理，由国务院或者其指定的机构负责实施。

第六十二条 核材料、放射性废物运输的应急应当纳入所经省、自治区、直辖市场外核事故应急预案或者辐射应急预案。发生核事故时,由事故发生地省、自治区、直辖市人民政府负责应急响应。

第五章 信息公开和公众参与

第六十三条 国务院有关部门及核设施所在地省、自治区、直辖市人民政府指定的部门应当在各自职责范围内依法公开核安全相关信息。

国务院核安全监督管理部门应当依法公开与核安全有关的行政许可,以及核安全有关活动的安全监督检查报告、总体安全状况、辐射环境质量和核事故等信息。

国务院应当定期向全国人民代表大会常务委员会报告核安全情况。

第六十四条 核设施营运单位应当公开本单位核安全管理制度和相关文件、核设施安全状况、流出物和周围环境辐射监测数据、年度核安全报告等信息。具体办法由国务院核安全监督管理部门制定。

第六十五条 对依法公开的核安全信息,应当通过政府公告、网站以及其他便于公众知晓的方式,及时向社会公开。

公民、法人和其他组织,可以依法向国务院核安全监督管理部门和核设施所在地省、自治区、直辖市人民政府指定的部门申请获取核安全相关信息。

第六十六条　核设施营运单位应当就涉及公众利益的重大核安全事项通过问卷调查、听证会、论证会、座谈会，或者采取其他形式征求利益相关方的意见，并以适当形式反馈。

核设施所在地省、自治区、直辖市人民政府应当就影响公众利益的重大核安全事项举行听证会、论证会、座谈会，或者采取其他形式征求利益相关方的意见，并以适当形式反馈。

第六十七条　核设施营运单位应当采取下列措施，开展核安全宣传活动：

（一）在保证核设施安全的前提下，对公众有序开放核设施；

（二）与学校合作，开展对学生的核安全知识教育活动；

（三）建设核安全宣传场所，印制和发放核安全宣传材料；

（四）法律、行政法规规定的其他措施。

第六十八条　公民、法人和其他组织有权对存在核安全隐患或者违反核安全法律、行政法规的行为，向国务院核安全监督管理部门或者其他有关部门举报。

公民、法人和其他组织不得编造、散布核安全虚假信息。

第六十九条　涉及国家秘密、商业秘密和个人信息的政府信息公开，按照国家有关规定执行。

第六章 监督检查

第七十条 国家建立核安全监督检查制度。

国务院核安全监督管理部门和其他有关部门应当对从事核安全活动的单位遵守核安全法律、行政法规、规章和标准的情况进行监督检查。

国务院核安全监督管理部门可以在核设施集中的地区设立派出机构。国务院核安全监督管理部门或者其派出机构应当向核设施建造、运行、退役等现场派遣监督检查人员，进行核安全监督检查。

第七十一条 国务院核安全监督管理部门和其他有关部门应当加强核安全监管能力建设，提高核安全监管水平。

国务院核安全监督管理部门应当组织开展核安全监管技术研究开发，保持与核安全监督管理相适应的技术评价能力。

第七十二条 国务院核安全监督管理部门和其他有关部门进行核安全监督检查时，有权采取下列措施：

（一）进入现场进行监测、检查或者核查；

（二）调阅相关文件、资料和记录；

（三）向有关人员调查、了解情况；

（四）发现问题的，现场要求整改。

国务院核安全监督管理部门和其他有关部门应当将监督检查情况形成报告，建立档案。

第七十三条 对国务院核安全监督管理部门和其他有关部门依法进行的监督检查,从事核安全活动的单位应当予以配合,如实说明情况,提供必要资料,不得拒绝、阻挠。

第七十四条 核安全监督检查人员应当忠于职守,勤勉尽责,秉公执法。

核安全监督检查人员应当具备与监督检查活动相应的专业知识和业务能力,并定期接受培训。

核安全监督检查人员执行监督检查任务,应当出示有效证件,对获知的国家秘密、商业秘密和个人信息,应当依法予以保密。

第七章 法律责任

第七十五条 违反本法规定,有下列情形之一的,对直接负责的主管人员和其他直接责任人员依法给予处分:

(一)国务院核安全监督管理部门或者其他有关部门未依法对许可申请进行审批的;

(二)国务院有关部门或者核设施所在地省、自治区、直辖市人民政府指定的部门未依法公开核安全相关信息的;

(三)核设施所在地省、自治区、直辖市人民政府未就影响公众利益的重大核安全事项征求利益相关方意见的;

(四)国务院核安全监督管理部门或者其他有关部门未将监督检查情况形成报告,或者未建立档案的;

(五)核安全监督检查人员执行监督检查任务,未出示有效证件，或者对获知的国家秘密、商业秘密、个人信息未依法予以保密的；

（六）国务院核安全监督管理部门或者其他有关部门，省、自治区、直辖市人民政府有关部门有其他滥用职权、玩忽职守、徇私舞弊行为的。

第七十六条 违反本法规定，危害核设施、核材料安全，或者编造、散布核安全虚假信息，构成违反治安管理行为的，由公安机关依法给予治安管理处罚。

第七十七条 违反本法规定，有下列情形之一的，由国务院核安全监督管理部门或者其他有关部门责令改正，给予警告；情节严重的，处二十万元以上一百万元以下的罚款；拒不改正的，责令停止建设或者停产整顿：

（一）核设施营运单位未设置核设施纵深防御体系的；

（二）核设施营运单位或者为其提供设备、工程以及服务等的单位未建立或者未实施质量保证体系的；

（三）核设施营运单位未按照要求控制辐射照射剂量的；

（四）核设施营运单位未建立核安全经验反馈体系的；

（五）核设施营运单位未就涉及公众利益的重大核安全事项征求利益相关方意见的。

第七十八条 违反本法规定，在规划限制区内建设可能威胁核设施安全的易燃、易爆、腐蚀性物品的生产、贮存设施或者人口密集场所的，由国务院核安全监督管理部门责令限期拆除，恢复原状，处十万元以上五十万元以下的罚款。

第七十九条 违反本法规定,核设施营运单位有下列情形之一的,由国务院核安全监督管理部门责令改正,处一百万元以上五百万元以下的罚款;拒不改正的,责令停止建设或者停产整顿;有违法所得的,没收违法所得;造成环境污染的,责令限期采取治理措施消除污染,逾期不采取措施的,指定有能力的单位代为履行,所需费用由污染者承担;对直接负责的主管人员和其他直接责任人员,处五万元以上二十万元以下的罚款:

(一)未经许可,从事核设施建造、运行或者退役等活动的;

(二)未经许可,变更许可文件规定条件的;

(三)核设施运行许可证有效期届满,未经审查批准,继续运行核设施的;

(四)未经审查批准,进口核设施的。

第八十条 违反本法规定,核设施营运单位有下列情形之一的,由国务院核安全监督管理部门责令改正,给予警告;情节严重的,处五十万元以上二百万元以下的罚款;造成环境污染的,责令限期采取治理措施消除污染,逾期不采取措施的,指定有能力的单位代为履行,所需费用由污染者承担:

(一)未对核设施进行定期安全评价,或者不接受国务院核安全监督管理部门审查的;

(二)核设施终止运行后,未采取安全方式进行停闭管理,或者未确保退役所需的基本功能、技术人员和文件的;

（三）核设施退役时，未将构筑物、系统或者设备的放射性水平降低至满足标准的要求的；

（四）未将产生的放射性固体废物或者不能经净化排放的放射性废液转变为稳定的、标准化的固体废物，及时送交放射性废物处置单位处置的；

（五）未对产生的放射性废气进行处理，或者未达到国家放射性污染防治标准排放的。

第八十一条　违反本法规定，核设施营运单位未对核设施周围环境中所含的放射性核素的种类、浓度或者核设施流出物中的放射性核素总量实施监测，或者未按照规定报告监测结果的，由国务院环境保护主管部门或者所在地省、自治区、直辖市人民政府环境保护主管部门责令改正，处十万元以上五十万元以下的罚款。

第八十二条　违反本法规定，受委托的技术支持单位出具虚假技术评价结论的，由国务院核安全监督管理部门处二十万元以上一百万元以下的罚款；有违法所得的，没收违法所得；对直接负责的主管人员和其他直接责任人员处十万元以上二十万元以下的罚款。

第八十三条　违反本法规定，有下列情形之一的，由国务院核安全监督管理部门责令改正，处五十万元以上一百万元以下的罚款；有违法所得的，没收违法所得；对直接负责的主管人员和其他直接责任人员处二万元以上十万元以下的罚款：

（一）未经许可，为核设施提供核安全设备设计、制造、安装或者无损检验服务的；

（二）未经注册，境外机构为境内核设施提供核安全设备设计、制造、安装或者无损检验服务的。

第八十四条 违反本法规定，核设施营运单位或者核安全设备制造、安装、无损检验单位聘用未取得相应资格证书的人员从事与核设施安全专业技术有关的工作的，由国务院核安全监督管理部门责令改正，处十万元以上五十万元以下的罚款；拒不改正的，暂扣或者吊销许可证，对直接负责的主管人员和其他直接责任人员处二万元以上十万元以下的罚款。

第八十五条 违反本法规定，未经许可持有核材料的，由国务院核工业主管部门没收非法持有的核材料，并处十万元以上五十万元以下的罚款；有违法所得的，没收违法所得。

第八十六条 违反本法规定，有下列情形之一的，由国务院核安全监督管理部门责令改正，处十万元以上五十万元以下的罚款；情节严重的，处五十万元以上二百万元以下的罚款；造成环境污染的，责令限期采取治理措施消除污染，逾期不采取措施的，指定有能力的单位代为履行，所需费用由污染者承担：

（一）未经许可，从事放射性废物处理、贮存、处置活动的；

（二）未建立放射性废物处置情况记录档案，未如实记录与处置活动有关的事项，或者未永久保存记录档案的；

（三）对应当关闭的放射性废物处置设施，未依法办理关闭手续的；

（四）关闭放射性废物处置设施，未在划定的区域设置永久性标记的；

（五）未编制放射性废物处置设施关闭安全监护计划的；

（六）放射性废物处置设施关闭后，未按照经批准的安全监护计划进行安全监护的。

第八十七条　违反本法规定，核设施营运单位有下列情形之一的，由国务院核安全监督管理部门责令改正，处十万元以上五十万元以下的罚款；对直接负责的主管人员和其他直接责任人员，处二万元以上五万元以下的罚款：

（一）未按照规定制定场内核事故应急预案的；

（二）未按照应急预案配备应急设备，未开展应急工作人员培训或者演练的；

（三）未按照核事故应急救援工作的要求，实施应急响应支援的。

第八十八条　违反本法规定，核设施营运单位未按照规定公开相关信息的，由国务院核安全监督管理部门责令改正；拒不改正的，处十万元以上五十万元以下的罚款。

第八十九条　违反本法规定，对国务院核安全监督管理部门或者其他有关部门依法进行的监督检查，从事核安全活动的单位拒绝、阻挠的，由国务院核安全监督管理部门或者其他有关部门责令改正，可以处十万元以上五十万元以下的罚款；拒不改正的，暂扣或者吊销其许可证；构成违反治安管理行为的，由公安机关依法给予治安管理处罚。

第九十条 因核事故造成他人人身伤亡、财产损失或者环境损害的，核设施营运单位应当按照国家核损害责任制度承担赔偿责任，但能够证明损害是因战争、武装冲突、暴乱等情形造成的除外。

为核设施营运单位提供设备、工程以及服务等的单位不承担核损害赔偿责任。核设施营运单位与其有约定的，在承担赔偿责任后，可以按照约定追偿。

核设施营运单位应当通过投保责任保险、参加互助机制等方式，作出适当的财务保证安排，确保能够及时、有效履行核损害赔偿责任。

第九十一条 违反本法规定，构成犯罪的，依法追究刑事责任。

第八章　附　　则

第九十二条 军工、军事核安全，由国务院、中央军事委员会依照本法规定的原则另行规定。

第九十三条 本法中下列用语的含义：

核事故，是指核设施内的核燃料、放射性产物、放射性废物或者运入运出核设施的核材料所发生的放射性、毒害性、爆炸性或者其他危害性事故，或者一系列事故。

纵深防御，是指通过设定一系列递进并且独立的防护、缓解措施或者实物屏障，防止核事故发生，减轻核事故后果。

核设施营运单位，是指在中华人民共和国境内，申请或者持有核设施安全许可证，可以经营和运行核设施的单位。

核安全设备，是指在核设施中使用的执行核安全功能的设备，包括核安全机械设备和核安全电气设备。

乏燃料，是指在反应堆堆芯内受过辐照并从堆芯永久卸出的核燃料。

停闭，是指核设施已经停止运行，并且不再启动。

退役，是指采取去污、拆除和清除等措施，使核设施不再使用的场所或者设备的辐射剂量满足国家相关标准的要求。

经验反馈，是指对核设施的事件、质量问题和良好实践等信息进行收集、筛选、评价、分析、处理和分发，总结推广良好实践经验，防止类似事件和问题重复发生。

托运人，是指在中华人民共和国境内，申请将托运货物提交运输并获得批准的单位。

第九十四条 本法自 2018 年 1 月 1 日起施行。

中华人民共和国放射性污染防治法

(2003年6月28日第十届全国人民代表大会常务委员会第三次会议通过 2003年6月28日中华人民共和国主席令第6号公布 自2003年10月1日起施行)

第一章 总 则

第一条 为了防治放射性污染，保护环境，保障人体健康，促进核能、核技术的开发与和平利用，制定本法。

第二条 本法适用于中华人民共和国领域和管辖的其他海域在核设施选址、建造、运行、退役和核技术、铀（钍）矿、伴生放射性矿开发利用过程中发生的放射性污染的防治活动。

第三条 国家对放射性污染的防治，实行预防为主、防治结合、严格管理、安全第一的方针。

第四条 国家鼓励、支持放射性污染防治的科学研究和技术开发利用，推广先进的放射性污染防治技术。

国家支持开展放射性污染防治的国际交流与合作。

第五条 县级以上人民政府应当将放射性污染防治工作纳入环境保护规划。

县级以上人民政府应当组织开展有针对性的放射性污染防治宣传教育，使公众了解放射性污染防治的有关情况和科学知识。

第六条 任何单位和个人有权对造成放射性污染的行为提出检举和控告。

第七条 在放射性污染防治工作中作出显著成绩的单位和个人，由县级以上人民政府给予奖励。

第八条 国务院环境保护行政主管部门对全国放射性污染防治工作依法实施统一监督管理。

国务院卫生行政部门和其他有关部门依据国务院规定的职责，对有关的放射性污染防治工作依法实施监督管理。

第二章 放射性污染防治的监督管理

第九条 国家放射性污染防治标准由国务院环境保护行政主管部门根据环境安全要求、国家经济技术条件制定。国家放射性污染防治标准由国务院环境保护行政主管部门和国务院标准化行政主管部门联合发布。

第十条 国家建立放射性污染监测制度。国务院环境保护行政主管部门会同国务院其他有关部门组织环境监测网络，对放射性污染实施监测管理。

第十一条 国务院环境保护行政主管部门和国务院其他有关部门，按照职责分工，各负其责，互通信息，密切配合，对核设施、铀（钍）矿开发利用中的放射性污染防治进行监督检查。

县级以上地方人民政府环境保护行政主管部门和同级其他有关部门，按照职责分工，各负其责，互通信息，密切配合，对本行政区域内核技术利用、伴生放射性矿开发利用中的放射性污染防治进行监督检查。

监督检查人员进行现场检查时，应当出示证件。被检查的单位必须如实反映情况，提供必要的资料。监督检查人员应当为被检查单位保守技术秘密和业务秘密。对涉及国家秘密的单位和部位进行检查时，应当遵守国家有关保守国家秘密的规定，依法办理有关审批手续。

第十二条 核设施营运单位、核技术利用单位、铀（钍）矿和伴生放射性矿开发利用单位，负责本单位放射性污染的防治，接受环境保护行政主管部门和其他有关部门的监督管理，并依法对其造成的放射性污染承担责任。

第十三条 核设施营运单位、核技术利用单位、铀（钍）矿和伴生放射性矿开发利用单位，必须采取安全与防护措施，预防发生可能导致放射性污染的各类事故，避免放射性污染危害。

核设施营运单位、核技术利用单位、铀（钍）矿和伴生放射性矿开发利用单位，应当对其工作人员进行放射性安全教育、培训，采取有效的防护安全措施。

第十四条 国家对从事放射性污染防治的专业人员实行资格管理制度；对从事放射性污染监测工作的机构实行资质管理制度。

第十五条　运输放射性物质和含放射源的射线装置，应当采取有效措施，防止放射性污染。具体办法由国务院规定。

第十六条　放射性物质和射线装置应当设置明显的放射性标识和中文警示说明。生产、销售、使用、贮存、处置放射性物质和射线装置的场所，以及运输放射性物质和含放射源的射线装置的工具，应当设置明显的放射性标志。

第十七条　含有放射性物质的产品，应当符合国家放射性污染防治标准；不符合国家放射性污染防治标准的，不得出厂和销售。

使用伴生放射性矿渣和含有天然放射性物质的石材做建筑和装修材料，应当符合国家建筑材料放射性核素控制标准。

第三章　核设施的放射性污染防治

第十八条　核设施选址，应当进行科学论证，并按照国家有关规定办理审批手续。在办理核设施选址审批手续前，应当编制环境影响报告书，报国务院环境保护行政主管部门审查批准；未经批准，有关部门不得办理核设施选址批准文件。

第十九条　核设施营运单位在进行核设施建造、装料、运行、退役等活动前，必须按照国务院有关核设施安全监督管理的规定，申请领取核设施建造、运行许可证和办理装料、退役等审批手续。

核设施营运单位领取有关许可证或者批准文件后，方可进行相应的建造、装料、运行、退役等活动。

第二十条 核设施营运单位应当在申请领取核设施建造、运行许可证和办理退役审批手续前编制环境影响报告书，报国务院环境保护行政主管部门审查批准；未经批准，有关部门不得颁发许可证和办理批准文件。

第二十一条 与核设施相配套的放射性污染防治设施，应当与主体工程同时设计、同时施工、同时投入使用。

放射性污染防治设施应当与主体工程同时验收；验收合格的，主体工程方可投入生产或者使用。

第二十二条 进口核设施，应当符合国家放射性污染防治标准；没有相应的国家放射性污染防治标准的，采用国务院环境保护行政主管部门指定的国外有关标准。

第二十三条 核动力厂等重要核设施外围地区应当划定规划限制区。规划限制区的划定和管理办法，由国务院规定。

第二十四条 核设施营运单位应当对核设施周围环境中所含的放射性核素的种类、浓度以及核设施流出物中的放射性核素总量实施监测，并定期向国务院环境保护行政主管部门和所在地省、自治区、直辖市人民政府环境保护行政主管部门报告监测结果。

国务院环境保护行政主管部门负责对核动力厂等重要核设施实施监督性监测，并根据需要对其他核设施的流出物实施监测。监督性监测系统的建设、运行和维护费用由财政预算安排。

第二十五条 核设施营运单位应当建立健全安全保卫制度,加强安全保卫工作,并接受公安部门的监督指导。

核设施营运单位应当按照核设施的规模和性质制定核事故场内应急计划,做好应急准备。

出现核事故应急状态时,核设施营运单位必须立即采取有效的应急措施控制事故,并向核设施主管部门和环境保护行政主管部门、卫生行政部门、公安部门以及其他有关部门报告。

第二十六条 国家建立健全核事故应急制度。

核设施主管部门、环境保护行政主管部门、卫生行政部门、公安部门以及其他有关部门,在本级人民政府的组织领导下,按照各自的职责依法做好核事故应急工作。

中国人民解放军和中国人民武装警察部队按照国务院、中央军事委员会的有关规定在核事故应急中实施有效的支援。

第二十七条 核设施营运单位应当制定核设施退役计划。

核设施的退役费用和放射性废物处置费用应当预提,列入投资概算或者生产成本。核设施的退役费用和放射性废物处置费用的提取和管理办法,由国务院财政部门、价格主管部门会同国务院环境保护行政主管部门、核设施主管部门规定。

第四章 核技术利用的放射性污染防治

第二十八条 生产、销售、使用放射性同位素和射线装置的单位,应当按照国务院有关放射性同位素与射线装置放射防护的规定申请领取许可证,办理登记手续。

转让、进口放射性同位素和射线装置的单位以及装备有放射性同位素的仪表的单位,应当按照国务院有关放射性同位素与射线装置放射防护的规定办理有关手续。

第二十九条 生产、销售、使用放射性同位素和加速器、中子发生器以及含放射源的射线装置的单位,应当在申请领取许可证前编制环境影响评价文件,报省、自治区、直辖市人民政府环境保护行政主管部门审查批准;未经批准,有关部门不得颁发许可证。

国家建立放射性同位素备案制度。具体办法由国务院规定。

第三十条 新建、改建、扩建放射工作场所的放射防护设施,应当与主体工程同时设计、同时施工、同时投入使用。

放射防护设施应当与主体工程同时验收;验收合格的,主体工程方可投入生产或者使用。

第三十一条 放射性同位素应当单独存放,不得与易燃、易爆、腐蚀性物品等一起存放,其贮存场所应当采取有效的防火、防盗、防射线泄漏的安全防护措施,并指定专人负责保管。贮存、领取、使用、归还放射性同位素时,应当进行登记、检查,做到账物相符。

第三十二条 生产、使用放射性同位素和射线装置的单位,应当按照国务院环境保护行政主管部门的规定对其产生的放射性废物进行收集、包装、贮存。

生产放射源的单位,应当按照国务院环境保护行政主管部门的规定回收和利用废旧放射源;使用放射源的单位,应当按照国务院环境保护行政主管部门的规定将废旧放射源交回生产放射源的单位或者送交专门从事放射性固体废物贮存、处置的单位。

第三十三条 生产、销售、使用、贮存放射源的单位,应当建立健全安全保卫制度,指定专人负责,落实安全责任制,制定必要的事故应急措施。发生放射源丢失、被盗和放射性污染事故时,有关单位和个人必须立即采取应急措施,并向公安部门、卫生行政部门和环境保护行政主管部门报告。

公安部门、卫生行政部门和环境保护行政主管部门接到放射源丢失、被盗和放射性污染事故报告后,应当报告本级人民政府,并按照各自的职责立即组织采取有效措施,防止放射性污染蔓延,减少事故损失。当地人民政府应当及时将有关情况告知公众,并做好事故的调查、处理工作。

第五章　铀（钍）矿和伴生放射性矿开发利用的放射性污染防治

第三十四条　开发利用或者关闭铀（钍）矿的单位，应当在申请领取采矿许可证或者办理退役审批手续前编制环境影响报告书，报国务院环境保护行政主管部门审查批准。

开发利用伴生放射性矿的单位，应当在申请领取采矿许可证前编制环境影响报告书，报省级以上人民政府环境保护行政主管部门审查批准。

第三十五条　与铀（钍）矿和伴生放射性矿开发利用建设项目相配套的放射性污染防治设施，应当与主体工程同时设计、同时施工、同时投入使用。

放射性污染防治设施应当与主体工程同时验收；验收合格的，主体工程方可投入生产或者使用。

第三十六条　铀（钍）矿开发利用单位应当对铀（钍）矿的流出物和周围的环境实施监测，并定期向国务院环境保护行政主管部门和所在地省、自治区、直辖市人民政府环境保护行政主管部门报告监测结果。

第三十七条　对铀（钍）矿和伴生放射性矿开发利用过程中产生的尾矿，应当建造尾矿库进行贮存、处置；建造的尾矿库应当符合放射性污染防治的要求。

第三十八条　铀（钍）矿开发利用单位应当制定铀（钍）矿退役计划。铀矿退役费用由国家财政预算安排。

第六章 放射性废物管理

第三十九条 核设施营运单位、核技术利用单位、铀（钍）矿和伴生放射性矿开发利用单位，应当合理选择和利用原材料，采用先进的生产工艺和设备，尽量减少放射性废物的产生量。

第四十条 向环境排放放射性废气、废液，必须符合国家放射性污染防治标准。

第四十一条 产生放射性废气、废液的单位向环境排放符合国家放射性污染防治标准的放射性废气、废液，应当向审批环境影响评价文件的环境保护行政主管部门申请放射性核素排放量，并定期报告排放计量结果。

第四十二条 产生放射性废液的单位，必须按照国家放射性污染防治标准的要求，对不得向环境排放的放射性废液进行处理或者贮存。

产生放射性废液的单位，向环境排放符合国家放射性污染防治标准的放射性废液，必须采用符合国务院环境保护行政主管部门规定的排放方式。

禁止利用渗井、渗坑、天然裂隙、溶洞或者国家禁止的其他方式排放放射性废液。

第四十三条 低、中水平放射性固体废物在符合国家规定的区域实行近地表处置。

高水平放射性固体废物实行集中的深地质处置。

α 放射性固体废物依照前款规定处置。

禁止在内河水域和海洋上处置放射性固体废物。

第四十四条 国务院核设施主管部门会同国务院环境保护行政主管部门根据地质条件和放射性固体废物处置的需要，在环境影响评价的基础上编制放射性固体废物处置场所选址规划，报国务院批准后实施。

有关地方人民政府应当根据放射性固体废物处置场所选址规划，提供放射性固体废物处置场所的建设用地，并采取有效措施支持放射性固体废物的处置。

第四十五条 产生放射性固体废物的单位，应当按照国务院环境保护行政主管部门的规定，对其产生的放射性固体废物进行处理后，送交放射性固体废物处置单位处置，并承担处置费用。

放射性固体废物处置费用收取和使用管理办法，由国务院财政部门、价格主管部门会同国务院环境保护行政主管部门规定。

第四十六条 设立专门从事放射性固体废物贮存、处置的单位，必须经国务院环境保护行政主管部门审查批准，取得许可证。具体办法由国务院规定。

禁止未经许可或者不按照许可的有关规定从事贮存和处置放射性固体废物的活动。

禁止将放射性固体废物提供或者委托给无许可证的单位贮存和处置。

第四十七条 禁止将放射性废物和被放射性污染的物

品输入中华人民共和国境内或者经中华人民共和国境内转移。

第七章 法律责任

第四十八条 放射性污染防治监督管理人员违反法律规定，利用职务上的便利收受他人财物、谋取其他利益，或者玩忽职守，有下列行为之一的，依法给予行政处分；构成犯罪的，依法追究刑事责任：

（一）对不符合法定条件的单位颁发许可证和办理批准文件的；

（二）不依法履行监督管理职责的；

（三）发现违法行为不予查处的。

第四十九条 违反本法规定，有下列行为之一的，由县级以上人民政府环境保护行政主管部门或者其他有关部门依据职权责令限期改正，可以处二万元以下罚款：

（一）不按照规定报告有关环境监测结果的；

（二）拒绝环境保护行政主管部门和其他有关部门进行现场检查，或者被检查时不如实反映情况和提供必要资料的。

第五十条 违反本法规定，未编制环境影响评价文件，或者环境影响评价文件未经环境保护行政主管部门批准，擅自进行建造、运行、生产和使用等活动的，由审批环境影响评价文件的环境保护行政主管部门责令停止违法行为，限期补办手续或者恢复原状,并处一万元以上二十万元以下罚款。

第五十一条 违反本法规定,未建造放射性污染防治设施、放射防护设施,或者防治防护设施未经验收合格,主体工程即投入生产或者使用的,由审批环境影响评价文件的环境保护行政主管部门责令停止违法行为,限期改正,并处五万元以上二十万元以下罚款。

第五十二条 违反本法规定,未经许可或者批准,核设施营运单位擅自进行核设施的建造、装料、运行、退役等活动的,由国务院环境保护行政主管部门责令停止违法行为,限期改正,并处二十万元以上五十万元以下罚款;构成犯罪的,依法追究刑事责任。

第五十三条 违反本法规定,生产、销售、使用、转让、进口、贮存放射性同位素和射线装置以及装备有放射性同位素的仪表的,由县级以上人民政府环境保护行政主管部门或者其他有关部门依据职权责令停止违法行为,限期改正;逾期不改正的,责令停产停业或者吊销许可证;有违法所得的,没收违法所得;违法所得十万元以上的,并处违法所得一倍以上五倍以下罚款;没有违法所得或者违法所得不足十万元的,并处一万元以上十万元以下罚款;构成犯罪的,依法追究刑事责任。

第五十四条 违反本法规定,有下列行为之一的,由县级以上人民政府环境保护行政主管部门责令停止违法行为,限期改正,处以罚款;构成犯罪的,依法追究刑事责任:

（一）未建造尾矿库或者不按照放射性污染防治的要求建造尾矿库，贮存、处置铀（钍）矿和伴生放射性矿的尾矿的；

（二）向环境排放不得排放的放射性废气、废液的；

（三）不按照规定的方式排放放射性废液，利用渗井、渗坑、天然裂隙、溶洞或者国家禁止的其他方式排放放射性废液的；

（四）不按照规定处理或者贮存不得向环境排放的放射性废液的；

（五）将放射性固体废物提供或者委托给无许可证的单位贮存和处置的。

有前款第（一）项、第（二）项、第（三）项、第（五）项行为之一的，处十万元以上二十万元以下罚款；有前款第（四）项行为的，处一万元以上十万元以下罚款。

第五十五条 违反本法规定，有下列行为之一的，由县级以上人民政府环境保护行政主管部门或者其他有关部门依据职权责令限期改正；逾期不改正的，责令停产停业，并处二万元以上十万元以下罚款；构成犯罪的，依法追究刑事责任：

（一）不按照规定设置放射性标识、标志、中文警示说明的；

（二）不按照规定建立健全安全保卫制度和制定事故应急计划或者应急措施的；

（三）不按照规定报告放射源丢失、被盗情况或者放射性污染事故的。

第五十六条 产生放射性固体废物的单位，不按照本法第四十五条的规定对其产生的放射性固体废物进行处置的，由审批该单位立项环境影响评价文件的环境保护行政主管部门责令停止违法行为，限期改正；逾期不改正的，指定有处置能力的单位代为处置，所需费用由产生放射性固体废物的单位承担，可以并处二十万元以下罚款；构成犯罪的，依法追究刑事责任。

第五十七条 违反本法规定，有下列行为之一的，由省级以上人民政府环境保护行政主管部门责令停产停业或者吊销许可证；有违法所得的，没收违法所得；违法所得十万元以上的，并处违法所得一倍以上五倍以下罚款；没有违法所得或者违法所得不足十万元的，并处五万元以上十万元以下罚款；构成犯罪的，依法追究刑事责任：

（一）未经许可，擅自从事贮存和处置放射性固体废物活动的；

（二）不按照许可的有关规定从事贮存和处置放射性固体废物活动的。

第五十八条 向中华人民共和国境内输入放射性废物和被放射性污染的物品，或者经中华人民共和国境内转移放射性废物和被放射性污染的物品的，由海关责令退运该放射性废物和被放射性污染的物品，并处五十万元以上一百万元以下罚款；构成犯罪的，依法追究刑事责任。

第五十九条 因放射性污染造成他人损害的，应当依法承担民事责任。

第八章 附　　则

第六十条 军用设施、装备的放射性污染防治，由国务院和军队的有关主管部门依照本法规定的原则和国务院、中央军事委员会规定的职责实施监督管理。

第六十一条 劳动者在职业活动中接触放射性物质造成的职业病的防治，依照《中华人民共和国职业病防治法》的规定执行。

第六十二条 本法中下列用语的含义：

（一）放射性污染，是指由于人类活动造成物料、人体、场所、环境介质表面或者内部出现超过国家标准的放射性物质或者射线。

（二）核设施，是指核动力厂（核电厂、核热电厂、核供汽供热厂等）和其他反应堆（研究堆、实验堆、临界装置等）；核燃料生产、加工、贮存和后处理设施；放射性废物的处理和处置设施等。

（三）核技术利用，是指密封放射源、非密封放射源和射线装置在医疗、工业、农业、地质调查、科学研究和教学等领域中的使用。

（四）放射性同位素，是指某种发生放射性衰变的元素中具有相同原子序数但质量不同的核素。

（五）放射源，是指除研究堆和动力堆核燃料循环范畴的材料以外，永久密封在容器中或者有严密包层并呈固态的放射性材料。

（六）射线装置，是指 X 线机、加速器、中子发生器以及含放射源的装置。

（七）伴生放射性矿，是指含有较高水平天然放射性核素浓度的非铀矿（如稀土矿和磷酸盐矿等）。

（八）放射性废物，是指含有放射性核素或者被放射性核素污染，其浓度或者比活度大于国家确定的清洁解控水平，预期不再使用的废弃物。

第六十三条 本法自 2003 年 10 月 1 日起施行。

中华人民共和国国家安全法

（2015 年 7 月 1 日第十二届全国人民代表大会常务委员会第十五次会议通过　2015 年 7 月 1 日中华人民共和国主席令第 29 号公布　自公布之日起施行）

第一章　总　　则

第一条　为了维护国家安全，保卫人民民主专政的政权和中国特色社会主义制度，保护人民的根本利益，保障改革开放和社会主义现代化建设的顺利进行，实现中华民族伟大复兴，根据宪法，制定本法。

第二条 国家安全是指国家政权、主权、统一和领土完整、人民福祉、经济社会可持续发展和国家其他重大利益相对处于没有危险和不受内外威胁的状态,以及保障持续安全状态的能力。

第三条 国家安全工作应当坚持总体国家安全观,以人民安全为宗旨,以政治安全为根本,以经济安全为基础,以军事、文化、社会安全为保障,以促进国际安全为依托,维护各领域国家安全,构建国家安全体系,走中国特色国家安全道路。

第四条 坚持中国共产党对国家安全工作的领导,建立集中统一、高效权威的国家安全领导体制。

第五条 中央国家安全领导机构负责国家安全工作的决策和议事协调,研究制定、指导实施国家安全战略和有关重大方针政策,统筹协调国家安全重大事项和重要工作,推动国家安全法治建设。

第六条 国家制定并不断完善国家安全战略,全面评估国际、国内安全形势,明确国家安全战略的指导方针、中长期目标、重点领域的国家安全政策、工作任务和措施。

第七条 维护国家安全,应当遵守宪法和法律,坚持社会主义法治原则,尊重和保障人权,依法保护公民的权利和自由。

第八条 维护国家安全,应当与经济社会发展相协调。

国家安全工作应当统筹内部安全和外部安全、国土安全和国民安全、传统安全和非传统安全、自身安全和共同安全。

第九条 维护国家安全,应当坚持预防为主、标本兼治,专门工作与群众路线相结合,充分发挥专门机关和其他有关机关维护国家安全的职能作用,广泛动员公民和组织,防范、制止和依法惩治危害国家安全的行为。

第十条 维护国家安全,应当坚持互信、互利、平等、协作,积极同外国政府和国际组织开展安全交流合作,履行国际安全义务,促进共同安全,维护世界和平。

第十一条 中华人民共和国公民、一切国家机关和武装力量、各政党和各人民团体、企业事业组织和其他社会组织,都有维护国家安全的责任和义务。

中国的主权和领土完整不容侵犯和分割。维护国家主权、统一和领土完整是包括港澳同胞和台湾同胞在内的全中国人民的共同义务。

第十二条 国家对在维护国家安全工作中作出突出贡献的个人和组织给予表彰和奖励。

第十三条 国家机关工作人员在国家安全工作和涉及国家安全活动中,滥用职权、玩忽职守、徇私舞弊的,依法追究法律责任。

任何个人和组织违反本法和有关法律,不履行维护国家安全义务或者从事危害国家安全活动的,依法追究法律责任。

第十四条 每年4月15日为全民国家安全教育日。

第二章　维护国家安全的任务

第十五条　国家坚持中国共产党的领导，维护中国特色社会主义制度，发展社会主义民主政治，健全社会主义法治，强化权力运行制约和监督机制，保障人民当家作主的各项权利。

国家防范、制止和依法惩治任何叛国、分裂国家、煽动叛乱、颠覆或者煽动颠覆人民民主专政政权的行为；防范、制止和依法惩治窃取、泄露国家秘密等危害国家安全的行为；防范、制止和依法惩治境外势力的渗透、破坏、颠覆、分裂活动。

第十六条　国家维护和发展最广大人民的根本利益，保卫人民安全，创造良好生存发展条件和安定工作生活环境，保障公民的生命财产安全和其他合法权益。

第十七条　国家加强边防、海防和空防建设，采取一切必要的防卫和管控措施，保卫领陆、内水、领海和领空安全，维护国家领土主权和海洋权益。

第十八条　国家加强武装力量革命化、现代化、正规化建设，建设与保卫国家安全和发展利益需要相适应的武装力量；实施积极防御军事战略方针，防备和抵御侵略，制止武装颠覆和分裂；开展国际军事安全合作，实施联合国维和、国际救援、海上护航和维护国家海外利益的军事行动，维护国家主权、安全、领土完整、发展利益和世界和平。

第十九条 国家维护国家基本经济制度和社会主义市场经济秩序，健全预防和化解经济安全风险的制度机制，保障关系国民经济命脉的重要行业和关键领域、重点产业、重大基础设施和重大建设项目以及其他重大经济利益安全。

第二十条 国家健全金融宏观审慎管理和金融风险防范、处置机制，加强金融基础设施和基础能力建设，防范和化解系统性、区域性金融风险，防范和抵御外部金融风险的冲击。

第二十一条 国家合理利用和保护资源能源，有效管控战略资源能源的开发，加强战略资源能源储备，完善资源能源运输战略通道建设和安全保护措施，加强国际资源能源合作，全面提升应急保障能力，保障经济社会发展所需的资源能源持续、可靠和有效供给。

第二十二条 国家健全粮食安全保障体系，保护和提高粮食综合生产能力，完善粮食储备制度、流通体系和市场调控机制，健全粮食安全预警制度，保障粮食供给和质量安全。

第二十三条 国家坚持社会主义先进文化前进方向，继承和弘扬中华民族优秀传统文化，培育和践行社会主义核心价值观，防范和抵制不良文化的影响，掌握意识形态领域主导权，增强文化整体实力和竞争力。

第二十四条 国家加强自主创新能力建设，加快发展自主可控的战略高新技术和重要领域核心关键技术，加强知识产权的运用、保护和科技保密能力建设，保障重大技术和工程的安全。

第二十五条　国家建设网络与信息安全保障体系，提升网络与信息安全保护能力，加强网络和信息技术的创新研究和开发应用，实现网络和信息核心技术、关键基础设施和重要领域信息系统及数据的安全可控；加强网络管理，防范、制止和依法惩治网络攻击、网络入侵、网络窃密、散布违法有害信息等网络违法犯罪行为，维护国家网络空间主权、安全和发展利益。

第二十六条　国家坚持和完善民族区域自治制度，巩固和发展平等团结互助和谐的社会主义民族关系。坚持各民族一律平等，加强民族交往、交流、交融，防范、制止和依法惩治民族分裂活动，维护国家统一、民族团结和社会和谐，实现各民族共同团结奋斗、共同繁荣发展。

第二十七条　国家依法保护公民宗教信仰自由和正常宗教活动，坚持宗教独立自主自办的原则，防范、制止和依法惩治利用宗教名义进行危害国家安全的违法犯罪活动，反对境外势力干涉境内宗教事务，维护正常宗教活动秩序。

国家依法取缔邪教组织，防范、制止和依法惩治邪教违法犯罪活动。

第二十八条　国家反对一切形式的恐怖主义和极端主义，加强防范和处置恐怖主义的能力建设，依法开展情报、调查、防范、处置以及资金监管等工作，依法取缔恐怖活动组织和严厉惩治暴力恐怖活动。

第二十九条　国家健全有效预防和化解社会矛盾的体

制机制，健全公共安全体系，积极预防、减少和化解社会矛盾，妥善处置公共卫生、社会安全等影响国家安全和社会稳定的突发事件，促进社会和谐，维护公共安全和社会安定。

第三十条 国家完善生态环境保护制度体系，加大生态建设和环境保护力度，划定生态保护红线，强化生态风险的预警和防控，妥善处置突发环境事件，保障人民赖以生存发展的大气、水、土壤等自然环境和条件不受威胁和破坏，促进人与自然和谐发展。

第三十一条 国家坚持和平利用核能和核技术，加强国际合作，防止核扩散，完善防扩散机制，加强对核设施、核材料、核活动和核废料处置的安全管理、监管和保护，加强核事故应急体系和应急能力建设，防止、控制和消除核事故对公民生命健康和生态环境的危害，不断增强有效应对和防范核威胁、核攻击的能力。

第三十二条 国家坚持和平探索和利用外层空间、国际海底区域和极地，增强安全进出、科学考察、开发利用的能力，加强国际合作，维护我国在外层空间、国际海底区域和极地的活动、资产和其他利益的安全。

第三十三条 国家依法采取必要措施，保护海外中国公民、组织和机构的安全和正当权益，保护国家的海外利益不受威胁和侵害。

第三十四条 国家根据经济社会发展和国家发展利益的需要，不断完善维护国家安全的任务。

第三章　维护国家安全的职责

第三十五条　全国人民代表大会依照宪法规定，决定战争和和平的问题，行使宪法规定的涉及国家安全的其他职权。

全国人民代表大会常务委员会依照宪法规定，决定战争状态的宣布，决定全国总动员或者局部动员，决定全国或者个别省、自治区、直辖市进入紧急状态，行使宪法规定的和全国人民代表大会授予的涉及国家安全的其他职权。

第三十六条　中华人民共和国主席根据全国人民代表大会的决定和全国人民代表大会常务委员会的决定，宣布进入紧急状态，宣布战争状态，发布动员令，行使宪法规定的涉及国家安全的其他职权。

第三十七条　国务院根据宪法和法律，制定涉及国家安全的行政法规，规定有关行政措施，发布有关决定和命令；实施国家安全法律法规和政策；依照法律规定决定省、自治区、直辖市的范围内部分地区进入紧急状态；行使宪法法律规定的和全国人民代表大会及其常务委员会授予的涉及国家安全的其他职权。

第三十八条　中央军事委员会领导全国武装力量，决定军事战略和武装力量的作战方针，统一指挥维护国家安全的军事行动，制定涉及国家安全的军事法规，发布有关决定和命令。

第三十九条 中央国家机关各部门按照职责分工,贯彻执行国家安全方针政策和法律法规,管理指导本系统、本领域国家安全工作。

第四十条 地方各级人民代表大会和县级以上地方各级人民代表大会常务委员会在本行政区域内,保证国家安全法律法规的遵守和执行。

地方各级人民政府依照法律法规规定管理本行政区域内的国家安全工作。

香港特别行政区、澳门特别行政区应当履行维护国家安全的责任。

第四十一条 人民法院依照法律规定行使审判权,人民检察院依照法律规定行使检察权,惩治危害国家安全的犯罪。

第四十二条 国家安全机关、公安机关依法搜集涉及国家安全的情报信息,在国家安全工作中依法行使侦查、拘留、预审和执行逮捕以及法律规定的其他职权。

有关军事机关在国家安全工作中依法行使相关职权。

第四十三条 国家机关及其工作人员在履行职责时,应当贯彻维护国家安全的原则。

国家机关及其工作人员在国家安全工作和涉及国家安全活动中,应当严格依法履行职责,不得超越职权、滥用职权,不得侵犯个人和组织的合法权益。

第四章 国家安全制度

第一节 一般规定

第四十四条 中央国家安全领导机构实行统分结合、协调高效的国家安全制度与工作机制。

第四十五条 国家建立国家安全重点领域工作协调机制，统筹协调中央有关职能部门推进相关工作。

第四十六条 国家建立国家安全工作督促检查和责任追究机制，确保国家安全战略和重大部署贯彻落实。

第四十七条 各部门、各地区应当采取有效措施，贯彻实施国家安全战略。

第四十八条 国家根据维护国家安全工作需要，建立跨部门会商工作机制，就维护国家安全工作的重大事项进行会商研判，提出意见和建议。

第四十九条 国家建立中央与地方之间、部门之间、军地之间以及地区之间关于国家安全的协同联动机制。

第五十条 国家建立国家安全决策咨询机制，组织专家和有关方面开展对国家安全形势的分析研判，推进国家安全的科学决策。

第二节 情报信息

第五十一条 国家健全统一归口、反应灵敏、准确高效、运转顺畅的情报信息收集、研判和使用制度，建立情报信息工作协调机制，实现情报信息的及时收集、准确研判、有效使用和共享。

第五十二条 国家安全机关、公安机关、有关军事机关根据职责分工，依法搜集涉及国家安全的情报信息。

国家机关各部门在履行职责过程中，对于获取的涉及国家安全的有关信息应当及时上报。

第五十三条 开展情报信息工作，应当充分运用现代科学技术手段，加强对情报信息的鉴别、筛选、综合和研判分析。

第五十四条 情报信息的报送应当及时、准确、客观，不得迟报、漏报、瞒报和谎报。

第三节 风险预防、评估和预警

第五十五条 国家制定完善应对各领域国家安全风险预案。

第五十六条 国家建立国家安全风险评估机制，定期开展各领域国家安全风险调查评估。

有关部门应当定期向中央国家安全领导机构提交国家安全风险评估报告。

第五十七条 国家健全国家安全风险监测预警制度，根据国家安全风险程度，及时发布相应风险预警。

第五十八条 对可能即将发生或者已经发生的危害国家安全的事件，县级以上地方人民政府及其有关主管部门应当立即按照规定向上一级人民政府及其有关主管部门报告,必要时可以越级上报。

第四节 审查监管

第五十九条 国家建立国家安全审查和监管的制度和机制,对影响或者可能影响国家安全的外商投资、特定物项和关键技术、网络信息技术产品和服务、涉及国家安全事项的建设项目,以及其他重大事项和活动,进行国家安全审查,有效预防和化解国家安全风险。

第六十条 中央国家机关各部门依照法律、行政法规行使国家安全审查职责,依法作出国家安全审查决定或者提出安全审查意见并监督执行。

第六十一条 省、自治区、直辖市依法负责本行政区域内有关国家安全审查和监管工作。

第五节 危机管控

第六十二条 国家建立统一领导、协同联动、有序高效的国家安全危机管控制度。

第六十三条 发生危及国家安全的重大事件,中央有关部门和有关地方根据中央国家安全领导机构的统一部署,依法启动应急预案,采取管控处置措施。

第六十四条 发生危及国家安全的特别重大事件,需要进入紧急状态、战争状态或者进行全国总动员、局部动员的,由全国人民代表大会、全国人民代表大会常务委员会或者国务院依照宪法和有关法律规定的权限和程序决定。

第六十五条 国家决定进入紧急状态、战争状态或者实施国防动员后,履行国家安全危机管控职责的有关机关依照法律规定或者全国人民代表大会常务委员会规定,有权采取限制公民和组织权利、增加公民和组织义务的特别措施。

第六十六条 履行国家安全危机管控职责的有关机关依法采取处置国家安全危机的管控措施,应当与国家安全危机可能造成的危害的性质、程度和范围相适应;有多种措施可供选择的,应当选择有利于最大程度保护公民、组织权益的措施。

第六十七条 国家健全国家安全危机的信息报告和发布机制。

国家安全危机事件发生后,履行国家安全危机管控职责的有关机关,应当按照规定准确、及时报告,并依法将有关国家安全危机事件发生、发展、管控处置及善后情况统一向社会发布。

第六十八条 国家安全威胁和危害得到控制或者消除后,应当及时解除管控处置措施,做好善后工作。

第五章 国家安全保障

第六十九条 国家健全国家安全保障体系,增强维护国家安全的能力。

第七十条 国家健全国家安全法律制度体系,推动国家安全法治建设。

第七十一条　国家加大对国家安全各项建设的投入，保障国家安全工作所需经费和装备。

第七十二条　承担国家安全战略物资储备任务的单位，应当按照国家有关规定和标准对国家安全物资进行收储、保管和维护，定期调整更换，保证储备物资的使用效能和安全。

第七十三条　鼓励国家安全领域科技创新，发挥科技在维护国家安全中的作用。

第七十四条　国家采取必要措施，招录、培养和管理国家安全工作专门人才和特殊人才。

根据维护国家安全工作的需要，国家依法保护有关机关专门从事国家安全工作人员的身份和合法权益，加大人身保护和安置保障力度。

第七十五条　国家安全机关、公安机关、有关军事机关开展国家安全专门工作，可以依法采取必要手段和方式，有关部门和地方应当在职责范围内提供支持和配合。

第七十六条　国家加强国家安全新闻宣传和舆论引导，通过多种形式开展国家安全宣传教育活动，将国家安全教育纳入国民教育体系和公务员教育培训体系，增强全民国家安全意识。

第六章　公民、组织的义务和权利

第七十七条　公民和组织应当履行下列维护国家安全

的义务：

（一）遵守宪法、法律法规关于国家安全的有关规定；

（二）及时报告危害国家安全活动的线索；

（三）如实提供所知悉的涉及危害国家安全活动的证据；

（四）为国家安全工作提供便利条件或者其他协助；

（五）向国家安全机关、公安机关和有关军事机关提供必要的支持和协助；

（六）保守所知悉的国家秘密；

（七）法律、行政法规规定的其他义务。

任何个人和组织不得有危害国家安全的行为，不得向危害国家安全的个人或者组织提供任何资助或者协助。

第七十八条 机关、人民团体、企业事业组织和其他社会组织应当对本单位的人员进行维护国家安全的教育，动员、组织本单位的人员防范、制止危害国家安全的行为。

第七十九条 企业事业组织根据国家安全工作的要求，应当配合有关部门采取相关安全措施。

第八十条 公民和组织支持、协助国家安全工作的行为受法律保护。

因支持、协助国家安全工作，本人或者其近亲属的人身安全面临危险的，可以向公安机关、国家安全机关请求予以保护。公安机关、国家安全机关应当会同有关部门依法采取保护措施。

第八十一条 公民和组织因支持、协助国家安全工作导致财产损失的，按照国家有关规定给予补偿；造成人身伤害或者死亡的,按照国家有关规定给予抚恤优待。

第八十二条 公民和组织对国家安全工作有向国家机关提出批评建议的权利,对国家机关及其工作人员在国家安全工作中的违法失职行为有提出申诉、控告和检举的权利。

第八十三条 在国家安全工作中,需要采取限制公民权利和自由的特别措施时,应当依法进行,并以维护国家安全的实际需要为限度。

第七章 附 则

第八十四条 本法自公布之日起施行。

中华人民共和国突发事件应对法

(2007年8月30日第十届全国人民代表大会常务委员会第二十九次会议通过 2007年8月30日中华人民共和国主席令第69号公布 自2007年11月1日起施行)

第一章 总 则

第一条 为了预防和减少突发事件的发生,控制、减轻和消除突发事件引起的严重社会危害,规范突发事件应对活动,保护人民生命财产安全,维护国家安全、公共安全、环境安全和社会秩序,制定本法。

第二条 突发事件的预防与应急准备、监测与预警、应急处置与救援、事后恢复与重建等应对活动,适用本法。

第三条 本法所称突发事件,是指突然发生,造成或者可能造成严重社会危害,需要采取应急处置措施予以应对的自然灾害、事故灾难、公共卫生事件和社会安全事件。

按照社会危害程度、影响范围等因素,自然灾害、事故灾难、公共卫生事件分为特别重大、重大、较大和一般四级。法律、行政法规或者国务院另有规定的,从其规定。

突发事件的分级标准由国务院或者国务院确定的部门制定。

第四条 国家建立统一领导、综合协调、分类管理、分级负责、属地管理为主的应急管理体制。

第五条 突发事件应对工作实行预防为主、预防与应急相结合的原则。国家建立重大突发事件风险评估体系,对可能发生的突发事件进行综合性评估,减少重大突发事件的发生,最大限度地减轻重大突发事件的影响。

第六条 国家建立有效的社会动员机制,增强全民的公共安全和防范风险的意识,提高全社会的避险救助能力。

第七条 县级人民政府对本行政区域内突发事件的应对工作负责;涉及两个以上行政区域的,由有关行政区域共同的上一级人民政府负责,或者由各有关行政区域的上一级人民政府共同负责。

突发事件发生后，发生地县级人民政府应当立即采取措施控制事态发展，组织开展应急救援和处置工作，并立即向上一级人民政府报告，必要时可以越级上报。

突发事件发生地县级人民政府不能消除或者不能有效控制突发事件引起的严重社会危害的，应当及时向上级人民政府报告。上级人民政府应当及时采取措施，统一领导应急处置工作。

法律、行政法规规定由国务院有关部门对突发事件的应对工作负责的，从其规定；地方人民政府应当积极配合并提供必要的支持。

第八条 国务院在总理领导下研究、决定和部署特别重大突发事件的应对工作；根据实际需要，设立国家突发事件应急指挥机构，负责突发事件应对工作；必要时，国务院可以派出工作组指导有关工作。

县级以上地方各级人民政府设立由本级人民政府主要负责人、相关部门负责人、驻当地中国人民解放军和中国人民武装警察部队有关负责人组成的突发事件应急指挥机构，统一领导、协调本级人民政府各有关部门和下级人民政府开展突发事件应对工作；根据实际需要，设立相关类别突发事件应急指挥机构，组织、协调、指挥突发事件应对工作。

上级人民政府主管部门应当在各自职责范围内，指导、协助下级人民政府及其相应部门做好有关突发事件的应对工作。

第九条 国务院和县级以上地方各级人民政府是突发事件应对工作的行政领导机关,其办事机构及具体职责由国务院规定。

第十条 有关人民政府及其部门作出的应对突发事件的决定、命令,应当及时公布。

第十一条 有关人民政府及其部门采取的应对突发事件的措施,应当与突发事件可能造成的社会危害的性质、程度和范围相适应;有多种措施可供选择的,应当选择有利于最大程度地保护公民、法人和其他组织权益的措施。

公民、法人和其他组织有义务参与突发事件应对工作。

第十二条 有关人民政府及其部门为应对突发事件,可以征用单位和个人的财产。被征用的财产在使用完毕或者突发事件应急处置工作结束后,应当及时返还。财产被征用或者征用后毁损、灭失的,应当给予补偿。

第十三条 因采取突发事件应对措施,诉讼、行政复议、仲裁活动不能正常进行的,适用有关时效中止和程序中止的规定,但法律另有规定的除外。

第十四条 中国人民解放军、中国人民武装警察部队和民兵组织依照本法和其他有关法律、行政法规、军事法规的规定以及国务院、中央军事委员会的命令,参加突发事件的应急救援和处置工作。

第十五条 中华人民共和国政府在突发事件的预防、监测与预警、应急处置与救援、事后恢复与重建等方面,同外国政府和有关国际组织开展合作与交流。

第十六条 县级以上人民政府作出应对突发事件的决定、命令,应当报本级人民代表大会常务委员会备案;突发事件应急处置工作结束后,应当向本级人民代表大会常务委员会作出专项工作报告。

第二章 预防与应急准备

第十七条 国家建立健全突发事件应急预案体系。

国务院制定国家突发事件总体应急预案,组织制定国家突发事件专项应急预案;国务院有关部门根据各自的职责和国务院相关应急预案,制定国家突发事件部门应急预案。

地方各级人民政府和县级以上地方各级人民政府有关部门根据有关法律、法规、规章、上级人民政府及其有关部门的应急预案以及本地区的实际情况,制定相应的突发事件应急预案。

应急预案制定机关应当根据实际需要和情势变化,适时修订应急预案。应急预案的制定、修订程序由国务院规定。

第十八条 应急预案应当根据本法和其他有关法律、法规的规定,针对突发事件的性质、特点和可能造成的社会危害,具体规定突发事件应急管理工作的组织指挥体系与职责和突发事件的预防与预警机制、处置程序、应急保障措施以及事后恢复与重建措施等内容。

第十九条 城乡规划应当符合预防、处置突发事件的需要，统筹安排应对突发事件所必需的设备和基础设施建设，合理确定应急避难场所。

第二十条 县级人民政府应当对本行政区域内容易引发自然灾害、事故灾难和公共卫生事件的危险源、危险区域进行调查、登记、风险评估，定期进行检查、监控，并责令有关单位采取安全防范措施。

省级和设区的市级人民政府应当对本行政区域内容易引发特别重大、重大突发事件的危险源、危险区域进行调查、登记、风险评估，组织进行检查、监控，并责令有关单位采取安全防范措施。

县级以上地方各级人民政府按照本法规定登记的危险源、危险区域，应当按照国家规定及时向社会公布。

第二十一条 县级人民政府及其有关部门、乡级人民政府、街道办事处、居民委员会、村民委员会应当及时调解处理可能引发社会安全事件的矛盾纠纷。

第二十二条 所有单位应当建立健全安全管理制度，定期检查本单位各项安全防范措施的落实情况，及时消除事故隐患；掌握并及时处理本单位存在的可能引发社会安全事件的问题，防止矛盾激化和事态扩大；对本单位可能发生的突发事件和采取安全防范措施的情况，应当按照规定及时向所在地人民政府或者人民政府有关部门报告。

第二十三条 矿山、建筑施工单位和易燃易爆物品、危险化学品、放射性物品等危险物品的生产、经营、储运、使用单位，应当制定具体应急预案，并对生产经营场所、有危险物品的建筑物、构筑物及周边环境开展隐患排查，及时采取措施消除隐患，防止发生突发事件。

第二十四条　公共交通工具、公共场所和其他人员密集场所的经营单位或者管理单位应当制定具体应急预案，为交通工具和有关场所配备报警装置和必要的应急救援设备、设施，注明其使用方法，并显著标明安全撤离的通道、路线，保证安全通道、出口的畅通。

有关单位应当定期检测、维护其报警装置和应急救援设备、设施，使其处于良好状态，确保正常使用。

第二十五条　县级以上人民政府应当建立健全突发事件应急管理培训制度，对人民政府及其有关部门负有处置突发事件职责的工作人员定期进行培训。

第二十六条　县级以上人民政府应当整合应急资源，建立或者确定综合性应急救援队伍。人民政府有关部门可以根据实际需要设立专业应急救援队伍。

县级以上人民政府及其有关部门可以建立由成年志愿者组成的应急救援队伍。单位应当建立由本单位职工组成的专职或者兼职应急救援队伍。

县级以上人民政府应当加强专业应急救援队伍与非专业应急救援队伍的合作，联合培训、联合演练，提高合成应急、协同应急的能力。

第二十七条　国务院有关部门、县级以上地方各级人民政府及其有关部门、有关单位应当为专业应急救援人员购买人身意外伤害保险，配备必要的防护装备和器材，减少应急救援人员的人身风险。

第二十八条 中国人民解放军、中国人民武装警察部队和民兵组织应当有计划地组织开展应急救援的专门训练。

第二十九条 县级人民政府及其有关部门、乡级人民政府、街道办事处应当组织开展应急知识的宣传普及活动和必要的应急演练。

居民委员会、村民委员会、企业事业单位应当根据所在地人民政府的要求，结合各自的实际情况，开展有关突发事件应急知识的宣传普及活动和必要的应急演练。

新闻媒体应当无偿开展突发事件预防与应急、自救与互救知识的公益宣传。

第三十条 各级各类学校应当把应急知识教育纳入教学内容，对学生进行应急知识教育，培养学生的安全意识和自救与互救能力。

教育主管部门应当对学校开展应急知识教育进行指导和监督。

第三十一条 国务院和县级以上地方各级人民政府应当采取财政措施，保障突发事件应对工作所需经费。

第三十二条 国家建立健全应急物资储备保障制度，完善重要应急物资的监管、生产、储备、调拨和紧急配送体系。

设区的市级以上人民政府和突发事件易发、多发地区的县级人民政府应当建立应急救援物资、生活必需品和应急处置装备的储备制度。

县级以上地方各级人民政府应当根据本地区的实际情况，与有关企业签订协议，保障应急救援物资、生活必需品和应急处置装备的生产、供给。

第三十三条 国家建立健全应急通信保障体系，完善公用通信网，建立有线与无线相结合、基础电信网络与机动通信系统相配套的应急通信系统，确保突发事件应对工作的通信畅通。

第三十四条 国家鼓励公民、法人和其他组织为人民政府应对突发事件工作提供物资、资金、技术支持和捐赠。

第三十五条 国家发展保险事业，建立国家财政支持的巨灾风险保险体系，并鼓励单位和公民参加保险。

第三十六条 国家鼓励、扶持具备相应条件的教学科研机构培养应急管理专门人才，鼓励、扶持教学科研机构和有关企业研究开发用于突发事件预防、监测、预警、应急处置与救援的新技术、新设备和新工具。

第三章 监测与预警

第三十七条 国务院建立全国统一的突发事件信息系统。

县级以上地方各级人民政府应当建立或者确定本地区统一的突发事件信息系统，汇集、储存、分析、传输有关突发事件的信息，并与上级人民政府及其有关部门、下级人民政府及其有关部门、专业机构和监测网点的突发事件信息系统实现互联互通,加强跨部门、跨地区的信息交流与情报合作。

第三十八条 县级以上人民政府及其有关部门、专业机构应当通过多种途径收集突发事件信息。

县级人民政府应当在居民委员会、村民委员会和有关单位建立专职或者兼职信息报告员制度。

获悉突发事件信息的公民、法人或者其他组织,应当立即向所在地人民政府、有关主管部门或者指定的专业机构报告。

第三十九条 地方各级人民政府应当按照国家有关规定向上级人民政府报送突发事件信息。县级以上人民政府有关主管部门应当向本级人民政府相关部门通报突发事件信息。专业机构、监测网点和信息报告员应当及时向所在地人民政府及其有关主管部门报告突发事件信息。

有关单位和人员报送、报告突发事件信息,应当做到及时、客观、真实,不得迟报、谎报、瞒报、漏报。

第四十条 县级以上地方各级人民政府应当及时汇总分析突发事件隐患和预警信息,必要时组织相关部门、专业技术人员、专家学者进行会商,对发生突发事件的可能性及其可能造成的影响进行评估;认为可能发生重大或者特别重大突发事件的,应当立即向上级人民政府报告,并向上级人民政府有关部门、当地驻军和可能受到危害的毗邻或者相关地区的人民政府通报。

第四十一条 国家建立健全突发事件监测制度。

县级以上人民政府及其有关部门应当根据自然灾害、事故灾难和公共卫生事件的种类和特点,建立健全基础信息数据库,完善监测网络,划分监测区域,确定监测点,明确监测项目,提供必要的设备、设施,配备专职或者兼职人员,对可能发生的突发事件进行监测。

第四十二条 国家建立健全突发事件预警制度。

可以预警的自然灾害、事故灾难和公共卫生事件的预警级别,按照突发事件发生的紧急程度、发展势态和可能造成的危害程度分为一级、二级、三级和四级,分别用红色、橙色、黄色和蓝色标示,一级为最高级别。

预警级别的划分标准由国务院或者国务院确定的部门制定。

第四十三条 可以预警的自然灾害、事故灾难或者公共卫生事件即将发生或者发生的可能性增大时,县级以上地方各级人民政府应当根据有关法律、行政法规和国务院规定的权限和程序,发布相应级别的警报,决定并宣布有关地区进入预警期,同时向上一级人民政府报告,必要时可以越级上报,并向当地驻军和可能受到危害的毗邻或者相关地区的人民政府通报。

第四十四条 发布三级、四级警报,宣布进入预警期后,县级以上地方各级人民政府应当根据即将发生的突发事件的特点和可能造成的危害,采取下列措施:

(一)启动应急预案;

（二）责令有关部门、专业机构、监测网点和负有特定职责的人员及时收集、报告有关信息，向社会公布反映突发事件信息的渠道，加强对突发事件发生、发展情况的监测、预报和预警工作；

（三）组织有关部门和机构、专业技术人员、有关专家学者，随时对突发事件信息进行分析评估，预测发生突发事件可能性的大小、影响范围和强度以及可能发生的突发事件的级别；

（四）定时向社会发布与公众有关的突发事件预测信息和分析评估结果，并对相关信息的报道工作进行管理；

（五）及时按照有关规定向社会发布可能受到突发事件危害的警告，宣传避免、减轻危害的常识，公布咨询电话。

第四十五条 发布一级、二级警报，宣布进入预警期后，县级以上地方各级人民政府除采取本法第四十四条规定的措施外，还应当针对即将发生的突发事件的特点和可能造成的危害，采取下列一项或者多项措施：

（一）责令应急救援队伍、负有特定职责的人员进入待命状态，并动员后备人员做好参加应急救援和处置工作的准备；

（二）调集应急救援所需物资、设备、工具，准备应急设施和避难场所，并确保其处于良好状态、随时可以投入正常使用；

（三）加强对重点单位、重要部位和重要基础设施的安全保卫，维护社会治安秩序；

（四）采取必要措施，确保交通、通信、供水、排水、供电、供气、供热等公共设施的安全和正常运行；

（五）及时向社会发布有关采取特定措施避免或者减轻危害的建议、劝告；

（六）转移、疏散或者撤离易受突发事件危害的人员并予以妥善安置，转移重要财产；

（七）关闭或者限制使用易受突发事件危害的场所，控制或者限制容易导致危害扩大的公共场所的活动；

（八）法律、法规、规章规定的其他必要的防范性、保护性措施。

第四十六条 对即将发生或者已经发生的社会安全事件，县级以上地方各级人民政府及其有关主管部门应当按照规定向上一级人民政府及其有关主管部门报告，必要时可以越级上报。

第四十七条 发布突发事件警报的人民政府应当根据事态的发展，按照有关规定适时调整预警级别并重新发布。

有事实证明不可能发生突发事件或者危险已经解除的，发布警报的人民政府应当立即宣布解除警报，终止预警期，并解除已经采取的有关措施。

第四章 应急处置与救援

第四十八条 突发事件发生后，履行统一领导职责或者组织处置突发事件的人民政府应当针对其性质、特点和危害程度，立即组织有关部门，调动应急救援队伍和社会力量，依照本章的规定和有关法律、法规、规章的规定采取应急处置措施。

第四十九条 自然灾害、事故灾难或者公共卫生事件发生后，履行统一领导职责的人民政府可以采取下列一项或者多项应急处置措施：

（一）组织营救和救治受害人员，疏散、撤离并妥善安置受到威胁的人员以及采取其他救助措施；

（二）迅速控制危险源，标明危险区域，封锁危险场所，划定警戒区，实行交通管制以及其他控制措施；

（三）立即抢修被损坏的交通、通信、供水、排水、供电、供气、供热等公共设施，向受到危害的人员提供避难场所和生活必需品，实施医疗救护和卫生防疫以及其他保障措施；

（四）禁止或者限制使用有关设备、设施，关闭或者限制使用有关场所，中止人员密集的活动或者可能导致危害扩大的生产经营活动以及采取其他保护措施；

（五）启用本级人民政府设置的财政预备费和储备的应急救援物资，必要时调用其他急需物资、设备、设施、工具；

（六）组织公民参加应急救援和处置工作，要求具有特定专长的人员提供服务；

（七）保障食品、饮用水、燃料等基本生活必需品的供应；

（八）依法从严惩处囤积居奇、哄抬物价、制假售假等扰乱市场秩序的行为，稳定市场价格，维护市场秩序；

（九）依法从严惩处哄抢财物、干扰破坏应急处置工作等扰乱社会秩序的行为，维护社会治安；

（十）采取防止发生次生、衍生事件的必要措施。

第五十条 社会安全事件发生后，组织处置工作的人民政府应当立即组织有关部门并由公安机关针对事件的性质和特点，依照有关法律、行政法规和国家其他有关规定，采取下列一项或者多项应急处置措施：

（一）强制隔离使用器械相互对抗或者以暴力行为参与冲突的当事人，妥善解决现场纠纷和争端，控制事态发展；

（二）对特定区域内的建筑物、交通工具、设备、设施以及燃料、燃气、电力、水的供应进行控制；

（三）封锁有关场所、道路，查验现场人员的身份证件，限制有关公共场所内的活动；

（四）加强对易受冲击的核心机关和单位的警卫，在国家机关、军事机关、国家通讯社、广播电台、电视台、外国驻华使领馆等单位附近设置临时警戒线；

（五）法律、行政法规和国务院规定的其他必要措施。

严重危害社会治安秩序的事件发生时，公安机关应当立即依法出动警力，根据现场情况依法采取相应的强制性措施，尽快使社会秩序恢复正常。

第五十一条 发生突发事件，严重影响国民经济正常运行时，国务院或者国务院授权的有关主管部门可以采取保障、控制等必要的应急措施，保障人民群众的基本生活需要，最大限度地减轻突发事件的影响。

第五十二条 履行统一领导职责或者组织处置突发事件的人民政府，必要时可以向单位和个人征用应急救援所需设备、设施、场地、交通工具和其他物资，请求其他地方人民政府提供人力、物力、财力或者技术支援，要求生产、供应生活必需品和应急救援物资的企业组织生产、保证供给，要求提供医疗、交通等公共服务的组织提供相应的服务。

履行统一领导职责或者组织处置突发事件的人民政府，应当组织协调运输经营单位，优先运送处置突发事件所需物资、设备、工具、应急救援人员和受到突发事件危害的人员。

第五十三条 履行统一领导职责或者组织处置突发事件的人民政府，应当按照有关规定统一、准确、及时发布有关突发事件事态发展和应急处置工作的信息。

第五十四条 任何单位和个人不得编造、传播有关突发事件事态发展或者应急处置工作的虚假信息。

第五十五条 突发事件发生地的居民委员会、村民委员会和其他组织应当按照当地人民政府的决定、命令，进行宣传动员，组织群众开展自救和互救，协助维护社会秩序。

第五十六条 受到自然灾害危害或者发生事故灾难、公共卫生事件的单位，应当立即组织本单位应急救援队伍和工作人员营救受害人员，疏散、撤离、安置受到威胁的人员，控制危险源，标明危险区域，封锁危险场所，并采取其他防止危害扩大的必要措施，同时向所在地县级人民政府报告；对因本单位的问题引发的或者主体是本单位人员的社会安全事件，有关单位应当按照规定上报情况，并迅速派出负责人赶赴现场开展劝解、疏导工作。

突发事件发生地的其他单位应当服从人民政府发布的决定、命令，配合人民政府采取的应急处置措施，做好本单位的应急救援工作，并积极组织人员参加所在地的应急救援和处置工作。

第五十七条 突发事件发生地的公民应当服从人民政府、居民委员会、村民委员会或者所属单位的指挥和安排，配合人民政府采取的应急处置措施，积极参加应急救援工作，协助维护社会秩序。

第五章　事后恢复与重建

第五十八条 突发事件的威胁和危害得到控制或者消除后，履行统一领导职责或者组织处置突发事件的人民政府应当停止执行依照本法规定采取的应急处置措施，同时采取或者继续实施必要措施，防止发生自然灾害、事故灾难、公共卫生事件的次生、衍生事件或者重新引发社会安全事件。

第五十九条 突发事件应急处置工作结束后，履行统一领导职责的人民政府应当立即组织对突发事件造成的损失进行评估，组织受影响地区尽快恢复生产、生活、工作和社会秩序，制定恢复重建计划，并向上一级人民政府报告。

受突发事件影响地区的人民政府应当及时组织和协调公安、交通、铁路、民航、邮电、建设等有关部门恢复社会治安秩序，尽快修复被损坏的交通、通信、供水、排水、供电、供气、供热等公共设施。

第六十条 受突发事件影响地区的人民政府开展恢复重建工作需要上一级人民政府支持的，可以向上一级人民政府提出请求。上一级人民政府应当根据受影响地区遭受的损失和实际情况，提供资金、物资支持和技术指导，组织其他地区提供资金、物资和人力支援。

第六十一条 国务院根据受突发事件影响地区遭受损失的情况，制定扶持该地区有关行业发展的优惠政策。

受突发事件影响地区的人民政府应当根据本地区遭受损失的情况，制定救助、补偿、抚慰、抚恤、安置等善后工作计划并组织实施，妥善解决因处置突发事件引发的矛盾和纠纷。

公民参加应急救援工作或者协助维护社会秩序期间，其在本单位的工资待遇和福利不变；表现突出、成绩显著的，由县级以上人民政府给予表彰或者奖励。

县级以上人民政府对在应急救援工作中伤亡的人员依法给予抚恤。

第六十二条 履行统一领导职责的人民政府应当及时

查明突发事件的发生经过和原因,总结突发事件应急处置工作的经验教训,制定改进措施,并向上一级人民政府提出报告。

第六章 法律责任

第六十三条 地方各级人民政府和县级以上各级人民政府有关部门违反本法规定,不履行法定职责的,由其上级行政机关或者监察机关责令改正;有下列情形之一的,根据情节对直接负责的主管人员和其他直接责任人员依法给予处分:

(一)未按规定采取预防措施,导致发生突发事件,或者未采取必要的防范措施,导致发生次生、衍生事件的;

(二)迟报、谎报、瞒报、漏报有关突发事件的信息,或者通报、报送、公布虚假信息,造成后果的;

(三)未按规定及时发布突发事件警报、采取预警期的措施,导致损害发生的;

(四)未按规定及时采取措施处置突发事件或者处置不当,造成后果的;

(五)不服从上级人民政府对突发事件应急处置工作的统一领导、指挥和协调的;

(六)未及时组织开展生产自救、恢复重建等善后工作的;

(七)截留、挪用、私分或者变相私分应急救援资金、物资的；

（八）不及时归还征用的单位和个人的财产，或者对被征用财产的单位和个人不按规定给予补偿的。

第六十四条 有关单位有下列情形之一的，由所在地履行统一领导职责的人民政府责令停产停业，暂扣或者吊销许可证或者营业执照，并处五万元以上二十万元以下的罚款；构成违反治安管理行为的，由公安机关依法给予处罚：

（一）未按规定采取预防措施，导致发生严重突发事件的；

（二）未及时消除已发现的可能引发突发事件的隐患，导致发生严重突发事件的；

（三）未做好应急设备、设施日常维护、检测工作，导致发生严重突发事件或者突发事件危害扩大的；

（四）突发事件发生后，不及时组织开展应急救援工作，造成严重后果的。

前款规定的行为，其他法律、行政法规规定由人民政府有关部门依法决定处罚的，从其规定。

第六十五条 违反本法规定，编造并传播有关突发事件事态发展或者应急处置工作的虚假信息，或者明知是有关突发事件事态发展或者应急处置工作的虚假信息而进行传播的，责令改正，给予警告；造成严重后果的，依法暂停其业务活动或者吊销其执业许可证；负有直接责任的人员是国家工作人员的，还应当对其依法给予处分；构成违反治安管理行为的，由公安机关依法给予处罚。

第六十六条 单位或者个人违反本法规定，不服从所在地人民政府及其有关部门发布的决定、命令或者不配合其依法采取的措施，构成违反治安管理行为的，由公安机关依法给予处罚。

第六十七条 单位或者个人违反本法规定，导致突发事件发生或者危害扩大，给他人人身、财产造成损害的，应当依法承担民事责任。

第六十八条 违反本法规定，构成犯罪的，依法追究刑事责任。

第七章 附 则

第六十九条 发生特别重大突发事件，对人民生命财产安全、国家安全、公共安全、环境安全或者社会秩序构成重大威胁，采取本法和其他有关法律、法规、规章规定的应急处置措施不能消除或者有效控制、减轻其严重社会危害，需要进入紧急状态的，由全国人民代表大会常务委员会或者国务院依照宪法和其他有关法律规定的权限和程序决定。

紧急状态期间采取的非常措施，依照有关法律规定执行或者由全国人民代表大会常务委员会另行规定。

第七十条 本法自 2007 年 11 月 1 日起施行。

行政法规及文件

中华人民共和国民用核设施
安全监督管理条例

(1986年10月29日国务院发布 自发布之日起施行)

第一章 总 则

第一条 为了在民用核设施的建造和营运中保证安全，保障工作人员和群众的健康，保护环境，促进核能事业的顺利发展，制定本条例。

第二条 本条例适用于下列民用核设施的安全监督管理：

（一）核动力厂（核电厂、核热电厂、核供汽供热厂等）；

（二）核动力厂以外的其他反应堆（研究堆、实验堆、临界装置等）；

（三）核燃料生产、加工、贮存及后处理设施；

（四）放射性废物的处理和处置设施；

（五）其他需要严格监督管理的核设施。

第三条 民用核设施的选址、设计、建造、运行和退役必须贯彻安全第一的方针；必须有足够的措施保证质量，保证安全运行,预防核事故,限制可能产生的有害影响;必须保障工作人员、群众和环境不致遭到超过国家规定限值的辐射照射和污染,并将辐射照射和污染减至可以合理达到的尽量低的水平。

第二章 监督管理职责

第四条 国家核安全局对全国核设施安全实施统一监督,独立行使核安全监督权,其主要职责是:

(一)组织起草、制定有关核设施安全的规章和审查有关核安全的技术标准;

(二)组织审查、评定核设施的安全性能及核设施营运单位保障安全的能力,负责颁发或者吊销核设施安全许可证件;

(三)负责实施核安全监督;

(四)负责核安全事故的调查、处理;

(五)协同有关部门指导和监督核设施应急计划的制订和实施;

(六)组织有关部门开展对核设施的安全与管理的科学研究、宣传教育及国际业务联系;

(七)会同有关部门调解和裁决核安全的纠纷。

第五条 国家核安全局在核设施集中的地区可以设立派出机构,实施安全监督。

国家核安全局可以组织核安全专家委员会。该委员会协助制订核安全法规和核安全技术发展规划，参与核安全的审评、监督等工作。

第六条　核设施主管部门负责所属核设施的安全管理，接受国家核安全局的核安全监督，其主要职责是：

（一）负责所属核设施的安全管理，保证给予所属核设施的营运单位必要的支持，并对其进行督促检查；

（二）参与有关核安全法规的起草和制订，组织制订有关核安全的技术标准，并向国家核安全局备案；

（三）组织所属核设施的场内应急计划的制订和实施，参与场外应急计划的制订和实施；

（四）负责对所属核设施中各类人员的技术培训和考核；

（五）组织核能发展方面的核安全科学研究工作。

第七条　核设施营运单位直接负责所营运的核设施的安全，其主要职责是：

（一）遵守国家有关法律、行政法规和技术标准，保证核设施的安全；

（二）接受国家核安全局的核安全监督，及时、如实地报告安全情况，并提供有关资料；

（三）对所营运的核设施的安全、核材料的安全、工作人员和群众以及环境的安全承担全面责任。

第三章　安全许可制度

第八条　国家实行核设施安全许可制度，由国家核安

全局负责制定和批准颁发核设施安全许可证件,许可证件包括:

(一)核设施建造许可证;

(二)核设施运行许可证;

(三)核设施操纵员执照;

(四)其他需要批准的文件。

第九条 核设施营运单位,在核设施建造前,必须向国家核安全局提交《核设施建造申请书》、《初步安全分析报告》以及其他有关资料,经审核批准获得《核设施建造许可证》后,方可动工建造。

核设施的建造必须遵守《核设施建造许可证》所规定的条件。

第十条 核设施营运单位在核设施运行前,必须向国家核安全局提交《核设施运行申请书》、《最终安全分析报告》以及其他有关资料,经审核批准获得允许装料(或投料)、调试的批准文件后,方可开始装载核燃料(或投料)进行启动调试工作;在获得《核设施运行许可证》后,方可正式运行。

核设施的运行必须遵守《核设施运行许可证》所规定的条件。

第十一条 国家核安全局在审批核设施建造申请书及运行申请书的过程中,应当向国务院有关部门以及核设施所在省、自治区、直辖市人民政府征询意见,国务院有关部门、地方人民政府应当在3个月内给予答复。

第十二条 具备下列条件的，方可批准发给《核设施建造许可证》和《核设施运行许可证》：

（一）所申请的项目已按照有关规定经主管部门及国家计划部门或省、自治区、直辖市人民政府的计划部门批准；

（二）所选定的厂址已经国务院或省、自治区、直辖市人民政府的城乡建设环境保护部门、计划部门和国家核安全局批准；

（三）所申请的核设施符合国家有关的法律及核安全法规的规定；

（四）申请者具有安全营运所申请的核设施的能力，并保证承担全面的安全责任。

第十三条 核设施操纵员执照分《操纵员执照》和《高级操纵员执照》两种。

持《操纵员执照》的人员方可担任操纵核设施控制系统的工作。

持《高级操纵员执照》的人员方可担任操纵或者指导他人操纵核设施控制系统的工作。

第十四条 具备下列条件的，方可批准发给《操纵员执照》：

（一）身体健康，无职业禁忌症；

（二）具有中专以上文化程度或同等学力，核动力厂操纵人员应具有大专以上文化程度或同等学力；

（三）经过运行操作培训，并经考核合格。

具备下列条件的，方可批准发给《高级操纵员执照》：

（一）身体健康，无职业禁忌症；

（二）具有大专以上文化程度或同等学力；

（三）经运行操作培训，并经考核合格；

（四）担任操纵员 2 年以上，成绩优秀者。

第十五条 核设施的迁移、转让或退役必须向国家核安全局提出申请，经审查批准后方可进行。

第四章 核安全监督

第十六条 国家核安全局及其派出机构可向核设施制造、建造和运行现场派驻监督组（员）执行下列核安全监督任务：

（一）审查所提交的安全资料是否符合实际；

（二）监督是否按照已批准的设计进行建造；

（三）监督是否按照已批准的质量保证大纲进行管理；

（四）监督核设施的建造和运行是否符合有关核安全法规和《核设施建造许可证》、《核设施运行许可证》所规定的条件；

（五）考察营运人员是否具备安全运行及执行应急计划的能力；

（六）其他需要监督的任务。

核安全监督员由国家核安全局任命并发给《核安全监督员证》。

第十七条 核安全监督员在执行任务时，凭其证件有权进入核设施制造、建造和运行现场，调查情况，收集有关核安全资料。

第十八条　国家核安全局在必要时有权采取强制性措施，命令核设施营运单位采取安全措施或停止危及安全的活动。

第十九条　核设施营运单位有权拒绝有害于安全的任何要求，但对国家核安全局的强制性措施必须执行。

第五章　奖励和处罚

第二十条　对保证核设施安全有显著成绩和贡献的单位和个人，国家核安全局或核设施主管部门应给予适当的奖励。

第二十一条　凡违反本条例的规定，有下列行为之一的，国家核安全局可依其情节轻重，给予警告、限期改进、停工或者停业整顿、吊销核安全许可证件的处罚：

（一）未经批准或违章从事核设施建造、运行、迁移、转让和退役的；

（二）谎报有关资料或事实，或无故拒绝监督的；

（三）无执照操纵或违章操纵的；

（四）拒绝执行强制性命令的。

第二十二条　当事人对行政处罚不服的，可在接到处罚通知之日起15日内向人民法院起诉。但是，对吊销核安全许可证件的决定应当立即执行。对处罚决定不履行逾期又不起诉的，由国家核安全局申请人民法院强制执行。

第二十三条 对于不服管理、违反规章制度，或者强令他人违章冒险作业，因而发生核事故，造成严重后果，构成犯罪的，由司法机关依法追究刑事责任。

第六章 附 则

第二十四条 本条例中下列用语的含义是：

（一）"核设施"是指本条例第二条中所列出的各项民用核设施。

（二）"核设施安全许可证件"是指为了进行与核设施有关的选址定点、建造、调试、运行和退役等特定活动，由国家核安全局颁发的书面批准文件。

（三）"营运单位"是指申请或持有核设施安全许可证，可以经营和运行核设施的组织。

（四）"核设施主管部门"是指对核设施营运单位负有领导责任的国务院和省、自治区、直辖市人民政府的有关行政机关。

（五）"核事故"是指核设施内的核燃料、放射性产物、废料或运入运出核设施的核材料所发生的放射性、毒害性、爆炸性或其他危害性事故，或一系列事故。

第二十五条 国家核安全局应根据本条例制定实施细则。

第二十六条 本条例自发布之日起施行。

核电厂核事故应急管理条例

（1993年8月4日中华人民共和国国务院令第124号发布 根据2011年1月8日《国务院关于废止和修改部分行政法规的决定》修订）

第一章 总 则

第一条 为了加强核电厂核事故应急管理工作，控制和减少核事故危害，制定本条例。

第二条 本条例适用于可能或者已经引起放射性物质释放、造成重大辐射后果的核电厂核事故（以下简称核事故）应急管理工作。

第三条 核事故应急管理工作实行常备不懈，积极兼容，统一指挥，大力协同，保护公众，保护环境的方针。

第二章 应急机构及其职责

第四条 全国的核事故应急管理工作由国务院指定的部门负责，其主要职责是：

（一）拟定国家核事故应急工作政策；

（二）统一协调国务院有关部门、军队和地方人民政府的核事故应急工作；

（三）组织制定和实施国家核事故应急计划，审查批准场外核事故应急计划；

（四）适时批准进入和终止场外应急状态；

（五）提出实施核事故应急响应行动的建议；

（六）审查批准核事故公报、国际通报，提出请求国际援助的方案。

必要时，由国务院领导、组织、协调全国的核事故应急管理工作。

第五条 核电厂所在地的省、自治区、直辖市人民政府指定的部门负责本行政区域内的核事故应急管理工作，其主要职责是：

（一）执行国家核事故应急工作的法规和政策；

（二）组织制定场外核事故应急计划，做好核事故应急准备工作；

（三）统一指挥场外核事故应急响应行动；

（四）组织支援核事故应急响应行动；

（五）及时向相邻的省、自治区、直辖市通报核事故情况。

必要时，由省、自治区、直辖市人民政府领导、组织、协调本行政区域内的核事故应急管理工作。

第六条 核电厂的核事故应急机构的主要职责是：

（一）执行国家核事故应急工作的法规和政策；

（二）制定场内核事故应急计划，做好核事故应急准备工作；

（三）确定核事故应急状态等级，统一指挥本单位的核事故应急响应行动；

（四）及时向上级主管部门、国务院核安全部门和省级人民政府指定的部门报告事故情况，提出进入场外应急状态和采取应急防护措施的建议；

（五）协助和配合省级人民政府指定的部门做好核事故应急管理工作。

第七条 核电厂的上级主管部门领导核电厂的核事故应急工作。

国务院核安全部门、环境保护部门和卫生部门等有关部门在各自的职责范围内做好相应的核事故应急工作。

第八条 中国人民解放军作为核事故应急工作的重要力量，应当在核事故应急响应中实施有效的支援。

第三章 应急准备

第九条 针对核电厂可能发生的核事故，核电厂的核事故应急机构、省级人民政府指定的部门和国务院指定的部门应当预先制定核事故应急计划。

核事故应急计划包括场内核事故应急计划、场外核事故应急计划和国家核事故应急计划。各级核事故应急计划应当相互衔接、协调一致。

第十条 场内核事故应急计划由核电厂核事故应急机构制定，经其主管部门审查后，送国务院核安全部门审评并报国务院指定的部门备案。

第十一条　场外核事故应急计划由核电厂所在地的省级人民政府指定的部门组织制定，报国务院指定的部门审查批准。

第十二条　国家核事故应急计划由国务院指定的部门组织制定。

国务院有关部门和中国人民解放军总部应当根据国家核事故应急计划，制定相应的核事故应急方案，报国务院指定的部门备案。

第十三条　场内核事故应急计划、场外核事故应急计划应当包括下列内容：

（一）核事故应急工作的基本任务；

（二）核事故应急响应组织及其职责；

（三）烟羽应急计划区和食入应急计划区的范围；

（四）干预水平和导出干预水平；

（五）核事故应急准备和应急响应的详细方案；

（六）应急设施、设备、器材和其他物资；

（七）核电厂核事故应急机构同省级人民政府指定的部门之间以及同其他有关方面相互配合、支援的事项及措施。

第十四条　有关部门在进行核电厂选址和设计工作时，应当考虑核事故应急工作的要求。

新建的核电厂必须在其场内和场外核事故应急计划审查批准后，方可装料。

第十五条　国务院指定的部门、省级人民政府指定的部门和核电厂的核事故应急机构应当具有必要的应急设施、设备和相互之间快速可靠的通讯联络系统。

核电厂的核事故应急机构和省级人民政府指定的部门应当具有辐射监测系统、防护器材、药械和其他物资。

用于核事故应急工作的设施、设备和通讯联络系统、辐射监测系统以及防护器材、药械等,应当处于良好状态。

第十六条 核电厂应当对职工进行核安全、辐射防护和核事故应急知识的专门教育。

省级人民政府指定的部门应当在核电厂的协助下对附近的公众进行核安全、辐射防护和核事故应急知识的普及教育。

第十七条 核电厂的核事故应急机构和省级人民政府指定的部门应当对核事故应急工作人员进行培训。

第十八条 核电厂的核事故应急机构和省级人民政府指定的部门应当适时组织不同专业和不同规模的核事故应急演习。

在核电厂首次装料前,核电厂的核事故应急机构和省级人民政府指定的部门应当组织场内、场外核事故应急演习。

第四章 应急对策和应急防护措施

第十九条 核事故应急状态分为下列四级:

(一)应急待命。出现可能导致危及核电厂核安全的某些特定情况或者外部事件,核电厂有关人员进入戒备状态。

（二）厂房应急。事故后果仅限于核电厂的局部区域，核电厂人员按照场内核事故应急计划的要求采取核事故应急响应行动，通知厂外有关核事故应急响应组织。

（三）场区应急。事故后果蔓延至整个场区，场区内的人员采取核事故应急响应行动，通知省级人民政府指定的部门，某些厂外核事故应急响应组织可能采取核事故应急响应行动。

（四）场外应急。事故后果超越场区边界，实施场内和场外核事故应急计划。

第二十条 当核电厂进入应急待命状态时，核电厂核事故应急机构应当及时向核电厂的上级主管部门和国务院核安全部门报告情况，并视情况决定是否向省级人民政府指定的部门报告。当出现可能或者已经有放射性物质释放的情况时，应当根据情况，及时决定进入厂房应急或者场区应急状态，并迅速向核电厂的上级主管部门、国务院核安全部门和省级人民政府指定的部门报告情况；在放射性物质可能或者已经扩散到核电厂场区以外时，应当迅速向省级人民政府指定的部门提出进入场外应急状态并采取应急防护措施的建议。

省级人民政府指定的部门接到核电厂核事故应急机构的事故情况报告后，应当迅速采取相应的核事故应急对策和应急防护措施，并及时向国务院指定的部门报告情况。需要决定进入场外应急状态时，应当经国务院指定的部门批准；在特殊情况下，省级人民政府指定的部门可以先行决定进入场外应急状态，但是应当立即向国务院指定的部门报告。

第二十一条 核电厂的核事故应急机构和省级人民政府指定的部门应当做好核事故后果预测与评价以及环境放射性监测等工作，为采取核事故应急对策和应急防护措施提供依据。

第二十二条 省级人民政府指定的部门应当适时选用隐蔽、服用稳定性碘制剂、控制通道、控制食物和水源、撤离、迁移、对受影响的区域去污等应急防护措施。

第二十三条 省级人民政府指定的部门在核事故应急响应过程中应当将必要的信息及时地告知当地公众。

第二十四条 在核事故现场，各核事故应急响应组织应当实行有效的剂量监督。现场核事故应急响应人员和其他人员都应当在辐射防护人员的监督和指导下活动，尽量防止接受过大剂量的照射。

第二十五条 核电厂的核事故应急机构和省级人民政府指定的部门应当做好核事故现场接受照射人员的救护、洗消、转运和医学处置工作。

第二十六条 在核事故应急进入场外应急状态时，国务院指定的部门应当及时派出人员赶赴现场，指导核事故应急响应行动，必要时提出派出救援力量的建议。

第二十七条 因核事故应急响应需要，可以实行地区封锁。省、自治区、直辖市行政区域内的地区封锁，由省、自治区、直辖市人民政府决定；跨省、自治区、直辖市的地区封锁，以及导致中断干线交通或者封锁国境的地区封锁，由国务院决定。

地区封锁的解除，由原决定机关宣布。

第二十八条 有关核事故的新闻由国务院授权的单位统一发布。

第五章 应急状态的终止和恢复措施

第二十九条 场外应急状态的终止由省级人民政府指定的部门会同核电厂核事故应急机构提出建议，报国务院指定的部门批准，由省级人民政府指定的部门发布。

第三十条 省级人民政府指定的部门应当根据受影响地区的放射性水平，采取有效的恢复措施。

第三十一条 核事故应急状态终止后，核电厂核事故应急机构应当向国务院指定的部门、核电厂的上级主管部门、国务院核安全部门和省级人民政府指定的部门提交详细的事故报告；省级人民政府指定的部门应当向国务院指定的部门提交场外核事故应急工作的总结报告。

第三十二条 核事故使核安全重要物项的安全性能达不到国家标准时，核电厂的重新起动计划应当按照国家有关规定审查批准。

第六章 资金和物资保障

第三十三条 国务院有关部门、军队、地方各级人民政府和核电厂在核事故应急准备工作中应当充分利用现有组织机构、人员、设施和设备等,努力提高核事故应急准备资金和物资的使用效益,并使核事故应急准备工作与地方和核电厂的发展规划相结合。各有关单位应当提供支援。

第三十四条 场内核事故应急准备资金由核电厂承担,列入核电厂工程项目投资概算和运行成本。

场外核事故应急准备资金由核电厂和地方人民政府共同承担,资金数额由国务院指定的部门会同有关部门审定。核电厂承担的资金,在投产前根据核电厂容量、在投产后根据实际发电量确定一定的比例交纳,由国务院计划部门综合平衡后用于地方场外核事故应急准备工作;其余部分由地方人民政府解决。具体办法由国务院指定的部门会同国务院计划部门和国务院财政部门规定。

国务院有关部门和军队所需的核事故应急准备资金,根据各自在核事故应急工作中的职责和任务,充分利用现有条件进行安排,不足部分按照各自的计划和资金渠道上报。

第三十五条 国家的和地方的物资供应部门及其他有关部门应当保证供给核事故应急所需的设备、器材和其他物资。

第三十六条 因核电厂核事故应急响应需要,执行核事故应急响应行动的行政机关有权征用非用于核事故应急响应的设备、器材和其他物资。

对征用的设备、器材和其他物资,应当予以登记并在使用后及时归还;造成损坏的,由征用单位补偿。

第七章 奖励与处罚

第三十七条 在核事故应急工作中有下列事迹之一的单位和个人，由主管部门或者所在单位给予表彰或者奖励：

（一）完成核事故应急响应任务的；

（二）保护公众安全和国家的、集体的和公民的财产，成绩显著的；

（三）对核事故应急准备与响应提出重大建议，实施效果显著的；

（四）辐射、气象预报和测报准确及时，从而减轻损失的；

（五）有其他特殊贡献的。

第三十八条 有下列行为之一的，对有关责任人员视情节和危害后果，由其所在单位或者上级机关给予行政处分；属于违反治安管理行为的，由公安机关依照治安管理处罚法的规定予以处罚；构成犯罪的，由司法机关依法追究刑事责任：

（一）不按照规定制定核事故应急计划，拒绝承担核事故应急准备义务的；

（二）玩忽职守，引起核事故发生的；

（三）不按照规定报告、通报核事故真实情况的；

（四）拒不执行核事故应急计划，不服从命令和指挥，或者在核事故应急响应时临阵脱逃的；

（五）盗窃、挪用、贪污核事故应急工作所用资金或者物资的；

（六）阻碍核事故应急工作人员依法执行职务或者进行破坏活动的；

（七）散布谣言，扰乱社会秩序的；

（八）有其他对核事故应急工作造成危害的行为的。

第八章　附　　则

第三十九条　本条例中下列用语的含义：

（一）核事故应急，是指为了控制或者缓解核事故、减轻核事故后果而采取的不同于正常秩序和正常工作程序的紧急行动。

（二）场区，是指由核电厂管理的区域。

（三）应急计划区，是指在核电厂周围建立的，制定有核事故应急计划、并预计采取核事故应急对策和应急防护措施的区域。

（四）烟羽应急计划区，是指针对放射性烟云引起的照射而建立的应急计划区。

（五）食入应急计划区，是指针对食入放射性污染的水或者食物引起照射而建立的应急计划区。

（六）干预水平，是指预先规定的用于在异常状态下确定需要对公众采取应急防护措施的剂量水平。

（七）导出干预水平，是指由干预水平推导得出的放射性物质在环境介质中的浓度或者水平。

（八）应急防护措施，是指在核事故情况下用于控制工作人员和公众所接受的剂量而采取的保护措施。

（九）核安全重要物项，是指对核电厂安全有重要意义的建筑物、构筑物、系统、部件和设施等。

第四十条 除核电厂外，其他核设施的核事故应急管理，可以根据具体情况，参照本条例的有关规定执行。

第四十一条 对可能或者已经造成放射性物质释放超越国界的核事故应急，除执行本条例的规定外，并应当执行中华人民共和国缔结或者参加的国际条约的规定，但是中华人民共和国声明保留的条款除外。

第四十二条 本条例自发布之日起施行。

放射性废物安全管理条例

（2011年11月30日国务院第183次常务会议通过 2011年12月20日中华人民共和国国务院令第612号公布 自2012年3月1日起施行）

第一章 总 则

第一条 为了加强对放射性废物的安全管理，保护环境，保障人体健康，根据《中华人民共和国放射性污染防治法》，制定本条例。

第二条 本条例所称放射性废物，是指含有放射性核素或者被放射性核素污染，其放射性核素浓度或者比活度大于国家确定的清洁解控水平，预期不再使用的废弃物。

第三条 放射性废物的处理、贮存和处置及其监督管理等活动，适用本条例。

本条例所称处理，是指为了能够安全和经济地运输、贮存、处置放射性废物，通过净化、浓缩、固化、压缩和包装等手段，改变放射性废物的属性、形态和体积的活动。

本条例所称贮存，是指将废旧放射源和其他放射性固体废物临时放置于专门建造的设施内进行保管的活动。

本条例所称处置，是指将废旧放射源和其他放射性固体废物最终放置于专门建造的设施内并不再回取的活动。

第四条 放射性废物的安全管理，应当坚持减量化、无害化和妥善处置、永久安全的原则。

第五条 国务院环境保护主管部门统一负责全国放射性废物的安全监督管理工作。

国务院核工业行业主管部门和其他有关部门，依照本条例的规定和各自的职责负责放射性废物的有关管理工作。

县级以上地方人民政府环境保护主管部门和其他有关部门依照本条例的规定和各自的职责负责本行政区域放射性废物的有关管理工作。

第六条 国家对放射性废物实行分类管理。

根据放射性废物的特性及其对人体健康和环境的潜在

危害程度，将放射性废物分为高水平放射性废物、中水平放射性废物和低水平放射性废物。

第七条 放射性废物的处理、贮存和处置活动，应当遵守国家有关放射性污染防治标准和国务院环境保护主管部门的规定。

第八条 国务院环境保护主管部门会同国务院核工业行业主管部门和其他有关部门建立全国放射性废物管理信息系统，实现信息共享。

国家鼓励、支持放射性废物安全管理的科学研究和技术开发利用，推广先进的放射性废物安全管理技术。

第九条 任何单位和个人对违反本条例规定的行为，有权向县级以上人民政府环境保护主管部门或者其他有关部门举报。接到举报的部门应当及时调查处理，并为举报人保密；经调查情况属实的，对举报人给予奖励。

第二章 放射性废物的处理和贮存

第十条 核设施营运单位应当将其产生的不能回收利用并不能返回原生产单位或者出口方的废旧放射源（以下简称废旧放射源），送交取得相应许可证的放射性固体废物贮存单位集中贮存，或者直接送交取得相应许可证的放射性固体废物处置单位处置。

核设施营运单位应当对其产生的除废旧放射源以外的放射性固体废物和不能经净化排放的放射性废液进行处理，

使其转变为稳定的、标准化的固体废物后自行贮存,并及时送交取得相应许可证的放射性固体废物处置单位处置。

第十一条 核技术利用单位应当对其产生的不能经净化排放的放射性废液进行处理,转变为放射性固体废物。

核技术利用单位应当及时将其产生的废旧放射源和其他放射性固体废物,送交取得相应许可证的放射性固体废物贮存单位集中贮存,或者直接送交取得相应许可证的放射性固体废物处置单位处置。

第十二条 专门从事放射性固体废物贮存活动的单位,应当符合下列条件,并依照本条例的规定申请领取放射性固体废物贮存许可证:

(一)有法人资格;

(二)有能保证贮存设施安全运行的组织机构和3名以上放射性废物管理、辐射防护、环境监测方面的专业技术人员,其中至少有1名注册核安全工程师;

(三)有符合国家有关放射性污染防治标准和国务院环境保护主管部门规定的放射性固体废物接收、贮存设施和场所,以及放射性检测、辐射防护与环境监测设备;

(四)有健全的管理制度以及符合核安全监督管理要求的质量保证体系,包括质量保证大纲、贮存设施运行监测计划、辐射环境监测计划和应急方案等。

核设施营运单位利用与核设施配套建设的贮存设施,贮存本单位产生的放射性固体废物的,不需要申请领取贮存许可证;贮存其他单位产生的放射性固体废物的,应当依照本条例的规定申请领取贮存许可证。

第十三条 申请领取放射性固体废物贮存许可证的单位，应当向国务院环境保护主管部门提出书面申请，并提交其符合本条例第十二条规定条件的证明材料。

国务院环境保护主管部门应当自受理申请之日起20个工作日内完成审查，对符合条件的颁发许可证，予以公告；对不符合条件的，书面通知申请单位并说明理由。

国务院环境保护主管部门在审查过程中，应当组织专家进行技术评审，并征求国务院其他有关部门的意见。技术评审所需时间应当书面告知申请单位。

第十四条 放射性固体废物贮存许可证应当载明下列内容：

（一）单位的名称、地址和法定代表人；

（二）准予从事的活动种类、范围和规模；

（三）有效期限；

（四）发证机关、发证日期和证书编号。

第十五条 放射性固体废物贮存单位变更单位名称、地址、法定代表人的，应当自变更登记之日起20日内，向国务院环境保护主管部门申请办理许可证变更手续。

放射性固体废物贮存单位需要变更许可证规定的活动种类、范围和规模的，应当按照原申请程序向国务院环境保护主管部门重新申请领取许可证。

第十六条 放射性固体废物贮存许可证的有效期为10年。

许可证有效期届满，放射性固体废物贮存单位需要继续从事贮存活动的，应当于许可证有效期届满 90 日前，向国务院环境保护主管部门提出延续申请。

国务院环境保护主管部门应当在许可证有效期届满前完成审查，对符合条件的准予延续；对不符合条件的，书面通知申请单位并说明理由。

第十七条 放射性固体废物贮存单位应当按照国家有关放射性污染防治标准和国务院环境保护主管部门的规定，对其接收的废旧放射源和其他放射性固体废物进行分类存放和清理，及时予以清洁解控或者送交取得相应许可证的放射性固体废物处置单位处置。

放射性固体废物贮存单位应当建立放射性固体废物贮存情况记录档案，如实完整地记录贮存的放射性固体废物的来源、数量、特征、贮存位置、清洁解控、送交处置等与贮存活动有关的事项。

放射性固体废物贮存单位应当根据贮存设施的自然环境和放射性固体废物特性采取必要的防护措施，保证在规定的贮存期限内贮存设施、容器的完好和放射性固体废物的安全，并确保放射性固体废物能够安全回取。

第十八条 放射性固体废物贮存单位应当根据贮存设施运行监测计划和辐射环境监测计划，对贮存设施进行安全性检查，并对贮存设施周围的地下水、地表水、土壤和空气进行放射性监测。

放射性固体废物贮存单位应当如实记录监测数据，发现安全隐患或者周围环境中放射性核素超过国家规定的标准的，应当立即查找原因，采取相应的防范措施，并向所在地省、自治区、直辖市人民政府环境保护主管部门报告。构成辐射事故的，应当立即启动本单位的应急方案，并依照《中华人民共和国放射性污染防治法》、《放射性同位素与射线装置安全和防护条例》的规定进行报告，开展有关事故应急工作。

第十九条 将废旧放射源和其他放射性固体废物送交放射性固体废物贮存、处置单位贮存、处置时，送交方应当一并提供放射性固体废物的种类、数量、活度等资料和废旧放射源的原始档案，并按照规定承担贮存、处置的费用。

第三章 放射性废物的处置

第二十条 国务院核工业行业主管部门会同国务院环境保护主管部门根据地质、环境、社会经济条件和放射性固体废物处置的需要，在征求国务院有关部门意见并进行环境影响评价的基础上编制放射性固体废物处置场所选址规划，报国务院批准后实施。

有关地方人民政府应当根据放射性固体废物处置场所选址规划，提供放射性固体废物处置场所的建设用地，并采取有效措施支持放射性固体废物的处置。

第二十一条 建造放射性固体废物处置设施，应当按照放射性固体废物处置场所选址技术导则和标准的要求，与居住区、水源保护区、交通干道、工厂和企业等场所保持严格的安全防护距离，并对场址的地质构造、水文地质等自然条件以及社会经济条件进行充分研究论证。

第二十二条　建造放射性固体废物处置设施，应当符合放射性固体废物处置场所选址规划，并依法办理选址批准手续和建造许可证。不符合选址规划或者选址技术导则、标准的，不得批准选址或者建造。

高水平放射性固体废物和α放射性固体废物深地质处置设施的工程和安全技术研究、地下实验、选址和建造，由国务院核工业行业主管部门组织实施。

第二十三条　专门从事放射性固体废物处置活动的单位，应当符合下列条件，并依照本条例的规定申请领取放射性固体废物处置许可证：

（一）有国有或者国有控股的企业法人资格。

（二）有能保证处置设施安全运行的组织机构和专业技术人员。低、中水平放射性固体废物处置单位应当具有10名以上放射性废物管理、辐射防护、环境监测方面的专业技术人员，其中至少有3名注册核安全工程师；高水平放射性固体废物和α放射性固体废物处置单位应当具有20名以上放射性废物管理、辐射防护、环境监测方面的专业技术人员，其中至少有5名注册核安全工程师。

（三）有符合国家有关放射性污染防治标准和国务院环境保护主管部门规定的放射性固体废物接收、处置设施和场所，以及放射性检测、辐射防护与环境监测设备。低、中水平放射性固体废物处置设施关闭后应满足300年以上的安全隔离要求；高水平放射性固体废物和α放射性固体废物深地质处置设施关闭后应满足1万年以上的安全隔离要求。

（四）有相应数额的注册资金。低、中水平放射性固体废物处置单位的注册资金应不少于3000万元；高水平放射性固体废物和α放射性固体废物处置单位的注册资金应不少于1亿元。

（五）有能保证其处置活动持续进行直至安全监护期满的财务担保。

（六）有健全的管理制度以及符合核安全监督管理要求的质量保证体系，包括质量保证大纲、处置设施运行监测计划、辐射环境监测计划和应急方案等。

第二十四条　放射性固体废物处置许可证的申请、变更、延续的审批权限和程序，以及许可证的内容、有效期限，依照本条例第十三条至第十六条的规定执行。

第二十五条　放射性固体废物处置单位应当按照国家有关放射性污染防治标准和国务院环境保护主管部门的规定，对其接收的放射性固体废物进行处置。

放射性固体废物处置单位应当建立放射性固体废物处置情况记录档案，如实记录处置的放射性固体废物的来源、数量、特征、存放位置等与处置活动有关的事项。放射性固体废物处置情况记录档案应当永久保存。

第二十六条　放射性固体废物处置单位应当根据处置

设施运行监测计划和辐射环境监测计划，对处置设施进行安全性检查，并对处置设施周围的地下水、地表水、土壤和空气进行放射性监测。

放射性固体废物处置单位应当如实记录监测数据，发现安全隐患或者周围环境中放射性核素超过国家规定的标准的，应当立即查找原因，采取相应的防范措施，并向国务院环境保护主管部门和核工业行业主管部门报告。构成辐射事故的，应当立即启动本单位的应急方案，并依照《中华人民共和国放射性污染防治法》、《放射性同位素与射线装置安全和防护条例》的规定进行报告，开展有关事故应急工作。

第二十七条 放射性固体废物处置设施设计服役期届满，或者处置的放射性固体废物已达到该设施的设计容量，或者所在地区的地质构造或者水文地质等条件发生重大变化导致处置设施不适宜继续处置放射性固体废物的，应当依法办理关闭手续，并在划定的区域设置永久性标记。

关闭放射性固体废物处置设施的，处置单位应当编制处置设施安全监护计划，报国务院环境保护主管部门批准。

放射性固体废物处置设施依法关闭后，处置单位应当按照经批准的安全监护计划，对关闭后的处置设施进行安全监护。放射性固体废物处置单位因破产、吊销许可证等原因终止的，处置设施关闭和安全监护所需费用由提供财务担保的单位承担。

第四章 监督管理

第二十八条 县级以上人民政府环境保护主管部门和其他有关部门,依照《中华人民共和国放射性污染防治法》和本条例的规定,对放射性废物处理、贮存和处置等活动的安全性进行监督检查。

第二十九条 县级以上人民政府环境保护主管部门和其他有关部门进行监督检查时,有权采取下列措施:

(一)向被检查单位的法定代表人和其他有关人员调查、了解情况;

(二)进入被检查单位进行现场监测、检查或者核查;

(三)查阅、复制相关文件、记录以及其他有关资料;

(四)要求被检查单位提交有关情况说明或者后续处理报告。

被检查单位应当予以配合,如实反映情况,提供必要的资料,不得拒绝和阻碍。

县级以上人民政府环境保护主管部门和其他有关部门的监督检查人员依法进行监督检查时,应当出示证件,并为被检查单位保守技术秘密和业务秘密。

第三十条 核设施营运单位、核技术利用单位和放射性固体废物贮存、处置单位,应当按照放射性废物危害的大小,建立健全相应级别的安全保卫制度,采取相应的技术防范措施和人员防范措施,并适时开展放射性废物污染事故应急演练。

第三十一条 核设施营运单位、核技术利用单位和放射性固体废物贮存、处置单位，应当对其直接从事放射性废物处理、贮存和处置活动的工作人员进行核与辐射安全知识以及专业操作技术的培训，并进行考核；考核合格的，方可从事该项工作。

第三十二条 核设施营运单位、核技术利用单位和放射性固体废物贮存单位应当按照国务院环境保护主管部门的规定定期如实报告放射性废物产生、排放、处理、贮存、清洁解控和送交处置等情况。

放射性固体废物处置单位应当于每年3月31日前，向国务院环境保护主管部门和核工业行业主管部门如实报告上一年度放射性固体废物接收、处置和设施运行等情况。

第三十三条 禁止将废旧放射源和其他放射性固体废物送交无相应许可证的单位贮存、处置或者擅自处置。

禁止无许可证或者不按照许可证规定的活动种类、范围、规模和期限从事放射性固体废物贮存、处置活动。

第三十四条 禁止将放射性废物和被放射性污染的物品输入中华人民共和国境内或者经中华人民共和国境内转移。具体办法由国务院环境保护主管部门会同国务院商务主管部门、海关总署、国家出入境检验检疫主管部门制定。

第五章　法律责任

第三十五条　负有放射性废物安全监督管理职责的部门及其工作人员违反本条例规定,有下列行为之一的,对直接负责的主管人员和其他直接责任人员,依法给予处分;直接负责的主管人员和其他直接责任人员构成犯罪的,依法追究刑事责任:

(一)违反本条例规定核发放射性固体废物贮存、处置许可证的;

(二)违反本条例规定批准不符合选址规划或者选址技术导则、标准的处置设施选址或者建造的;

(三)对发现的违反本条例的行为不依法查处的;

(四)在办理放射性固体废物贮存、处置许可证以及实施监督检查过程中,索取、收受他人财物或者谋取其他利益的;

(五)其他徇私舞弊、滥用职权、玩忽职守行为。

第三十六条　违反本条例规定,核设施营运单位、核技术利用单位有下列行为之一的,由审批该单位立项环境影响评价文件的环境保护主管部门责令停止违法行为,限期改正;逾期不改正的,指定有相应许可证的单位代为贮存或者处置,所需费用由核设施营运单位、核技术利用单位承担,可以处20万元以下的罚款;构成犯罪的,依法追究刑事责任:

（一）核设施营运单位未按照规定，将其产生的废旧放射源送交贮存、处置，或者将其产生的其他放射性固体废物送交处置的；

（二）核技术利用单位未按照规定，将其产生的废旧放射源或者其他放射性固体废物送交贮存、处置的。

第三十七条 违反本条例规定，有下列行为之一的，由县级以上人民政府环境保护主管部门责令停止违法行为，限期改正，处10万元以上20万元以下的罚款；造成环境污染的，责令限期采取治理措施消除污染，逾期不采取治理措施，经催告仍不治理的，可以指定有治理能力的单位代为治理，所需费用由违法者承担；构成犯罪的，依法追究刑事责任：

（一）核设施营运单位将废旧放射源送交无相应许可证的单位贮存、处置，或者将其他放射性固体废物送交无相应许可证的单位处置，或者擅自处置的；

（二）核技术利用单位将废旧放射源或者其他放射性固体废物送交无相应许可证的单位贮存、处置，或者擅自处置的；

（三）放射性固体废物贮存单位将废旧放射源或者其他放射性固体废物送交无相应许可证的单位处置，或者擅自处置的。

第三十八条 违反本条例规定，有下列行为之一的，由省级以上人民政府环境保护主管部门责令停产停业或者吊销许可证；有违法所得的，没收违法所得；违法所得10

万元以上的，并处违法所得1倍以上5倍以下的罚款；没有违法所得或者违法所得不足10万元的，并处5万元以上10万元以下的罚款；造成环境污染的，责令限期采取治理措施消除污染，逾期不采取治理措施，经催告仍不治理的，可以指定有治理能力的单位代为治理，所需费用由违法者承担；构成犯罪的，依法追究刑事责任：

（一）未经许可，擅自从事废旧放射源或者其他放射性固体废物的贮存、处置活动的；

（二）放射性固体废物贮存、处置单位未按照许可证规定的活动种类、范围、规模、期限从事废旧放射源或者其他放射性固体废物的贮存、处置活动的；

（三）放射性固体废物贮存、处置单位未按照国家有关放射性污染防治标准和国务院环境保护主管部门的规定贮存、处置废旧放射源或者其他放射性固体废物的。

第三十九条 放射性固体废物贮存、处置单位未按照规定建立情况记录档案，或者未按照规定进行如实记录的，由省级以上人民政府环境保护主管部门责令限期改正，处1万元以上5万元以下的罚款；逾期不改正的，处5万元以上10万元以下的罚款。

第四十条 核设施营运单位、核技术利用单位或者放射性固体废物贮存、处置单位未按照本条例第三十二条的规定如实报告有关情况的，由县级以上人民政府环境保护主管部门责令限期改正，处1万元以上5万元以下的罚款；逾期不改正的，处5万元以上10万元以下的罚款。

第四十一条 违反本条例规定,拒绝、阻碍环境保护主管部门或者其他有关部门的监督检查,或者在接受监督检查时弄虚作假的,由监督检查部门责令改正,处2万元以下的罚款;构成违反治安管理行为的,由公安机关依法给予治安管理处罚;构成犯罪的,依法追究刑事责任。

第四十二条 核设施营运单位、核技术利用单位或者放射性固体废物贮存、处置单位未按照规定对有关工作人员进行技术培训和考核的,由县级以上人民政府环境保护主管部门责令限期改正,处1万元以上5万元以下的罚款;逾期不改正的,处5万元以上10万元以下的罚款。

第四十三条 违反本条例规定,向中华人民共和国境内输入放射性废物或者被放射性污染的物品,或者经中华人民共和国境内转移放射性废物或者被放射性污染的物品的,由海关责令退运该放射性废物或者被放射性污染的物品,并处50万元以上100万元以下的罚款;构成犯罪的,依法追究刑事责任。

第六章 附 则

第四十四条 军用设施、装备所产生的放射性废物的安全管理,依照《中华人民共和国放射性污染防治法》第六十条的规定执行。

第四十五条 放射性废物运输的安全管理、放射性废物造成污染事故的应急处理,以及劳动者在职业活动中接触放射性废物造成的职业病防治,依照有关法律、行政法规的规定执行。

第四十六条 本条例自 2012 年 3 月 1 日起施行。

中华人民共和国核材料管制条例

(1987 年 6 月 15 日国务院发布 自发布之日起施行)

第一章 总 则

第一条 为保证核材料的安全与合法利用,防止被盗、破坏、丢失、非法转让和非法使用,保护国家和人民群众的安全,促进核能事业的发展,制定本条例。

第二条 本条例管制的核材料是:

(一)铀-235,含铀-235 的材料和制品;

(二)铀-233,含铀-233 的材料和制品;

(三)钚-239,含钚-239 的材料和制品;

(四)氚,含氚的材料和制品;

(五)锂-6,含锂-6 的材料和制品;

(六)其他需要管制的核材料。

铀矿石及其初级产品,不属于本条例管制范围。已移交给军队的核制品的管制办法由国防部门制定。

第三条 国家对核材料实行许可证制度。

第四条 核材料管制的基本要求是：

（一）保证符合国家利益及法律的规定；

（二）保证国家和人民群众的安全；

（三）保证国家对核材料的控制，在必要时国家可以征收所有核材料。

第五条 一切持有、使用、生产、储存、运输和处置第二条所列核材料的部门和单位必须遵守本条例。

第二章　监督管理职责

第六条 国家核安全局负责民用核材料的安全监督，在核材料管制方面的主要职责是：

（一）拟订核材料管制法规；

（二）监督民用核材料管制法规的实施；

（三）核准核材料许可证。

第七条 核工业部负责管理全国的核材料，在核材料管制方面的主要职责是：

（一）负责实施全国核材料管制；

（二）负责审查、颁发核材料许可证；

（三）拟订核材料管制规章制度；

（四）负责全国核材料账务系统的建立和检查。

第八条 国防科学技术工业委员会负责涉及国防的核材料的安全监督和核准核材料许可证。

第三章 核材料管制办法

第九条 持有核材料数量达到下列限额的单位,必须申请核材料许可证:

(一)累计的调入量或生产量大于或等于 0.01 有效公斤的铀、含铀材料和制品(以铀的有效公斤量计);

(二)任何量的钚-239、含钚-239 的材料和制品;

(三)累计的调入量或生产量大于或等于 3.7×10^{13} 贝可(1000 居里)的氚、含氚材料和制品(以氚量计);

(四)累计的调入量或生产量大于或等于 1 公斤的浓缩锂、含浓缩锂材料和制品(以锂-6 量计)。

累计调入或生产核材料数量小于上列限额者,可免予办理许可证,但必须向核工业部办理核材料登记手续。

对不致危害国家和人民群众安全的少量的核材料制品可免予登记,其品种和数量限额由核工业部规定。

第十条 核材料许可证的申请程序是:

(一)核材料许可证申请单位向核工业部提交许可证申请书以及申请单位的上级领导部门的审核批准文件;

(二)核工业部审查并报国家核安全局或国防科学技术工业委员会核准;

(三)核工业部颁发核材料许可证。

第十一条 核材料许可证持有单位必须建立专职机构或指定专人负责保管核材料,严格交接手续,建立账目与报告制度，保证账物相符。

许可证持有单位必须建立核材料衡算制度和分析测量系统，应用批准的分析测量方法和标准，达到规定的衡算误差要求，保持核材料收支平衡。

第十二条 许可证持有单位应当在当地公安部门的指导下，对生产、使用、贮存和处置核材料的场所，建立严格的安全保卫制度，采用可靠的安全防范措施，严防盗窃、破坏、火灾等事故的发生。

第十三条 运输核材料必须遵守国家的有关规定，核材料托运单位负责与有关部门制定运输保卫方案，落实保卫措施。运输部门、公安部门和其他有关部门要密切配合，确保核材料运输途中安全。

第十四条 核材料持有单位必须切实做好核材料及其有关文件、资料的安全保密工作。凡涉及国家秘密的文件、资料，要按照国家保密规定，准确划定密级，制定严格的保密制度，防止失密、泄密和窃密。

对接触核材料及其秘密的人员，应当按照国家有关规定进行审查。

第十五条 发现核材料被盗、破坏、丢失、非法转让和非法使用的事件，当事单位必须立即追查原因、追回核材料，并迅速报告其上级领导部门、核工业部、国防科学技术工业委员会和国家核安全局。对核材料被盗、破坏、丢失等事件，必须迅速报告当地公安机关。

第四章　许可证持有单位及其上级领导部门的责任

第十六条　核材料许可证持有单位的责任是：

（一）遵守国家的法律和法规；

（二）对所持有的核材料负全面安全责任，直至核材料安全责任合法转移为止；

（三）接受管理和监督。

第十七条　核材料许可证持有单位的上级领导部门应当给所属持有单位以必要的支持和督促检查，并承担领导责任。

第五章　奖励和处罚

第十八条　对核材料管制工作做出显著成绩的单位、个人，由国家核安全局、国防科学技术工业委员会或核工业部给予表扬和奖励。

第十九条　凡违反本条例的规定，有下列行为之一的，国家核安全局可依其情节轻重，给予警告、限期改进、罚款和吊销许可证的处罚，但吊销许可证的处罚需经核工业部同意。

（一）未经批准或违章从事核材料生产、使用、贮存和处置的；

（二）不按照规定报告或谎报有关事实和资料的；

（三）拒绝监督检查的；

（四）不按照规定管理，造成事故的。

第二十条 当事人对行政处罚不服的，可在接到处罚通知之日起 15 日内向人民法院起诉。但是，对吊销许可证的决定应当立即执行。对处罚决定不履行逾期又不起诉的，由国家核安全局申请人民法院强制执行。

第二十一条 对于不服从核材料管制、违反规章制度，因而发生重大事故，造成严重后果的，或者盗窃、抢劫、破坏本条例管制的核材料，构成犯罪的，由司法机关依法追究刑事责任。

第六章 附 则

第二十二条 本条例下列用语的含义：

（一）"浓缩锂"——指锂-6 同位素原子百分含量大于天然锂的；

（二）"铀的有效公斤"——指铀（包括加浓铀、天然铀、贫化铀）按如下方法计算的有效公斤：

1. 对于铀-235 同位素原子百分含量不小于 1% 的铀，以公斤为单位的铀的实际量乘以铀-235 同位素原子百分含量的平方。

2. 对于铀-235 同位素原子百分含量小于 1%，大于 0.5% 的铀，以公斤为单位的铀的实际重量乘以 0.0001。

3. 对于铀-235同位素原子百分含量不大于0.5%的铀，以公斤为单位的铀的实际重量乘以0.00005。

4. 对于铀-233，其有效公斤计算方法与铀-235相同。

第二十三条 本条例由国家核安全局负责解释；本条例的实施细则由国家核安全局会同国防科学技术工业委员会、核工业部制定。

第二十四条 本条例自发布之日起施行。

民用核安全设备监督管理条例

（2007年7月11日中华人民共和国国务院令第500号公布 根据2016年2月6日《国务院关于修改部分行政法规的决定》第一次修订 根据2019年3月2日《国务院关于修改部分行政法规的决定》第二次修订）

第一章 总 则

第一条 为了加强对民用核安全设备的监督管理，保证民用核设施的安全运行，预防核事故，保障工作人员和公众的健康，保护环境，促进核能事业的顺利发展，制定本条例。

第二条 本条例所称民用核安全设备，是指在民用核设施中使用的执行核安全功能的设备,包括核安全机械设备和核安全电气设备。

民用核安全设备目录由国务院核安全监管部门商国务院有关部门制定并发布。

第三条 民用核安全设备设计、制造、安装和无损检验活动适用本条例。

民用核安全设备运离民用核设施现场进行的维修活动,适用民用核安全设备制造活动的有关规定。

第四条 国务院核安全监管部门对民用核安全设备设计、制造、安装和无损检验活动实施监督管理。

国务院核行业主管部门和其他有关部门依照本条例和国务院规定的职责分工负责有关工作。

第五条 民用核安全设备设计、制造、安装和无损检验单位,应当建立健全责任制度,加强质量管理,并对其所从事的民用核安全设备设计、制造、安装和无损检验活动承担全面责任。

民用核设施营运单位,应当对在役的民用核安全设备进行检查、试验、检验和维修,并对民用核安全设备的使用和运行安全承担全面责任。

第六条 民用核安全设备设计、制造、安装和无损检验活动应当符合国家有关产业政策。

国家鼓励民用核安全设备设计、制造、安装和无损检验的科学技术研究,提高安全水平。

第七条 任何单位和个人对违反本条例规定的行为,

有权向国务院核安全监管部门举报。国务院核安全监管部门接到举报，应当及时调查处理，并为举报人保密。

第二章 标 准

第八条 民用核安全设备标准是从事民用核安全设备设计、制造、安装和无损检验活动的技术依据。

第九条 国家建立健全民用核安全设备标准体系。制定民用核安全设备标准，应当充分考虑民用核安全设备的技术发展和使用要求，结合我国的工业基础和技术水平，做到安全可靠、技术成熟、经济合理。

民用核安全设备标准包括国家标准、行业标准和企业标准。

第十条 涉及核安全基本原则和技术要求的民用核安全设备国家标准，由国务院核安全监管部门组织拟定，由国务院标准化主管部门和国务院核安全监管部门联合发布；其他的民用核安全设备国家标准，由国务院核行业主管部门组织拟定，经国务院核安全监管部门认可，由国务院标准化主管部门发布。

民用核安全设备行业标准，由国务院核行业主管部门组织拟定，经国务院核安全监管部门认可，由国务院核行业主管部门发布，并报国务院标准化主管部门备案。

制定民用核安全设备国家标准和行业标准，应当充分听取有关部门和专家的意见。

第十一条 尚未制定相应国家标准和行业标准的，民用核安全设备设计、制造、安装和无损检验单位应当采用经国务院核安全监管部门认可的标准。

第三章 许 可

第十二条 民用核安全设备设计、制造、安装和无损检验单位应当依照本条例规定申请领取许可证。

第十三条 申请领取民用核安全设备设计、制造、安装或者无损检验许可证的单位，应当具备下列条件：

（一）具有法人资格；

（二）有与拟从事活动相关或者相近的工作业绩，并且满5年以上；

（三）有与拟从事活动相适应的、经考核合格的专业技术人员，其中从事民用核安全设备焊接和无损检验活动的专业技术人员应当取得相应的资格证书；

（四）有与拟从事活动相适应的工作场所、设施和装备；

（五）有健全的管理制度和完善的质量保证体系，以及符合核安全监督管理规定的质量保证大纲。

申请领取民用核安全设备制造许可证或者安装许可证的单位，还应当制作有代表性的模拟件。

第十四条 申请领取民用核安全设备设计、制造、安装或者无损检验许可证的单位，应当向国务院核安全监管部门提出书面申请，并提交符合本条例第十三条规定条件的证明材料。

第十五条 国务院核安全监管部门应当自受理申请之日起 45 个工作日内完成审查，并对符合条件的颁发许可证，予以公告；对不符合条件的，书面通知申请单位并说明理由。

国务院核安全监管部门在审查过程中，应当组织专家进行技术评审，并征求国务院核行业主管部门和其他有关部门的意见。技术评审所需时间不计算在前款规定的期限内。

第十六条 民用核安全设备设计、制造、安装和无损检验许可证应当载明下列内容：

（一）单位名称、地址和法定代表人；

（二）准予从事的活动种类和范围；

（三）有效期限；

（四）发证机关、发证日期和证书编号。

第十七条 民用核安全设备设计、制造、安装和无损检验单位变更单位名称、地址或者法定代表人的，应当自变更工商登记之日起 20 日内，向国务院核安全监管部门申请办理许可证变更手续。

民用核安全设备设计、制造、安装和无损检验单位变更许可证规定的活动种类或者范围的，应当按照原申请程序向国务院核安全监管部门重新申请领取许可证。

第十八条 民用核安全设备设计、制造、安装和无损检验许可证有效期为 5 年。

许可证有效期届满，民用核安全设备设计、制造、安装和无损检验单位需要继续从事相关活动的,应当于许可证有效期届满 6 个月前,向国务院核安全监管部门提出延续申请。

国务院核安全监管部门应当在许可证有效期届满前作出是否准予延续的决定;逾期未作决定的,视为准予延续。

第十九条 禁止无许可证擅自从事或者不按照许可证规定的活动种类和范围从事民用核安全设备设计、制造、安装和无损检验活动。

禁止委托未取得相应许可证的单位进行民用核安全设备设计、制造、安装和无损检验活动。

禁止伪造、变造、转让许可证。

第四章 设计、制造、安装和无损检验

第二十条 民用核安全设备设计、制造、安装和无损检验单位,应当提高核安全意识,建立完善的质量保证体系,确保民用核安全设备的质量和可靠性。

民用核设施营运单位,应当对民用核安全设备设计、制造、安装和无损检验活动进行质量管理和过程控制,做好监造和验收工作。

第二十一条 民用核安全设备设计、制造、安装和无损检验单位,应当根据其质量保证大纲和民用核设施营运单位的要求,在民用核安全设备设计、制造、安装和无损检验活动开始前编制项目质量保证分大纲,并经民用核设

施营运单位审查同意。

第二十二条　民用核安全设备设计单位，应当在设计活动开始 30 日前，将下列文件报国务院核安全监管部门备案：

（一）项目设计质量保证分大纲和程序清单；

（二）设计内容和设计进度计划；

（三）设计遵循的标准和规范目录清单，设计中使用的计算机软件清单；

（四）设计验证活动清单。

第二十三条　民用核安全设备制造、安装单位，应当在制造、安装活动开始 30 日前，将下列文件报国务院核安全监管部门备案：

（一）项目制造、安装质量保证分大纲和程序清单；

（二）制造、安装技术规格书；

（三）分包项目清单；

（四）制造、安装质量计划。

第二十四条　民用核安全设备设计、制造、安装和无损检验单位，不得将国务院核安全监管部门确定的关键工艺环节分包给其他单位。

第二十五条　民用核安全设备制造、安装、无损检验单位和民用核设施营运单位，应当聘用取得民用核安全设备焊工、焊接操作工和无损检验人员资格证书的人员进行民用核安全设备焊接和无损检验活动。

民用核安全设备焊工、焊接操作工和无损检验人员由国务院核安全监管部门核准颁发资格证书。

民用核安全设备焊工、焊接操作工和无损检验人员在民用核安全设备焊接和无损检验活动中，应当严格遵守操作规程。

第二十六条 民用核安全设备无损检验单位应当客观、准确地出具无损检验结果报告。无损检验结果报告经取得相应资格证书的无损检验人员签字方为有效。

民用核安全设备无损检验单位和无损检验人员对无损检验结果报告负责。

第二十七条 民用核安全设备设计单位应当对其设计进行设计验证。设计验证由未参与原设计的专业人员进行。

设计验证可以采用设计评审、鉴定试验或者不同于设计中使用的计算方法的其他计算方法等形式。

第二十八条 民用核安全设备制造、安装单位应当对民用核安全设备的制造、安装质量进行检验。未经检验或者经检验不合格的，不得交付验收。

第二十九条 民用核设施营运单位应当对民用核安全设备质量进行验收。有下列情形之一的，不得验收通过：

（一）不能按照质量保证要求证明质量受控的；

（二）出现重大质量问题未处理完毕的。

第三十条 民用核安全设备设计、制造、安装和无损检验单位，应当对本单位所从事的民用核安全设备设计、制造、安装和无损检验活动进行年度评估，并于每年4月1日前向国务院核安全监管部门提交上一年度的评估报告。

评估报告应当包括本单位工作场所、设施、装备和人员等变动情况,质量保证体系实施情况,重大质量问题处理情况以及国务院核安全监管部门和民用核设施营运单位提出的整改要求落实情况等内容。

民用核安全设备设计、制造、安装和无损检验单位对本单位在民用核安全设备设计、制造、安装和无损检验活动中出现的重大质量问题,应当立即采取处理措施,并向国务院核安全监管部门报告。

第五章 进 出 口

第三十一条 为中华人民共和国境内民用核设施进行民用核安全设备设计、制造、安装和无损检验活动的境外单位,应当具备下列条件:

(一)遵守中华人民共和国的法律、行政法规和核安全监督管理规定;

(二)已取得所在国核安全监管部门规定的相应资质;

(三)使用的民用核安全设备设计、制造、安装和无损检验技术是成熟的或者经过验证的;

(四)采用中华人民共和国的民用核安全设备国家标准、行业标准或者国务院核安全监管部门认可的标准。

第三十二条 为中华人民共和国境内民用核设施进行民用核安全设备设计、制造、安装和无损检验活动的境外单位,应当事先到国务院核安全监管部门办理注册登记手续。国务院核安全监管部门应当将境外单位注册登记情况抄送国务院核行业主管部门和其他有关部门。

注册登记的具体办法由国务院核安全监管部门制定。

第三十三条 国务院核安全监管部门及其所属的检验机构应当依法对进口的民用核安全设备进行安全检验。

进口的民用核安全设备在安全检验合格后,由海关进行商品检验。

第三十四条 国务院核安全监管部门根据需要,可以对境外单位为中华人民共和国境内民用核设施进行的民用核安全设备设计、制造、安装和无损检验活动实施核安全监督检查。

第三十五条 民用核设施营运单位应当在对外贸易合同中约定有关民用核安全设备监造、装运前检验和监装等方面的要求。

第三十六条 民用核安全设备的出口管理依照有关法律、行政法规的规定执行。

第六章 监督检查

第三十七条 国务院核安全监管部门及其派出机构,依照本条例规定对民用核安全设备设计、制造、安装和无损检验活动进行监督检查。监督检查分为例行检查和非例行检查。

第三十八条 国务院核安全监管部门及其派出机构在进行监督检查时,有权采取下列措施:

（一）向被检查单位的法定代表人和其他有关人员调查、了解情况；

（二）进入被检查单位进行现场调查或者核查；

（三）查阅、复制相关文件、记录以及其他有关资料；

（四）要求被检查单位提交有关情况说明或者后续处理报告；

（五）对有证据表明可能存在重大质量问题的民用核安全设备或者其主要部件，予以暂时封存。

被检查单位应当予以配合，如实反映情况，提供必要资料，不得拒绝和阻碍。

第三十九条　国务院核安全监管部门及其派出机构在进行监督检查时，应当对检查的内容、发现的问题以及处理情况作出记录，并由监督检查人员和被检查单位的有关负责人签字确认。被检查单位的有关负责人拒绝签字的，监督检查人员应当将有关情况记录在案。

第四十条　民用核安全设备监督检查人员在进行监督检查时，应当出示证件，并为被检查单位保守技术秘密和业务秘密。

民用核安全设备监督检查人员不得滥用职权侵犯企业的合法权益，或者利用职务上的便利索取、收受财物。

民用核安全设备监督检查人员不得从事或者参与民用核安全设备经营活动。

第四十一条　国务院核安全监管部门发现民用核安全设备设计、制造、安装和无损检验单位有不符合发证条件的情形的，应当责令其限期整改。

第四十二条　国务院核行业主管部门应当加强对本行业民用核设施营运单位的管理，督促本行业民用核设施营运单位遵守法律、行政法规和核安全监督管理规定。

第七章　法　律　责　任

第四十三条　国务院核安全监管部门及其民用核安全设备监督检查人员有下列行为之一的，对直接负责的主管人员和其他直接责任人员，依法给予处分；直接负责的主管人员和其他直接责任人员构成犯罪的，依法追究刑事责任：

（一）不依照本条例规定颁发许可证的；

（二）发现违反本条例规定的行为不予查处，或者接到举报后不依法处理的；

（三）滥用职权侵犯企业的合法权益，或者利用职务上的便利索取、收受财物的；

（四）从事或者参与民用核安全设备经营活动的；

（五）在民用核安全设备监督管理工作中有其他违法行为的。

第四十四条　无许可证擅自从事民用核安全设备设计、制造、安装和无损检验活动的，由国务院核安全监管部门责令停止违法行为，处50万元以上100万元以下的罚款；有违法所得的，没收违法所得；对直接负责的主管人员和其他直接责任人员，处2万元以上10万元以下的罚款。

第四十五条 民用核安全设备设计、制造、安装和无损检验单位不按照许可证规定的活动种类和范围从事民用核安全设备设计、制造、安装和无损检验活动的，由国务院核安全监管部门责令停止违法行为，限期改正，处10万元以上50万元以下的罚款；有违法所得的，没收违法所得；逾期不改正的，暂扣或者吊销许可证，对直接负责的主管人员和其他直接责任人员，处2万元以上10万元以下的罚款。

第四十六条 民用核安全设备设计、制造、安装和无损检验单位变更单位名称、地址或者法定代表人，未依法办理许可证变更手续的，由国务院核安全监管部门责令限期改正；逾期不改正的，暂扣或者吊销许可证。

第四十七条 单位伪造、变造、转让许可证的，由国务院核安全监管部门收缴伪造、变造的许可证或者吊销许可证，处10万元以上50万元以下的罚款；有违法所得的，没收违法所得；对直接负责的主管人员和其他直接责任人员，处2万元以上10万元以下的罚款；构成违反治安管理行为的，由公安机关依法予以治安处罚；构成犯罪的，依法追究刑事责任。

第四十八条 民用核安全设备设计、制造、安装和无损检验单位未按照民用核安全设备标准进行民用核安全设备设计、制造、安装和无损检验活动的，由国务院核安全监管部门责令停止违法行为，限期改正，禁止使用相关设计、设备，处 10 万元以上 50 万元以下的罚款；有违法所得的，没收违法所得；逾期不改正的，暂扣或者吊销许可证，对直接负责的主管人员和其他直接责任人员，处 2 万元以上 10 万元以下的罚款。

第四十九条 民用核安全设备设计、制造、安装和无损检验单位有下列行为之一的，由国务院核安全监管部门责令停止违法行为，限期改正，处 10 万元以上 50 万元以下的罚款；逾期不改正的，暂扣或者吊销许可证，对直接负责的主管人员和其他直接责任人员，处 2 万元以上 10 万元以下的罚款：

（一）委托未取得相应许可证的单位进行民用核安全设备设计、制造、安装和无损检验活动的；

（二）聘用未取得相应资格证书的人员进行民用核安全设备焊接和无损检验活动的；

（三）将国务院核安全监管部门确定的关键工艺环节分包给其他单位的。

第五十条 民用核安全设备设计、制造、安装和无损检验单位对本单位在民用核安全设备设计、制造、安装和无损检验活动中出现的重大质量问题，未按照规定采取处理措施并向国务院核安全监管部门报告的，由国务院核安全监管部门责令停止民用核安全设备设计、制造、安装和无损检验活动，限期改正，处 5 万元以上 20 万元以下的罚款；逾期不改正的，暂扣或者吊销许可证，对直接负责的主管人员和其他直接责任人员，处 2 万元以上 10 万元以下的罚款。

第五十一条 民用核安全设备设计、制造、安装和无损检验单位有下列行为之一的，由国务院核安全监管部门责令停止民用核安全设备设计、制造、安装和无损检验活动，限期改正；逾期不改正的，处5万元以上20万元以下的罚款，暂扣或者吊销许可证：

（一）未按照规定编制项目质量保证分大纲并经民用核设施营运单位审查同意的；

（二）在民用核安全设备设计、制造和安装活动开始前，未按照规定将有关文件报国务院核安全监管部门备案的；

（三）未按照规定进行年度评估并向国务院核安全监管部门提交评估报告的。

第五十二条 民用核安全设备无损检验单位出具虚假无损检验结果报告的，由国务院核安全监管部门处10万元以上50万元以下的罚款，吊销许可证；有违法所得的，没收违法所得；对直接负责的主管人员和其他直接责任人员，处2万元以上10万元以下的罚款；构成犯罪的，依法追究刑事责任。

第五十三条 民用核安全设备焊工、焊接操作工违反操作规程导致严重焊接质量问题的，由国务院核安全监管部门吊销其资格证书。

第五十四条 民用核安全设备无损检验人员违反操作规程导致无损检验结果报告严重错误的，由国务院核安全监管部门吊销其资格证书。

第五十五条 民用核安全设备设计单位未按照规定进行设计验证，或者民用核安全设备制造、安装单位未按照规定进行质量检验以及经检验不合格即交付验收的，由国务院核安全监管部门责令限期改正，处 10 万元以上 50 万元以下的罚款；有违法所得的，没收违法所得；逾期不改正的，吊销许可证，对直接负责的主管人员和其他直接责任人员，处 2 万元以上 10 万元以下的罚款。

第五十六条 民用核设施营运单位有下列行为之一的，由国务院核安全监管部门责令限期改正，处 100 万元以上 500 万元以下的罚款；逾期不改正的，吊销其核设施建造许可证或者核设施运行许可证，对直接负责的主管人员和其他直接责任人员，处 2 万元以上 10 万元以下的罚款：

（一）委托未取得相应许可证的单位进行民用核安全设备设计、制造、安装和无损检验活动的；

（二）对不能按照质量保证要求证明质量受控，或者出现重大质量问题未处理完毕的民用核安全设备予以验收通过的。

第五十七条 民用核安全设备设计、制造、安装和无损检验单位被责令限期整改，逾期不整改或者经整改仍不符合发证条件的，由国务院核安全监管部门暂扣或者吊销许可证。

第五十八条 拒绝或者阻碍国务院核安全监管部门及其派出机构监督检查的，由国务院核安全监管部门责令限期改正；逾期不改正或者在接受监督检查时弄虚作假的，暂扣或者吊销许可证。

第五十九条 违反本条例规定，被依法吊销许可证的单位，自吊销许可证之日起 1 年内不得重新申请领取许可证。

第八章 附 则

第六十条 申请领取民用核安全设备设计、制造、安装或者无损检验许可证的单位，应当按照国家有关规定缴纳技术评审的费用。

第六十一条 本条例下列用语的含义：

（一）核安全机械设备，包括执行核安全功能的压力容器、钢制安全壳（钢衬里）、储罐、热交换器、泵、风机和压缩机、阀门、闸门、管道（含热交换器传热管）和管配件、膨胀节、波纹管、法兰、堆内构件、控制棒驱动机构、支承件、机械贯穿件以及上述设备的铸锻件等。

（二）核安全电气设备，包括执行核安全功能的传感器（包括探测器和变送器）、电缆、机柜（包括机箱和机架）、控制台屏、显示仪表、应急柴油发电机组、蓄电池（组）、电动机、阀门驱动装置、电气贯穿件等。

第六十二条 本条例自 2008 年 1 月 1 日起施行。

放射性物品运输安全管理条例

(2009年9月7日国务院第80次常务会议通过 2009年9月14日中华人民共和国国务院令第562号公布 自2010年1月1日起施行)

第一章 总 则

第一条 为了加强对放射性物品运输的安全管理,保障人体健康,保护环境,促进核能、核技术的开发与和平利用,根据《中华人民共和国放射性污染防治法》,制定本条例。

第二条 放射性物品的运输和放射性物品运输容器的设计、制造等活动,适用本条例。

本条例所称放射性物品,是指含有放射性核素,并且其活度和比活度均高于国家规定的豁免值的物品。

第三条 根据放射性物品的特性及其对人体健康和环境的潜在危害程度,将放射性物品分为一类、二类和三类。

一类放射性物品,是指Ⅰ类放射源、高水平放射性废物、乏燃料等释放到环境后对人体健康和环境产生重大辐射影响的放射性物品。

二类放射性物品,是指Ⅱ类和Ⅲ类放射源、中等水平放射性废物等释放到环境后对人体健康和环境产生一般辐射影响的放射性物品。

三类放射性物品，是指Ⅳ类和Ⅴ类放射源、低水平放射性废物、放射性药品等释放到环境后对人体健康和环境产生较小辐射影响的放射性物品。

放射性物品的具体分类和名录，由国务院核安全监管部门会同国务院公安、卫生、海关、交通运输、铁路、民航、核工业行业主管部门制定。

第四条 国务院核安全监管部门对放射性物品运输的核与辐射安全实施监督管理。

国务院公安、交通运输、铁路、民航等有关主管部门依照本条例规定和各自的职责，负责放射性物品运输安全的有关监督管理工作。

县级以上地方人民政府环境保护主管部门和公安、交通运输等有关主管部门，依照本条例规定和各自的职责，负责本行政区域放射性物品运输安全的有关监督管理工作。

第五条 运输放射性物品，应当使用专用的放射性物品运输包装容器（以下简称运输容器）。

放射性物品的运输和放射性物品运输容器的设计、制造，应当符合国家放射性物品运输安全标准。

国家放射性物品运输安全标准，由国务院核安全监管部门制定，由国务院核安全监管部门和国务院标准化主管部门联合发布。国务院核安全监管部门制定国家放射性物品运输安全标准，应当征求国务院公安、卫生、交通运输、铁路、民航、核工业行业主管部门的意见。

第六条 放射性物品运输容器的设计、制造单位应当建立健全责任制度，加强质量管理，并对所从事的放射性物品运输容器的设计、制造活动负责。

放射性物品的托运人（以下简称托运人）应当制定核与辐射事故应急方案，在放射性物品运输中采取有效的辐射防护和安全保卫措施，并对放射性物品运输中的核与辐射安全负责。

第七条 任何单位和个人对违反本条例规定的行为，有权向国务院核安全监管部门或者其他依法履行放射性物品运输安全监督管理职责的部门举报。

接到举报的部门应当依法调查处理，并为举报人保密。

第二章 放射性物品运输容器的设计

第八条 放射性物品运输容器设计单位应当建立健全和有效实施质量保证体系，按照国家放射性物品运输安全标准进行设计，并通过试验验证或者分析论证等方式，对设计的放射性物品运输容器的安全性能进行评价。

第九条 放射性物品运输容器设计单位应当建立健全档案制度，按照质量保证体系的要求，如实记录放射性物品运输容器的设计和安全性能评价过程。

进行一类放射性物品运输容器设计，应当编制设计安全评价报告书；进行二类放射性物品运输容器设计，应当编制设计安全评价报告表。

第十条 一类放射性物品运输容器的设计，应当在首次用于制造前报国务院核安全监管部门审查批准。

申请批准一类放射性物品运输容器的设计，设计单位应当向国务院核安全监管部门提出书面申请，并提交下列材料：

（一）设计总图及其设计说明书；

（二）设计安全评价报告书；

（三）质量保证大纲。

第十一条 国务院核安全监管部门应当自受理申请之日起45个工作日内完成审查，对符合国家放射性物品运输安全标准的，颁发一类放射性物品运输容器设计批准书，并公告批准文号；对不符合国家放射性物品运输安全标准的，书面通知申请单位并说明理由。

第十二条 设计单位修改已批准的一类放射性物品运输容器设计中有关安全内容的，应当按照原申请程序向国务院核安全监管部门重新申请领取一类放射性物品运输容器设计批准书。

第十三条 二类放射性物品运输容器的设计，设计单位应当在首次用于制造前，将设计总图及其设计说明书、设计安全评价报告表报国务院核安全监管部门备案。

第十四条 三类放射性物品运输容器的设计，设计单位应当编制设计符合国家放射性物品运输安全标准的证明文件并存档备查。

第三章 放射性物品运输容器的制造与使用

第十五条 放射性物品运输容器制造单位，应当按照设计要求和国家放射性物品运输安全标准，对制造的放射性物品运输容器进行质量检验，编制质量检验报告。

未经质量检验或者经检验不合格的放射性物品运输容器，不得交付使用。

第十六条 从事一类放射性物品运输容器制造活动的单位，应当具备下列条件：

（一）有与所从事的制造活动相适应的专业技术人员；

（二）有与所从事的制造活动相适应的生产条件和检测手段；

（三）有健全的管理制度和完善的质量保证体系。

第十七条 从事一类放射性物品运输容器制造活动的单位，应当申请领取一类放射性物品运输容器制造许可证（以下简称制造许可证）。

申请领取制造许可证的单位，应当向国务院核安全监管部门提出书面申请，并提交其符合本条例第十六条规定条件的证明材料和申请制造的运输容器型号。

禁止无制造许可证或者超出制造许可证规定的范围从事一类放射性物品运输容器的制造活动。

第十八条 国务院核安全监管部门应当自受理申请之日起45个工作日内完成审查，对符合条件的，颁发制造许可证,并予以公告;对不符合条件的,书面通知申请单位并说明理由。

第十九条 制造许可证应当载明下列内容:

(一)制造单位名称、住所和法定代表人;

(二)许可制造的运输容器的型号;

(三)有效期限;

(四)发证机关、发证日期和证书编号。

第二十条 一类放射性物品运输容器制造单位变更单位名称、住所或者法定代表人的,应当自工商变更登记之日起20日内,向国务院核安全监管部门办理制造许可证变更手续。

一类放射性物品运输容器制造单位变更制造的运输容器型号的,应当按照原申请程序向国务院核安全监管部门重新申请领取制造许可证。

第二十一条 制造许可证有效期为5年。

制造许可证有效期届满,需要延续的,一类放射性物品运输容器制造单位应当于制造许可证有效期届满6个月前,向国务院核安全监管部门提出延续申请。

国务院核安全监管部门应当在制造许可证有效期届满前作出是否准予延续的决定。

第二十二条 从事二类放射性物品运输容器制造活动的单位,应当在首次制造活动开始30日前,将其具备与所从事的制造活动相适应的专业技术人员、生产条件、检测手段,以及具有健全的管理制度和完善的质量保证体系的证明材料,报国务院核安全监管部门备案。

第二十三条 一类、二类放射性物品运输容器制造单位，应当按照国务院核安全监管部门制定的编码规则，对其制造的一类、二类放射性物品运输容器统一编码，并于每年1月31日前将上一年度的运输容器编码清单报国务院核安全监管部门备案。

第二十四条 从事三类放射性物品运输容器制造活动的单位，应当于每年1月31日前将上一年度制造的运输容器的型号和数量报国务院核安全监管部门备案。

第二十五条 放射性物品运输容器使用单位应当对其使用的放射性物品运输容器定期进行保养和维护，并建立保养和维护档案；放射性物品运输容器达到设计使用年限，或者发现放射性物品运输容器存在安全隐患的，应当停止使用，进行处理。

一类放射性物品运输容器使用单位还应当对其使用的一类放射性物品运输容器每两年进行一次安全性能评价，并将评价结果报国务院核安全监管部门备案。

第二十六条 使用境外单位制造的一类放射性物品运输容器的，应当在首次使用前报国务院核安全监管部门审查批准。

申请使用境外单位制造的一类放射性物品运输容器的单位，应当向国务院核安全监管部门提出书面申请，并提交下列材料：

（一）设计单位所在国核安全监管部门颁发的设计批准文件的复印件；

（二）设计安全评价报告书；

（三）制造单位相关业绩的证明材料；

（四）质量合格证明；

（五）符合中华人民共和国法律、行政法规规定，以及国家放射性物品运输安全标准或者经国务院核安全监管部门认可的标准的说明材料。

国务院核安全监管部门应当自受理申请之日起45个工作日内完成审查，对符合国家放射性物品运输安全标准的，颁发使用批准书；对不符合国家放射性物品运输安全标准的，书面通知申请单位并说明理由。

第二十七条 使用境外单位制造的二类放射性物品运输容器的，应当在首次使用前将运输容器质量合格证明和符合中华人民共和国法律、行政法规规定，以及国家放射性物品运输安全标准或者经国务院核安全监管部门认可的标准的说明材料，报国务院核安全监管部门备案。

第二十八条 国务院核安全监管部门办理使用境外单位制造的一类、二类放射性物品运输容器审查批准和备案手续，应当同时为运输容器确定编码。

第四章 放射性物品的运输

第二十九条 托运放射性物品的，托运人应当持有生产、销售、使用或者处置放射性物品的有效证明，使用与所托运的放射性物品类别相适应的运输容器进行包装，配备必要的辐射监测设备、防护用品和防盗、防破坏设备，并编制运输说明书、核与辐射事故应急响应指南、装卸作业方法、安全防护指南。

运输说明书应当包括放射性物品的品名、数量、物理化学形态、危害风险等内容。

第三十条 托运一类放射性物品的，托运人应当委托有资质的辐射监测机构对其表面污染和辐射水平实施监测，辐射监测机构应当出具辐射监测报告。

托运二类、三类放射性物品的，托运人应当对其表面污染和辐射水平实施监测，并编制辐射监测报告。

监测结果不符合国家放射性物品运输安全标准的，不得托运。

第三十一条 承运放射性物品应当取得国家规定的运输资质。承运人的资质管理，依照有关法律、行政法规和国务院交通运输、铁路、民航、邮政主管部门的规定执行。

第三十二条 托运人和承运人应当对直接从事放射性物品运输的工作人员进行运输安全和应急响应知识的培训，并进行考核；考核不合格的，不得从事相关工作。

托运人和承运人应当按照国家放射性物品运输安全标准和国家有关规定，在放射性物品运输容器和运输工具上设置警示标志。

国家利用卫星定位系统对一类、二类放射性物品运输工具的运输过程实行在线监控。具体办法由国务院核安全监管部门会同国务院有关部门制定。

第三十三条　托运人和承运人应当按照国家职业病防治的有关规定，对直接从事放射性物品运输的工作人员进行个人剂量监测，建立个人剂量档案和职业健康监护档案。

第三十四条　托运人应当向承运人提交运输说明书、辐射监测报告、核与辐射事故应急响应指南、装卸作业方法、安全防护指南，承运人应当查验、收存。托运人提交文件不齐全的，承运人不得承运。

第三十五条　托运一类放射性物品的，托运人应当编制放射性物品运输的核与辐射安全分析报告书，报国务院核安全监管部门审查批准。

放射性物品运输的核与辐射安全分析报告书应当包括放射性物品的品名、数量、运输容器型号、运输方式、辐射防护措施、应急措施等内容。

国务院核安全监管部门应当自受理申请之日起 45 个工作日内完成审查，对符合国家放射性物品运输安全标准的，颁发核与辐射安全分析报告批准书；对不符合国家放射性物品运输安全标准的，书面通知申请单位并说明理由。

第三十六条　放射性物品运输的核与辐射安全分析报告批准书应当载明下列主要内容：

（一）托运人的名称、地址、法定代表人；

（二）运输放射性物品的品名、数量；

（三）运输放射性物品的运输容器型号和运输方式；

（四）批准日期和有效期限。

第三十七条　一类放射性物品启运前，托运人应当将放射性物品运输的核与辐射安全分析报告批准书、辐射监测报告，报启运地的省、自治区、直辖市人民政府环境保护主管部门备案。

收到备案材料的环境保护主管部门应当及时将有关情况通报放射性物品运输的途经地和抵达地的省、自治区、直辖市人民政府环境保护主管部门。

第三十八条 通过道路运输放射性物品的，应当经公安机关批准，按照指定的时间、路线、速度行驶，并悬挂警示标志，配备押运人员，使放射性物品处于押运人员的监管之下。

通过道路运输核反应堆乏燃料的，托运人应当报国务院公安部门批准。通过道路运输其他放射性物品的，托运人应当报启运地县级以上人民政府公安机关批准。具体办法由国务院公安部门商国务院核安全监管部门制定。

第三十九条 通过水路运输放射性物品的，按照水路危险货物运输的法律、行政法规和规章的有关规定执行。

通过铁路、航空运输放射性物品的，按照国务院铁路、民航主管部门的有关规定执行。

禁止邮寄一类、二类放射性物品。邮寄三类放射性物品的，按照国务院邮政管理部门的有关规定执行。

第四十条 生产、销售、使用或者处置放射性物品的单位，可以依照《中华人民共和国道路运输条例》的规定，向设区的市级人民政府道路运输管理机构申请非营业性道路危险货物运输资质，运输本单位的放射性物品，并承担本条例规定的托运人和承运人的义务。

申请放射性物品非营业性道路危险货物运输资质的单位,应当具备下列条件:

(一)持有生产、销售、使用或者处置放射性物品的有效证明;

(二)有符合本条例规定要求的放射性物品运输容器;

(三)有具备辐射防护与安全防护知识的专业技术人员和经考试合格的驾驶人员;

(四)有符合放射性物品运输安全防护要求,并经检测合格的运输工具、设施和设备;

(五)配备必要的防护用品和依法经定期检定合格的监测仪器;

(六)有运输安全和辐射防护管理规章制度以及核与辐射事故应急措施。

放射性物品非营业性道路危险货物运输资质的具体条件,由国务院交通运输主管部门会同国务院核安全监管部门制定。

第四十一条 一类放射性物品从境外运抵中华人民共和国境内,或者途经中华人民共和国境内运输的,托运人应当编制放射性物品运输的核与辐射安全分析报告书,报国务院核安全监管部门审查批准。审查批准程序依照本条例第三十五条第三款的规定执行。

二类、三类放射性物品从境外运抵中华人民共和国境内,或者途经中华人民共和国境内运输的,托运人应当编制放射性物品运输的辐射监测报告,报国务院核安全监管部门备案。

　　托运人、承运人或者其代理人向海关办理有关手续，应当提交国务院核安全监管部门颁发的放射性物品运输的核与辐射安全分析报告批准书或者放射性物品运输的辐射监测报告备案证明。

　　第四十二条　县级以上人民政府组织编制的突发环境事件应急预案，应当包括放射性物品运输中可能发生的核与辐射事故应急响应的内容。

　　第四十三条　放射性物品运输中发生核与辐射事故的，承运人、托运人应当按照核与辐射事故应急响应指南的要求，做好事故应急工作，并立即报告事故发生地的县级以上人民政府环境保护主管部门。接到报告的环境保护主管部门应当立即派人赶赴现场，进行现场调查，采取有效措施控制事故影响，并及时向本级人民政府报告，通报同级公安、卫生、交通运输等有关主管部门。

　　接到报告的县级以上人民政府及其有关主管部门应当按照应急预案做好应急工作，并按照国家突发事件分级报告的规定及时上报核与辐射事故信息。

　　核反应堆乏燃料运输的核事故应急准备与响应，还应当遵守国家核应急的有关规定。

第五章　监督检查

　　第四十四条　国务院核安全监管部门和其他依法履行

放射性物品运输安全监督管理职责的部门，应当依据各自职责对放射性物品运输安全实施监督检查。

国务院核安全监管部门应当将其已批准或者备案的一类、二类、三类放射性物品运输容器的设计、制造情况和放射性物品运输情况通报设计、制造单位所在地和运输途经地的省、自治区、直辖市人民政府环境保护主管部门。省、自治区、直辖市人民政府环境保护主管部门应当加强对本行政区域放射性物品运输安全的监督检查和监督性监测。

被检查单位应当予以配合，如实反映情况，提供必要的资料，不得拒绝和阻碍。

第四十五条　国务院核安全监管部门和省、自治区、直辖市人民政府环境保护主管部门以及其他依法履行放射性物品运输安全监督管理职责的部门进行监督检查，监督检查人员不得少于2人，并应当出示有效的行政执法证件。

国务院核安全监管部门和省、自治区、直辖市人民政府环境保护主管部门以及其他依法履行放射性物品运输安全监督管理职责的部门的工作人员，对监督检查中知悉的商业秘密负有保密义务。

第四十六条　监督检查中发现经批准的一类放射性物品运输容器设计确有重大设计安全缺陷的，由国务院核安全监管部门责令停止该型号运输容器的制造或者使用，撤销一类放射性物品运输容器设计批准书。

第四十七条　监督检查中发现放射性物品运输活动有

不符合国家放射性物品运输安全标准情形的，或者一类放射性物品运输容器制造单位有不符合制造许可证规定条件情形的，应当责令限期整改；发现放射性物品运输活动可能对人体健康和环境造成核与辐射危害的，应当责令停止运输。

第四十八条 国务院核安全监管部门和省、自治区、直辖市人民政府环境保护主管部门以及其他依法履行放射性物品运输安全监督管理职责的部门，对放射性物品运输活动实施监测，不得收取监测费用。

国务院核安全监管部门和省、自治区、直辖市人民政府环境保护主管部门以及其他依法履行放射性物品运输安全监督管理职责的部门，应当加强对监督管理人员辐射防护与安全防护知识的培训。

第六章　法　律　责　任

第四十九条 国务院核安全监管部门和省、自治区、直辖市人民政府环境保护主管部门或者其他依法履行放射性物品运输安全监督管理职责的部门有下列行为之一的，对直接负责的主管人员和其他直接责任人员依法给予处分；直接负责的主管人员和其他直接责任人员构成犯罪的，依法追究刑事责任：

（一）未依照本条例规定作出行政许可或者办理批准文件的；

（二）发现违反本条例规定的行为不予查处，或者接到举报不依法处理的；

（三）未依法履行放射性物品运输核与辐射事故应急职责的；

（四）对放射性物品运输活动实施监测收取监测费用的；

（五）其他不依法履行监督管理职责的行为。

第五十条　放射性物品运输容器设计、制造单位有下列行为之一的，由国务院核安全监管部门责令停止违法行为，处50万元以上100万元以下的罚款；有违法所得的，没收违法所得：

（一）将未取得设计批准书的一类放射性物品运输容器设计用于制造的；

（二）修改已批准的一类放射性物品运输容器设计中有关安全内容，未重新取得设计批准书即用于制造的。

第五十一条　放射性物品运输容器设计、制造单位有下列行为之一的，由国务院核安全监管部门责令停止违法行为，处5万元以上10万元以下的罚款；有违法所得的，没收违法所得：

（一）将不符合国家放射性物品运输安全标准的二类、三类放射性物品运输容器设计用于制造的；

（二）将未备案的二类放射性物品运输容器设计用于制造的。

第五十二条　放射性物品运输容器设计单位有下列行为之一的，由国务院核安全监管部门责令限期改正；逾期不改正的，处1万元以上5万元以下的罚款：

（一）未对二类、三类放射性物品运输容器的设计进行安全性能评价的；

（二）未如实记录二类、三类放射性物品运输容器设计和安全性能评价过程的；

（三）未编制三类放射性物品运输容器设计符合国家放射性物品运输安全标准的证明文件并存档备查的。

第五十三条　放射性物品运输容器制造单位有下列行为之一的，由国务院核安全监管部门责令停止违法行为，处50万元以上100万元以下的罚款；有违法所得的，没收违法所得：

（一）未取得制造许可证从事一类放射性物品运输容器制造活动的；

（二）制造许可证有效期届满，未按照规定办理延续手续，继续从事一类放射性物品运输容器制造活动的；

（三）超出制造许可证规定的范围从事一类放射性物品运输容器制造活动的；

（四）变更制造的一类放射性物品运输容器型号，未按照规定重新领取制造许可证的；

（五）将未经质量检验或者经检验不合格的一类放射性物品运输容器交付使用的。

有前款第（三）项、第（四）项和第（五）项行为之一，情节严重的，吊销制造许可证。

第五十四条　一类放射性物品运输容器制造单位变更

单位名称、住所或者法定代表人，未依法办理制造许可证变更手续的，由国务院核安全监管部门责令限期改正；逾期不改正的，处 2 万元的罚款。

第五十五条　放射性物品运输容器制造单位有下列行为之一的，由国务院核安全监管部门责令停止违法行为，处 5 万元以上 10 万元以下的罚款；有违法所得的，没收违法所得：

（一）在二类放射性物品运输容器首次制造活动开始前，未按照规定将有关证明材料报国务院核安全监管部门备案的；

（二）将未经质量检验或者经检验不合格的二类、三类放射性物品运输容器交付使用的。

第五十六条　放射性物品运输容器制造单位有下列行为之一的，由国务院核安全监管部门责令限期改正；逾期不改正的，处 1 万元以上 5 万元以下的罚款：

（一）未按照规定对制造的一类、二类放射性物品运输容器统一编码的；

（二）未按照规定将制造的一类、二类放射性物品运输容器编码清单报国务院核安全监管部门备案的；

（三）未按照规定将制造的三类放射性物品运输容器的型号和数量报国务院核安全监管部门备案的。

第五十七条　放射性物品运输容器使用单位未按照规定对使用的一类放射性物品运输容器进行安全性能评价，或者未将评价结果报国务院核安全监管部门备案的，由国务院核安全监管部门责令限期改正；逾期不改正的，处1万元以上5万元以下的罚款。

第五十八条 未按照规定取得使用批准书使用境外单位制造的一类放射性物品运输容器的，由国务院核安全监管部门责令停止违法行为，处50万元以上100万元以下的罚款。

未按照规定办理备案手续使用境外单位制造的二类放射性物品运输容器的，由国务院核安全监管部门责令停止违法行为，处5万元以上10万元以下的罚款。

第五十九条 托运人未按照规定编制放射性物品运输说明书、核与辐射事故应急响应指南、装卸作业方法、安全防护指南的，由国务院核安全监管部门责令限期改正；逾期不改正的，处1万元以上5万元以下的罚款。

托运人未按照规定将放射性物品运输的核与辐射安全分析报告批准书、辐射监测报告备案的，由启运地的省、自治区、直辖市人民政府环境保护主管部门责令限期改正；逾期不改正的，处1万元以上5万元以下的罚款。

第六十条 托运人或者承运人在放射性物品运输活动中，有违反有关法律、行政法规关于危险货物运输管理规定行为的，由交通运输、铁路、民航等有关主管部门依法予以处罚。

违反有关法律、行政法规规定邮寄放射性物品的，由公安机关和邮政管理部门依法予以处罚。在邮寄进境物品中发现放射性物品的，由海关依照有关法律、行政法规的规定处理。

第六十一条　托运人未取得放射性物品运输的核与辐射安全分析报告批准书托运一类放射性物品的，由国务院核安全监管部门责令停止违法行为，处50万元以上100万元以下的罚款。

第六十二条　通过道路运输放射性物品，有下列行为之一的，由公安机关责令限期改正，处2万元以上10万元以下的罚款；构成犯罪的，依法追究刑事责任：

（一）未经公安机关批准通过道路运输放射性物品的；

（二）运输车辆未按照指定的时间、路线、速度行驶或者未悬挂警示标志的；

（三）未配备押运人员或者放射性物品脱离押运人员监管的。

第六十三条　托运人有下列行为之一的，由启运地的省、自治区、直辖市人民政府环境保护主管部门责令停止违法行为，处5万元以上20万元以下的罚款：

（一）未按照规定对托运的放射性物品表面污染和辐射水平实施监测的；

（二）将经监测不符合国家放射性物品运输安全标准的放射性物品交付托运的；

（三）出具虚假辐射监测报告的。

第六十四条　未取得放射性物品运输的核与辐射安全分析报告批准书或者放射性物品运输的辐射监测报告备案证明，将境外的放射性物品运抵中华人民共和国境内，或者途经中华人民共和国境内运输的，由海关责令托运人退运该放射性物品，并依照海关法律、行政法规给予处罚；构成犯罪的，依法追究刑事责任。托运人不明的，由承运人承担退运该放射性物品的责任，或者承担该放射性物品的处置费用。

第六十五条 违反本条例规定，在放射性物品运输中造成核与辐射事故的，由县级以上地方人民政府环境保护主管部门处以罚款，罚款数额按照核与辐射事故造成的直接损失的20%计算；构成犯罪的，依法追究刑事责任。

托运人、承运人未按照核与辐射事故应急响应指南的要求，做好事故应急工作并报告事故的，由县级以上地方人民政府环境保护主管部门处5万元以上20万元以下的罚款。

因核与辐射事故造成他人损害的，依法承担民事责任。

第六十六条 拒绝、阻碍国务院核安全监管部门或者其他依法履行放射性物品运输安全监督管理职责的部门进行监督检查，或者在接受监督检查时弄虚作假的，由监督检查部门责令改正，处1万元以上2万元以下的罚款；构成违反治安管理行为的，由公安机关依法给予治安管理处罚；构成犯罪的，依法追究刑事责任。

第七章 附 则

第六十七条 军用放射性物品运输安全的监督管理，

依照《中华人民共和国放射性污染防治法》第六十条的规定执行。

第六十八条　本条例自 2010 年 1 月 1 日起施行。

放射性同位素与射线装置安全和防护条例

（2005 年 9 月 14 日中华人民共和国国务院令第 449 号公布　根据 2014 年 7 月 29 日《国务院关于修改部分行政法规的决定》第一次修订　根据 2019 年 3 月 2 日《国务院关于修改部分行政法规的决定》第二次修订）

第一章　总　　则

第一条　为了加强对放射性同位素、射线装置安全和防护的监督管理，促进放射性同位素、射线装置的安全应用，保障人体健康，保护环境，制定本条例。

第二条　在中华人民共和国境内生产、销售、使用放射性同位素和射线装置，以及转让、进出口放射性同位素的，应当遵守本条例。

本条例所称放射性同位素包括放射源和非密封放射性物质。

第三条　国务院生态环境主管部门对全国放射性同位

素、射线装置的安全和防护工作实施统一监督管理。

国务院公安、卫生等部门按照职责分工和本条例的规定，对有关放射性同位素、射线装置的安全和防护工作实施监督管理。

县级以上地方人民政府生态环境主管部门和其他有关部门，按照职责分工和本条例的规定，对本行政区域内放射性同位素、射线装置的安全和防护工作实施监督管理。

第四条 国家对放射源和射线装置实行分类管理。根据放射源、射线装置对人体健康和环境的潜在危害程度，从高到低将放射源分为Ⅰ类、Ⅱ类、Ⅲ类、Ⅳ类、Ⅴ类，具体分类办法由国务院生态环境主管部门制定；将射线装置分为Ⅰ类、Ⅱ类、Ⅲ类，具体分类办法由国务院生态环境主管部门商国务院卫生主管部门制定。

第二章 许可和备案

第五条 生产、销售、使用放射性同位素和射线装置的单位，应当依照本章规定取得许可证。

第六条 除医疗使用Ⅰ类放射源、制备正电子发射计算机断层扫描用放射性药物自用的单位外，生产放射性同位素、销售和使用Ⅰ类放射源、销售和使用Ⅰ类射线装置的单位的许可证，由国务院生态环境主管部门审批颁发。

除国务院生态环境主管部门审批颁发的许可证外，其他单位的许可证，由省、自治区、直辖市人民政府生态环境主管部门审批颁发。

国务院生态环境主管部门向生产放射性同位素的单位颁发许可证前,应当将申请材料印送其行业主管部门征求意见。

生态环境主管部门应当将审批颁发许可证的情况通报同级公安部门、卫生主管部门。

第七条 生产、销售、使用放射性同位素和射线装置的单位申请领取许可证,应当具备下列条件:

(一)有与所从事的生产、销售、使用活动规模相适应的,具备相应专业知识和防护知识及健康条件的专业技术人员;

(二)有符合国家环境保护标准、职业卫生标准和安全防护要求的场所、设施和设备;

(三)有专门的安全和防护管理机构或者专职、兼职安全和防护管理人员,并配备必要的防护用品和监测仪器;

(四)有健全的安全和防护管理规章制度、辐射事故应急措施;

(五)产生放射性废气、废液、固体废物的,具有确保放射性废气、废液、固体废物达标排放的处理能力或者可行的处理方案。

第八条 生产、销售、使用放射性同位素和射线装置的单位,应当事先向有审批权的生态环境主管部门提出许可申请,并提交符合本条例第七条规定条件的证明材料。

使用放射性同位素和射线装置进行放射诊疗的医疗卫

生机构，还应当获得放射源诊疗技术和医用辐射机构许可。

第九条 生态环境主管部门应当自受理申请之日起20个工作日内完成审查，符合条件的，颁发许可证，并予以公告；不符合条件的，书面通知申请单位并说明理由。

第十条 许可证包括下列主要内容：

（一）单位的名称、地址、法定代表人；

（二）所从事活动的种类和范围；

（三）有效期限；

（四）发证日期和证书编号。

第十一条 持证单位变更单位名称、地址、法定代表人的，应当自变更登记之日起20日内，向原发证机关申请办理许可证变更手续。

第十二条 有下列情形之一的，持证单位应当按照原申请程序，重新申请领取许可证：

（一）改变所从事活动的种类或者范围的；

（二）新建或者改建、扩建生产、销售、使用设施或者场所的。

第十三条 许可证有效期为5年。有效期届满，需要延续的，持证单位应当于许可证有效期届满30日前，向原发证机关提出延续申请。原发证机关应当自受理延续申请之日起，在许可证有效期届满前完成审查，符合条件的，予以延续；不符合条件的，书面通知申请单位并说明理由。

第十四条 持证单位部分终止或者全部终止生产、销售、使用放射性同位素和射线装置活动的，应当向原发证机关提出部分变更或者注销许可证申请,由原发证机关核查合格后,予以变更或者注销许可证。

第十五条 禁止无许可证或者不按照许可证规定的种类和范围从事放射性同位素和射线装置的生产、销售、使用活动。

禁止伪造、变造、转让许可证。

第十六条 国务院对外贸易主管部门会同国务院生态环境主管部门、海关总署和生产放射性同位素的单位的行业主管部门制定并公布限制进出口放射性同位素目录和禁止进出口放射性同位素目录。

进口列入限制进出口目录的放射性同位素,应当在国务院生态环境主管部门审查批准后,由国务院对外贸易主管部门依据国家对外贸易的有关规定签发进口许可证。进口限制进出口目录和禁止进出口目录之外的放射性同位素,依据国家对外贸易的有关规定办理进口手续。

第十七条 申请进口列入限制进出口目录的放射性同位素,应当符合下列要求:

(一)进口单位已经取得与所从事活动相符的许可证;

(二)进口单位具有进口放射性同位素使用期满后的处理方案,其中,进口Ⅰ类、Ⅱ类、Ⅲ类放射源的,应当具有原出口方负责回收的承诺文件;

(三)进口的放射源应当有明确标号和必要说明文件,其中,Ⅰ类、Ⅱ类、Ⅲ类放射源的标号应当刻制在放射源本体或者密封包壳体上,Ⅳ类、Ⅴ类放射源的标号应当记录在相应说明文件中；

（四）将进口的放射性同位素销售给其他单位使用的，还应当具有与使用单位签订的书面协议以及使用单位取得的许可证复印件。

第十八条 进口列入限制进出口目录的放射性同位素的单位，应当向国务院生态环境主管部门提出进口申请，并提交符合本条例第十七条规定要求的证明材料。

国务院生态环境主管部门应当自受理申请之日起10个工作日内完成审查，符合条件的，予以批准；不符合条件的，书面通知申请单位并说明理由。

海关验凭放射性同位素进口许可证办理有关进口手续。进口放射性同位素的包装材料依法需要实施检疫的，依照国家有关检疫法律、法规的规定执行。

对进口的放射源，国务院生态环境主管部门还应当同时确定与其标号相对应的放射源编码。

第十九条 申请转让放射性同位素，应当符合下列要求：

（一）转出、转入单位持有与所从事活动相符的许可证；

（二）转入单位具有放射性同位素使用期满后的处理方案；

（三）转让双方已经签订书面转让协议。

第二十条 转让放射性同位素，由转入单位向其所在地省、自治区、直辖市人民政府生态环境主管部门提出申请，并提交符合本条例第十九条规定要求的证明材料。

省、自治区、直辖市人民政府生态环境主管部门应当自受理申请之日起 15 个工作日内完成审查，符合条件的，予以批准；不符合条件的，书面通知申请单位并说明理由。

第二十一条　放射性同位素的转出、转入单位应当在转让活动完成之日起 20 日内，分别向其所在地省、自治区、直辖市人民政府生态环境主管部门备案。

第二十二条　生产放射性同位素的单位，应当建立放射性同位素产品台账，并按照国务院生态环境主管部门制定的编码规则，对生产的放射源统一编码。放射性同位素产品台账和放射源编码清单应当报国务院生态环境主管部门备案。

生产的放射源应当有明确标号和必要说明文件。其中，Ⅰ类、Ⅱ类、Ⅲ类放射源的标号应当刻制在放射源本体或者密封包壳体上，Ⅳ类、Ⅴ类放射源的标号应当记录在相应说明文件中。

国务院生态环境主管部门负责建立放射性同位素备案信息管理系统，与有关部门实行信息共享。

未列入产品台账的放射性同位素和未编码的放射源，不得出厂和销售。

第二十三条　持有放射源的单位将废旧放射源交回生产单位、返回原出口方或者送交放射性废物集中贮存单位贮存的，应当在该活动完成之日起 20 日内向其所在地省、自治区、直辖市人民政府生态环境主管部门备案。

第二十四条　本条例施行前生产和进口的放射性同位

素，由放射性同位素持有单位在本条例施行之日起6个月内，到其所在地省、自治区、直辖市人民政府生态环境主管部门办理备案手续，省、自治区、直辖市人民政府生态环境主管部门应当对放射源进行统一编码。

第二十五条 使用放射性同位素的单位需要将放射性同位素转移到外省、自治区、直辖市使用的，应当持许可证复印件向使用地省、自治区、直辖市人民政府生态环境主管部门备案，并接受当地生态环境主管部门的监督管理。

第二十六条 出口列入限制进出口目录的放射性同位素，应当提供进口方可以合法持有放射性同位素的证明材料，并由国务院生态环境主管部门依照有关法律和我国缔结或者参加的国际条约、协定的规定，办理有关手续。

出口放射性同位素应当遵守国家对外贸易的有关规定。

第三章 安全和防护

第二十七条 生产、销售、使用放射性同位素和射线装置的单位，应当对本单位的放射性同位素、射线装置的安全和防护工作负责，并依法对其造成的放射性危害承担责任。

生产放射性同位素的单位的行业主管部门，应当加强对生产单位安全和防护工作的管理，并定期对其执行法律、法规和国家标准的情况进行监督检查。

第二十八条 生产、销售、使用放射性同位素和射线装置的单位,应当对直接从事生产、销售、使用活动的工作人员进行安全和防护知识教育培训,并进行考核;考核不合格的,不得上岗。

辐射安全关键岗位应当由注册核安全工程师担任。辐射安全关键岗位名录由国务院生态环境主管部门商国务院有关部门制定并公布。

第二十九条　生产、销售、使用放射性同位素和射线装置的单位,应当严格按照国家关于个人剂量监测和健康管理的规定,对直接从事生产、销售、使用活动的工作人员进行个人剂量监测和职业健康检查,建立个人剂量档案和职业健康监护档案。

第三十条　生产、销售、使用放射性同位素和射线装置的单位,应当对本单位的放射性同位素、射线装置的安全和防护状况进行年度评估。发现安全隐患的,应当立即进行整改。

第三十一条　生产、销售、使用放射性同位素和射线装置的单位需要终止的,应当事先对本单位的放射性同位素和放射性废物进行清理登记,作出妥善处理,不得留有安全隐患。生产、销售、使用放射性同位素和射线装置的单位发生变更的,由变更后的单位承担处理责任。变更前当事人对此另有约定的,从其约定;但是,约定中不得免除当事人的处理义务。

在本条例施行前已经终止的生产、销售、使用放射性同位素和射线装置的单位,其未安全处理的废旧放射源和放射性废物，由所在地省、自治区、直辖市人民政府生态环境主管部门提出处理方案，及时进行处理。所需经费由省级以上人民政府承担。

第三十二条 生产、进口放射源的单位销售Ⅰ类、Ⅱ类、Ⅲ类放射源给其他单位使用的，应当与使用放射源的单位签订废旧放射源返回协议；使用放射源的单位应当按照废旧放射源返回协议规定将废旧放射源交回生产单位或者返回原出口方。确实无法交回生产单位或者返回原出口方的，送交有相应资质的放射性废物集中贮存单位贮存。

使用放射源的单位应当按照国务院生态环境主管部门的规定，将Ⅳ类、Ⅴ类废旧放射源进行包装整备后送交有相应资质的放射性废物集中贮存单位贮存。

第三十三条 使用Ⅰ类、Ⅱ类、Ⅲ类放射源的场所和生产放射性同位素的场所，以及终结运行后产生放射性污染的射线装置，应当依法实施退役。

第三十四条 生产、销售、使用、贮存放射性同位素和射线装置的场所，应当按照国家有关规定设置明显的放射性标志，其入口处应当按照国家有关安全和防护标准的要求，设置安全和防护设施以及必要的防护安全联锁、报警装置或者工作信号。射线装置的生产调试和使用场所，应当具有防止误操作、防止工作人员和公众受到意外照射的安全措施。

放射性同位素的包装容器、含放射性同位素的设备和射线装置，应当设置明显的放射性标识和中文警示说明；

放射源上能够设置放射性标识的，应当一并设置。运输放射性同位素和含放射源的射线装置的工具，应当按照国家有关规定设置明显的放射性标志或者显示危险信号。

第三十五条　放射性同位素应当单独存放，不得与易燃、易爆、腐蚀性物品等一起存放，并指定专人负责保管。贮存、领取、使用、归还放射性同位素时，应当进行登记、检查，做到账物相符。对放射性同位素贮存场所应当采取防火、防水、防盗、防丢失、防破坏、防射线泄漏的安全措施。

对放射源还应当根据其潜在危害的大小，建立相应的多层防护和安全措施，并对可移动的放射源定期进行盘存，确保其处于指定位置，具有可靠的安全保障。

第三十六条　在室外、野外使用放射性同位素和射线装置的，应当按照国家安全和防护标准的要求划出安全防护区域，设置明显的放射性标志，必要时设专人警戒。

在野外进行放射性同位素示踪试验的，应当经省级以上人民政府生态环境主管部门商同级有关部门批准方可进行。

第三十七条　辐射防护器材、含放射性同位素的设备和射线装置，以及含有放射性物质的产品和伴有产生 X 射线的电器产品，应当符合辐射防护要求。不合格的产品不得出厂和销售。

第三十八条　使用放射性同位素和射线装置进行放射诊疗的医疗卫生机构，应当依据国务院卫生主管部门有关规定和国家标准，制定与本单位从事的诊疗项目相适应的质量保证方案，遵守质量保证监测规范，按照医疗照射正当化和辐射防护最优化的原则，避免一切不必要的照射，并事先告知患者和受检者辐射对健康的潜在影响。

第三十九条 金属冶炼厂回收冶炼废旧金属时，应当采取必要的监测措施，防止放射性物质熔入产品中。监测中发现问题的，应当及时通知所在地设区的市级以上人民政府生态环境主管部门。

第四章　辐射事故应急处理

第四十条 根据辐射事故的性质、严重程度、可控性和影响范围等因素，从重到轻将辐射事故分为特别重大辐射事故、重大辐射事故、较大辐射事故和一般辐射事故四个等级。

特别重大辐射事故，是指Ⅰ类、Ⅱ类放射源丢失、被盗、失控造成大范围严重辐射污染后果，或者放射性同位素和射线装置失控导致3人以上（含3人）急性死亡。

重大辐射事故，是指Ⅰ类、Ⅱ类放射源丢失、被盗、失控，或者放射性同位素和射线装置失控导致2人以下（含2人）急性死亡或者10人以上（含10人）急性重度放射病、局部器官残疾。

较大辐射事故，是指Ⅲ类放射源丢失、被盗、失控，或者放射性同位素和射线装置失控导致9人以下（含9人）

急性重度放射病、局部器官残疾。

一般辐射事故，是指Ⅳ类、Ⅴ类放射源丢失、被盗、失控，或者放射性同位素和射线装置失控导致人员受到超过年剂量限值的照射。

第四十一条 县级以上人民政府生态环境主管部门应当会同同级公安、卫生、财政等部门编制辐射事故应急预案，报本级人民政府批准。辐射事故应急预案应当包括下列内容：

（一）应急机构和职责分工；

（二）应急人员的组织、培训以及应急和救助的装备、资金、物资准备；

（三）辐射事故分级与应急响应措施；

（四）辐射事故调查、报告和处理程序。

生产、销售、使用放射性同位素和射线装置的单位，应当根据可能发生的辐射事故的风险，制定本单位的应急方案，做好应急准备。

第四十二条 发生辐射事故时，生产、销售、使用放射性同位素和射线装置的单位应当立即启动本单位的应急方案，采取应急措施，并立即向当地生态环境主管部门、公安部门、卫生主管部门报告。

生态环境主管部门、公安部门、卫生主管部门接到辐射事故报告后，应当立即派人赶赴现场，进行现场调查，采取有效措施，控制并消除事故影响，同时将辐射事故信息报告本级人民政府和上级人民政府生态环境主管部门、公安部门、卫生主管部门。

县级以上地方人民政府及其有关部门接到辐射事故报告后,应当按照事故分级报告的规定及时将辐射事故信息报告上级人民政府及其有关部门。发生特别重大辐射事故和重大辐射事故后,事故发生地省、自治区、直辖市人民政府和国务院有关部门应当在4小时内报告国务院;特殊情况下,事故发生地人民政府及其有关部门可以直接向国务院报告,并同时报告上级人民政府及其有关部门。

禁止缓报、瞒报、谎报或者漏报辐射事故。

第四十三条 在发生辐射事故或者有证据证明辐射事故可能发生时,县级以上人民政府生态环境主管部门有权采取下列临时控制措施:

(一)责令停止导致或者可能导致辐射事故的作业;

(二)组织控制事故现场。

第四十四条 辐射事故发生后,有关县级以上人民政府应当按照辐射事故的等级,启动并组织实施相应的应急预案。

县级以上人民政府生态环境主管部门、公安部门、卫生主管部门,按照职责分工做好相应的辐射事故应急工作:

(一)生态环境主管部门负责辐射事故的应急响应、调查处理和定性定级工作,协助公安部门监控追缴丢失、被盗的放射源;

(二)公安部门负责丢失、被盗放射源的立案侦查和追缴;

（三）卫生主管部门负责辐射事故的医疗应急。

生态环境主管部门、公安部门、卫生主管部门应当及时相互通报辐射事故应急响应、调查处理、定性定级、立案侦查和医疗应急情况。国务院指定的部门根据生态环境主管部门确定的辐射事故的性质和级别，负责有关国际信息通报工作。

第四十五条 发生辐射事故的单位应当立即将可能受到辐射伤害的人员送至当地卫生主管部门指定的医院或者有条件救治辐射损伤病人的医院，进行检查和治疗，或者请求医院立即派人赶赴事故现场，采取救治措施。

第五章 监督检查

第四十六条 县级以上人民政府生态环境主管部门和其他有关部门应当按照各自职责对生产、销售、使用放射性同位素和射线装置的单位进行监督检查。

被检查单位应当予以配合，如实反映情况，提供必要的资料，不得拒绝和阻碍。

第四十七条 县级以上人民政府生态环境主管部门应当配备辐射防护安全监督员。辐射防护安全监督员由从事辐射防护工作，具有辐射防护安全知识并经省级以上人民政府生态环境主管部门认可的专业人员担任。辐射防护安全监督员应当定期接受专业知识培训和考核。

第四十八条 县级以上人民政府生态环境主管部门在

监督检查中发现生产、销售、使用放射性同位素和射线装置的单位有不符合原发证条件的情形的,应当责令其限期整改。

监督检查人员依法进行监督检查时,应当出示证件,并为被检查单位保守技术秘密和业务秘密。

第四十九条 任何单位和个人对违反本条例的行为,有权向生态环境主管部门和其他有关部门检举;对生态环境主管部门和其他有关部门未依法履行监督管理职责的行为,有权向本级人民政府、上级人民政府有关部门检举。接到举报的有关人民政府、生态环境主管部门和其他有关部门对有关举报应当及时核实、处理。

第六章 法律责任

第五十条 违反本条例规定,县级以上人民政府生态环境主管部门有下列行为之一的,对直接负责的主管人员和其他直接责任人员,依法给予行政处分;构成犯罪的,依法追究刑事责任:

(一)向不符合本条例规定条件的单位颁发许可证或者批准不符合本条例规定条件的单位进口、转让放射性同位素的;

(二)发现未依法取得许可证的单位擅自生产、销售、使用放射性同位素和射线装置,不予查处或者接到举报后不依法处理的;

（三）发现未经依法批准擅自进口、转让放射性同位素，不予查处或者接到举报后不依法处理的；

（四）对依法取得许可证的单位不履行监督管理职责或者发现违反本条例规定的行为不予查处的；

（五）在放射性同位素、射线装置安全和防护监督管理工作中有其他渎职行为的。

第五十一条 违反本条例规定，县级以上人民政府生态环境主管部门和其他有关部门有下列行为之一的，对直接负责的主管人员和其他直接责任人员，依法给予行政处分；构成犯罪的，依法追究刑事责任：

（一）缓报、瞒报、谎报或者漏报辐射事故的；

（二）未按照规定编制辐射事故应急预案或者不依法履行辐射事故应急职责的。

第五十二条 违反本条例规定，生产、销售、使用放射性同位素和射线装置的单位有下列行为之一的，由县级以上人民政府生态环境主管部门责令停止违法行为，限期改正；逾期不改正的，责令停产停业或者由原发证机关吊销许可证；有违法所得的，没收违法所得；违法所得10万元以上的，并处违法所得1倍以上5倍以下的罚款；没有违法所得或者违法所得不足10万元的，并处1万元以上10万元以下的罚款：

（一）无许可证从事放射性同位素和射线装置生产、销售、使用活动的；

（二）未按照许可证的规定从事放射性同位素和射线装

置生产、销售、使用活动的；

（三）改变所从事活动的种类或者范围以及新建、改建或者扩建生产、销售、使用设施或者场所，未按照规定重新申请领取许可证的；

（四）许可证有效期届满，需要延续而未按照规定办理延续手续的；

（五）未经批准，擅自进口或者转让放射性同位素的。

第五十三条 违反本条例规定，生产、销售、使用放射性同位素和射线装置的单位变更单位名称、地址、法定代表人，未依法办理许可证变更手续的，由县级以上人民政府生态环境主管部门责令限期改正，给予警告；逾期不改正的，由原发证机关暂扣或者吊销许可证。

第五十四条 违反本条例规定，生产、销售、使用放射性同位素和射线装置的单位部分终止或者全部终止生产、销售、使用活动，未按照规定办理许可证变更或者注销手续的，由县级以上人民政府生态环境主管部门责令停止违法行为，限期改正；逾期不改正的，处1万元以上10万元以下的罚款；造成辐射事故，构成犯罪的，依法追究刑事责任。

第五十五条 违反本条例规定，伪造、变造、转让许可证的，由县级以上人民政府生态环境主管部门收缴伪造、变造的许可证或者由原发证机关吊销许可证，并处5万元以上10万元以下的罚款；构成犯罪的，依法追究刑事责任。

违反本条例规定，伪造、变造、转让放射性同位素进口和转让批准文件的,由县级以上人民政府生态环境主管部门收缴伪造、变造的批准文件或者由原批准机关撤销批准文件,并处 5 万元以上 10 万元以下的罚款;情节严重的,可以由原发证机关吊销许可证;构成犯罪的,依法追究刑事责任。

第五十六条 违反本条例规定,生产、销售、使用放射性同位素的单位有下列行为之一的,由县级以上人民政府生态环境主管部门责令限期改正,给予警告;逾期不改正的,由原发证机关暂扣或者吊销许可证:

(一)转入、转出放射性同位素未按照规定备案的;

(二)将放射性同位素转移到外省、自治区、直辖市使用,未按照规定备案的;

(三)将废旧放射源交回生产单位、返回原出口方或者送交放射性废物集中贮存单位贮存,未按照规定备案的。

第五十七条 违反本条例规定,生产、销售、使用放射性同位素和射线装置的单位有下列行为之一的,由县级以上人民政府生态环境主管部门责令停止违法行为,限期改正;逾期不改正的,处 1 万元以上 10 万元以下的罚款:

(一)在室外、野外使用放射性同位素和射线装置,未按照国家有关安全和防护标准的要求划出安全防护区域和设置明显的放射性标志的;

(二)未经批准擅自在野外进行放射性同位素示踪试验的。

第五十八条 违反本条例规定,生产放射性同位素的单位有下列行为之一的,由县级以上人民政府生态环境主管部门责令限期改正,给予警告;逾期不改正的,依法收缴其未备案的放射性同位素和未编码的放射源,处5万元以上10万元以下的罚款,并可以由原发证机关暂扣或者吊销许可证:

(一)未建立放射性同位素产品台账的;

(二)未按照国务院生态环境主管部门制定的编码规则,对生产的放射源进行统一编码的;

(三)未将放射性同位素产品台账和放射源编码清单报国务院生态环境主管部门备案的;

(四)出厂或者销售未列入产品台账的放射性同位素和未编码的放射源的。

第五十九条 违反本条例规定,生产、销售、使用放射性同位素和射线装置的单位有下列行为之一的,由县级以上人民政府生态环境主管部门责令停止违法行为,限期改正;逾期不改正的,由原发证机关指定有处理能力的单位代为处理或者实施退役,费用由生产、销售、使用放射性同位素和射线装置的单位承担,并处1万元以上10万元以下的罚款:

(一)未按照规定对废旧放射源进行处理的;

(二)未按照规定对使用Ⅰ类、Ⅱ类、Ⅲ类放射源的场所和生产放射性同位素的场所,以及终结运行后产生放射性污染的射线装置实施退役的。

第六十条 违反本条例规定,生产、销售、使用放射性同位素和射线装置的单位有下列行为之一的,由县级以上人民政府生态环境主管部门责令停止违法行为,限期改正;逾期不改正的,责令停产停业,并处2万元以上20万元以下的罚款;构成犯罪的,依法追究刑事责任:

(一)未按照规定对本单位的放射性同位素、射线装置安全和防护状况进行评估或者发现安全隐患不及时整改的;

(二)生产、销售、使用、贮存放射性同位素和射线装置的场所未按照规定设置安全和防护设施以及放射性标志的。

第六十一条 违反本条例规定,造成辐射事故的,由原发证机关责令限期改正,并处5万元以上20万元以下的罚款;情节严重的,由原发证机关吊销许可证;构成违反治安管理行为的,由公安机关依法予以治安处罚;构成犯罪的,依法追究刑事责任。

因辐射事故造成他人损害的,依法承担民事责任。

第六十二条 生产、销售、使用放射性同位素和射线装置的单位被责令限期整改,逾期不整改或者经整改仍不符合原发证条件的,由原发证机关暂扣或者吊销许可证。

第六十三条 违反本条例规定,被依法吊销许可证的单位或者伪造、变造许可证的单位,5年内不得申请领取许可证。

第六十四条 县级以上地方人民政府生态环境主管部门的行政处罚权限的划分,由省、自治区、直辖市人民政府确定。

第七章　附　　则

第六十五条　军用放射性同位素、射线装置安全和防护的监督管理,依照《中华人民共和国放射性污染防治法》第六十条的规定执行。

第六十六条　劳动者在职业活动中接触放射性同位素和射线装置造成的职业病的防治,依照《中华人民共和国职业病防治法》和国务院有关规定执行。

第六十七条　放射性同位素的运输,放射性同位素和射线装置生产、销售、使用过程中产生的放射性废物的处置,依照国务院有关规定执行。

第六十八条　本条例中下列用语的含义:

放射性同位素,是指某种发生放射性衰变的元素中具有相同原子序数但质量不同的核素。

放射源,是指除研究堆和动力堆核燃料循环范畴的材料以外,永久密封在容器中或者有严密包层并呈固态的放射性材料。

射线装置,是指 X 线机、加速器、中子发生器以及含放射源的装置。

非密封放射性物质,是指非永久密封在包壳里或者紧密地固结在覆盖层里的放射性物质。

转让,是指除进出口、回收活动之外,放射性同位素所有权或者使用权在不同持有者之间的转移。

伴有产生 X 射线的电器产品,是指不以产生 X 射线为目的,但在生产或者使用过程中产生 X 射线的电器产品。

辐射事故,是指放射源丢失、被盗、失控,或者放射性同位素和射线装置失控导致人员受到意外的异常照射。

第六十九条 本条例自 2005 年 12 月 1 日起施行。1989 年 10 月 24 日国务院发布的《放射性同位素与射线装置放射防护条例》同时废止。

中华人民共和国核出口管制条例

(1997 年 9 月 10 日中华人民共和国国务院令第 230 号发布 根据 2006 年 11 月 9 日《国务院关于修改〈中华人民共和国核出口管制条例〉的决定》修订)

第一条 为了加强对核出口的管制,防止核武器扩散,防范核恐怖主义行为,维护国家安全和社会公共利益,促进和平利用核能的国际合作,制定本条例。

第二条 本条例所称核出口,是指《核出口管制清单》(以下简称《管制清单》)所列的核材料、核设备和反应堆用非核材料等物项及其相关技术的贸易性出口及对外赠送、展览、科技合作和援助等方式进行的转移。

第三条 国家对核出口实行严格管制,严格履行所承担的不扩散核武器的国际义务。

国家严格限制铀浓缩设施、设备,辐照燃料后处理设施、设备,重水生产设施、设备等物项及其相关技术等核扩散敏感物项,以及可以用于核武器或者其他核爆炸装置的材料的出口。

第四条 核出口应当遵守国家有关法律、行政法规的规定,不得损害国家安全或者社会公共利益。

第五条 核出口审查、许可,应当遵循下列准则:

(一)接受方政府保证不将中国供应的核材料、核设备或者反应堆用非核材料以及通过其使用而生产的特种可裂变材料用于任何核爆炸目的。

(二)接受方政府保证对中国供应的核材料以及通过其使用而生产的特种可裂变材料采取适当的实物保护措施。

(三)接受方政府同国际原子能机构订有有效的全面保障协定。本项规定不适用于同国际原子能机构订有自愿保障协定的国家。

(四)接受方保证,未经中国国家原子能机构事先书面同意,不向第三方再转让中国所供应的核材料、核设备或者反应堆用非核材料及其相关技术;经事先同意进行再转让的,接受再转让的第三方应当承担相当于由中国直接供应所承担的义务。

(五)接受方政府保证,未经中国政府同意,不得利用中国供应的铀浓缩设施、技术或者以此技术为基础的任何设施生产富集度高于20%的浓缩铀。

第六条 核出口由国务院指定的单位专营,任何其他单位或者个人不得经营。

第七条 出口《管制清单》所列物项及其相关技术,应当向国家原子能机构提出申请,填写核出口申请表并提交下列文件:

(一) 申请人从事核出口的专营资格证明;

(二) 申请人的法定代表人、主要经营管理人以及经办人的身份证明;

(三) 合同或者协议的副本;

(四) 核材料或者反应堆用非核材料分析报告单;

(五) 最终用户证明;

(六) 接受方依照本条例第五条规定提供的保证证明;

(七) 审查机关要求提交的其他文件。

第八条 申请人应当如实填写核出口申请表。

核出口申请表由国家原子能机构统一印制。

第九条 核出口申请表上填报的事项发生变化的,申请人应当及时提出修正,或者重新提出出口申请。

申请人中止核出口时,应当及时撤回核出口申请。

第十条 国家原子能机构应当自收到核出口申请表及本条例第七条所列文件之日起15个工作日内,提出审查意见,并通知申请人;经审查同意的,应当区分情况,依照下列规定处理:

(一) 出口核材料的,转送国防科学技术工业委员会复审或者国防科学技术工业委员会会同有关部门复审;

（二）出口核设备或者反应堆用非核材料及其相关技术的，转送商务部复审或者商务部会同国防科学技术工业委员会等有关部门复审。

国防科学技术工业委员会、商务部应当自收到国家原子能机构转送的核出口申请表和本条例第七条所列文件及审查意见之日起 15 个工作日内提出复审意见，并通知申请人。

国家原子能机构、国防科学技术工业委员会、商务部因特殊情况，需要延长审查或者复审期限的，可以延长 15 个工作日，但是应当通知申请人。

第十一条 对国家安全、社会公共利益或者外交政策有重要影响的核出口，国家原子能机构、国防科学技术工业委员会、商务部审查或者复审时，应当会商外交部等有关部门；必要时，应当报国务院审批。

报国务院审批的，不受本条例第十条规定时限的限制。

第十二条 核出口申请依照本条例规定经复审或者审批同意的，由商务部颁发核出口许可证。

第十三条 核出口许可证持有人改变原申请出口的物项及其相关技术的，应当交回原许可证，并依照本条例的规定，重新申请、领取核出口许可证。

第十四条 商务部颁发核出口许可证后，应当书面通知国家原子能机构。

第十五条 核出口专营单位进行核出口时，应当向海关出具核出口许可证，依照海关法的规定办理海关手续，并接受海关监管。

第十六条　海关可对出口经营者出口的物项及其技术是否需要办理核出口证件提出质疑，并可要求其向商务部申请办理是否属于核出口管制范围的证明文件；属于核出口管制范围的，应当依照本条例的规定申请取得核出口许可证。

第十七条　接受方或者其政府违反其依照本条例第五条规定作出的保证，或者出现核扩散、核恐怖主义危险时，国防科学技术工业委员会、商务部会同外交部等有关部门，有权作出中止出口有关物项或者相关技术的决定，并书面通知海关执行。

第十八条　违反本条例规定，出口核材料、核设备、反应堆用非核材料的，依照海关法的规定处罚。

违反本条例规定，出口《管制清单》所列有关技术的，由商务部给予警告，处违法经营额1倍以上5倍以下罚款；违法经营额不足5万元的，处5万元以上25万元以下罚款；有违法所得的，没收违法所得；构成犯罪的，依法追究刑事责任。

第十九条　伪造、变造、买卖核出口许可证，或者以欺骗等不正当手段获取核出口许可证的，依照有关法律、行政法规的规定处罚；构成犯罪的，依法追究刑事责任。

第二十条　国家核出口管制工作人员玩忽职守、徇私舞弊或者滥用职权，构成犯罪的，依法追究刑事责任；尚不构成犯罪的，依法给予行政处分。

第二十一条　国家原子能机构会同国防科学技术工业委员会、商务部、外交部、海关总署等有关部门根据实际情况，可以对《管制清单》进行调整，并予以公布。

第二十二条　中华人民共和国缔结或者参加的国际条约同本条例有不同规定的，适用国际条约的规定；但是，中华人民共和国声明保留的条款除外。

第二十三条　《管制清单》所列物项及其相关技术从保税仓库、保税区、出口加工区等海关特殊监管区域、保税场所出口，适用本条例的规定。

《管制清单》所列物项及其相关技术的过境、转运、通运，参照本条例的规定执行。

第二十四条　本条例自发布之日起施行。

中华人民共和国核两用品及相关技术出口管制条例

（1998年6月10日中华人民共和国国务院令第245号发布　根据2007年1月26日《国务院关于修改〈中华人民共和国核两用品及相关技术出口管制条例〉的决定》修订）

第一条　为了加强对核两用品及相关技术出口的管制，防止核武器扩散，防范核恐怖主义行为，促进和平利用核能的国际合作，维护国家安全和社会公共利益，制定本条例。

第二条　本条例所称核两用品及相关技术出口，是指

《核两用品及相关技术出口管制清单》（以下简称《管制清单》）所列的设备、材料、软件和相关技术的贸易性出口及对外赠送、展览、科技合作、援助、服务和以其他方式进行的转移。

第三条 国家对核两用品及相关技术出口实行严格管制，严格履行所承担的不扩散核武器的国际义务，防止核两用品及相关技术用于核爆炸目的或者核恐怖主义行为。

为维护国家安全以及国际和平与安全，国家对核两用品及相关技术出口可以采取任何必要的措施。

第四条 核两用品及相关技术出口，应当遵守国家有关法律、行政法规和本条例的规定，不得损害国家安全和社会公共利益。

第五条 国家对核两用品及相关技术出口实行许可证管理制度。

第六条 核两用品及相关技术出口的许可，应当基于接受方的如下保证：

（一）接受方保证，不将中国供应的核两用品及相关技术或者其任何复制品用于核爆炸目的以及申明的最终用途以外的其他用途。

（二）接受方保证，不将中国供应的核两用品及相关技术或者其任何复制品用于未接受国际原子能机构保障监督的核燃料循环活动。本项规定不适用于同国际原子能机构订有自愿保障协定的国家。

（三）接受方保证，未经中国政府允许，不将中国供应的核两用品及相关技术或者其任何复制品向申明的最终用户以外的第三方转让。

第七条 从事核两用品及相关技术出口的经营者,须经商务部登记。未经登记,任何单位或者个人不得经营核两用品及相关技术出口。登记的具体办法由商务部规定。

第八条 出口《管制清单》所列的核两用品及相关技术,应当向商务部提出申请,填写核两用品及相关技术出口申请表(以下简称出口申请表),并提交下列文件:

(一)申请人的法定代表人、主要经营管理人以及经办人的身份证明;

(二)合同或者协议的副本;

(三)核两用品及相关技术的技术说明或者检测报告;

(四)最终用户和最终用途证明;

(五)本条例第六条规定的保证文书;

(六)商务部要求提交的其他文件。

第九条 核两用品及相关技术出口,属于参加境外展览、中方在境外自用、境外检修,并在规定期限内复运进境的,或者属于境内检修复运出境以及商务部规定的其他情形的,在申请时经商务部审查同意,可以免予提交本条例第八条规定的有关文件。

第十条 申请人应当如实填写出口申请表。

出口申请表由商务部统一印制。

第十一条 商务部应当自收到出口申请表和本条例第八条规定的文件之日起,会同国家原子能机构或者会同国家原子能机构商有关部门,涉及外交政策的,并商外交部,进行审查并在 45 个工作日内作出许可或者不许可的决定。

第十二条 对国家安全、社会公共利益或者外交政策有重大影响的核两用品及相关技术出口,商务部会同有关部门报国务院批准。

报国务院批准的,不受本条例第十一条规定时限的限制。

第十三条 核两用品及相关技术出口申请经审查许可的,由商务部颁发核两用品及相关技术出口许可证件(以下简称出口许可证件)。

第十四条 出口许可证件持有人改变原申请的核两用品及相关技术出口的,应当交回原出口许可证件,并依照本条例的有关规定,重新申请、领取出口许可证件。

第十五条 核两用品及相关技术出口时,出口经营者应当向海关出具出口许可证件,依照海关法的规定办理海关手续,并接受海关监管。

第十六条 海关可以对出口经营者出口的设备、材料、软件和相关技术是否需要办理核两用品及相关技术出口许可证件提出质疑,并可以要求其向商务部申请办理是否属于核两用品及相关技术出口管制范围的证明文件;属于核两用品及相关技术出口管制范围的,出口经营者应当依照本条例的规定申请取得核两用品及相关技术出口许可证件。具体办法由海关总署会同商务部制定。

第十七条 接受方违反其依照本条例第六条规定作出的保证,或者出现核扩散、核恐怖主义行为危险时,商务部应当对已经颁发的出口许可证件予以中止或者撤销,并书面通知有关部门。

第十八条 出口经营者应当建立、健全核两用品及相关技术出口的内部控制机制,并妥善保存有关合同、发票、单据、业务函电等资料,保存期限不少于5年。商务部可以查阅、复制相关资料。

第十九条 出口经营者知道或者应当知道,或者得到商务部通知,其所出口的设备、材料、软件和相关技术存在核扩散风险或者可能被用于核恐怖主义目的的,即使该设备、材料、软件和相关技术未列入《管制清单》,也应当依照本条例的规定执行。

第二十条 经国务院批准,商务部会同有关部门,可以临时决定对《管制清单》以外的特定核两用品及相关技术的出口依照本条例实施管制。

前款规定的特定核两用品及相关技术的出口,应当依照本条例的规定经过许可。

第二十一条 商务部组织有关方面的专家组成核两用品及相关技术出口管制咨询委员会,承担核两用品及相关技术出口管制的咨询、评估、论证等工作。

第二十二条 商务部或者商务部会同有关部门可以对涉嫌违反本条例规定的行为进行调查、制止。必要时,商务部可以将拟出境的设备、材料、软件和相关技术的有关情况通报海关,对其中属于海关监管货物的,海关可以查验和扣留。对海关监管区域外不属于海关监管货物的,商务部可以查封或者扣留。有关单位和个人应当予以配合、协助。

第二十三条 违反本条例的规定，出口核两用品的，依照海关法的规定处罚。

违反本条例的规定，出口核两用品相关技术的，由商务部给予警告，处违法经营额 1 倍以上 5 倍以下的罚款；违法经营额不足 5 万元的，处 5 万元以上 25 万元以下的罚款；有违法所得的，没收违法所得；构成犯罪的，依法追究刑事责任。

第二十四条 伪造、变造或者买卖出口许可证件的，依照有关法律、行政法规的规定处罚；构成犯罪的，依法追究刑事责任。

以欺骗或者其他不正当手段获取出口许可证件的，由商务部收缴其出口许可证件，处违法经营额 1 倍以上 5 倍以下的罚款；违法经营额不足 5 万元的，处 5 万元以上 25 万元以下的罚款；有违法所得的，没收违法所得；构成犯罪的，依法追究刑事责任。

第二十五条 对核两用品及相关技术出口实施管制的国家工作人员玩忽职守、徇私舞弊或者滥用职权，构成犯罪的，依法追究刑事责任；尚不构成犯罪的，依法给予处分。

第二十六条 商务部会同国家原子能机构和有关部门，可以根据实际情况对《管制清单》进行调整，并予以公布。

第二十七条 中华人民共和国缔结或者参加的国际条约同本条例有不同规定的，适用国际条约的规定；但是，中华人民共和国声明保留的条款除外。

第二十八条 核两用品及相关技术从保税区、出口加工区等海关特殊监管区域和出口监管仓库、保税物流中心等保税监管场所出口，适用本条例的规定。

核两用品及相关技术的过境、转运、通运，参照本条例的规定执行。

第二十九条 本条例自发布之日起施行。

国家核应急预案

（2013 年 6 月 30 日修订）

1 总 则

1.1 编制目的

依法科学统一、及时有效应对处置核事故，最大程度控制、减轻或消除事故及其造成的人员伤亡和财产损失，保护环境，维护社会正常秩序。

1.2 编制依据

《中华人民共和国突发事件应对法》、《中华人民共和国放射性污染防治法》、《核电厂核事故应急管理条例》、《放射性物品运输安全管理条例》、《国家突发公共事件总体应急预案》和相关国际公约等。

1.3 适用范围

本预案适用于我国境内核设施及有关核活动已经或可能发生的核事故。境外发生的对我国大陆已经或可能造成影响的核事故应对工作参照本预案进行响应。

1.4 工作方针和原则

国家核应急工作贯彻执行常备不懈、积极兼容，统一指挥、大力协同，保护公众、保护环境的方针；坚持统一领导、分级负责、条块结合、快速反应、科学处置的工作原则。核事故发生后，核设施营运单位、地方政府及其有关部门和国家核事故应急协调委员会（以下简称国家核应急协调委）成员单位立即自动按照职责分工和相关预案开展前期处置工作。核设施营运单位是核事故场内应急工作的主体，省级人民政府是本行政区域核事故场外应急工作的主体。国家根据核应急工作需要给予必要的协调和支持。

2 组织体系

2.1 国家核应急组织

国家核应急协调委负责组织协调全国核事故应急准备和应急处置工作。国家核应急协调委主任委员由工业和信息化部部长担任。日常工作由国家核事故应急办公室（以下简称国家核应急办）承担。必要时，成立国家核事故应急指挥部，统一领导、组织、协调全国的核事故应对工作。指挥部总指挥由国务院领导同志担任。视情成立前方工作组,在国家核事故应急指挥部的领导下开展工作。

国家核应急协调委设立专家委员会,由核工程与核技术、核安全、辐射监测、辐射防护、环境保护、交通运输、医学、气象学、海洋学、应急管理、公共宣传等方面专家组成,为国家核应急工作重大决策和重要规划以及核事故应对工作提供咨询和建议。

国家核应急协调委设立联络员组,由成员单位司、处级和核设施营运单位所属集团公司(院)负责同志组成,承担国家核应急协调委交办的事项。

2.2 省(自治区、直辖市)核应急组织

省级人民政府根据有关规定和工作需要成立省(自治区、直辖市)核应急委员会(以下简称省核应急委),由有关职能部门、相关市县、核设施营运单位的负责同志组成,负责本行政区域核事故应急准备与应急处置工作,统一指挥本行政区域核事故场外应急响应行动。省核应急委设立专家组,提供决策咨询;设立省核事故应急办公室(以下称省核应急办),承担省核应急委的日常工作。

未成立核应急委的省级人民政府指定部门负责本行政区域核事故应急准备与应急处置工作。

必要时,由省级人民政府直接领导、组织、协调本行政区域场外核应急工作,支援核事故场内核应急响应行动。

2.3 核设施营运单位核应急组织

核设施营运单位核应急指挥部负责组织场内核应急准备与应急处置工作,统一指挥本单位的核应急响应行动,

配合和协助做好场外核应急准备与响应工作，及时提出进入场外应急状态和采取场外应急防护措施的建议。核设施营运单位所属集团公司（院）负责领导协调核设施营运单位核应急准备工作，事故情况下负责调配其应急资源和力量，支援核设施营运单位的响应行动。

3 核设施核事故应急响应

3.1 响应行动

核事故发生后，各级核应急组织根据事故的性质和严重程度，实施以下全部或部分响应行动。

3.1.1 事故缓解和控制

迅速组织专业力量、装备和物资等开展工程抢险，缓解并控制事故，使核设施恢复到安全状态，最大程度防止、减少放射性物质向环境释放。

3.1.2 辐射监测和后果评价

开展事故现场和周边环境（包括空中、陆地、水体、大气、农作物、食品和饮水等）放射性监测，以及应急工作人员和公众受照剂量的监测等。实时开展气象、水文、地质、地震等观（监）测预报；开展事故工况诊断和释放源项分析，研判事故发展趋势，评价辐射后果，判定受影响区域范围，为应急决策提供技术支持。

3.1.3 人员放射性照射防护

当事故已经或可能导致碘放射性同位素释放的情况下，

按照辐射防护原则及管理程序，及时组织有关工作人员和公众服用稳定碘，减少甲状腺的受照剂量。根据公众可能接受的辐射剂量和保护公众的需要，组织放射性烟羽区有关人员隐蔽；组织受影响地区居民向安全地区撤离。根据受污染地区实际情况，组织居民从受污染地区临时迁出或永久迁出，异地安置，避免或减少地面放射性沉积物的长期照射。

3.1.4 去污洗消和医疗救治

去除或降低人员、设备、场所、环境等的放射性污染；组织对辐射损伤人员和非辐射损伤人员实施医学诊断及救治，包括现场救治、地方救治和专科救治。

3.1.5 出入通道和口岸控制

根据受事故影响区域具体情况，划定警戒区，设定出入通道，严格控制各类人员、车辆、设备和物资出入。对出入境人员、交通工具、集装箱、货物、行李物品、邮包快件等实施放射性污染检测与控制。

3.1.6 市场监管和调控

针对受事故影响地区市场供应及公众心理状况，及时进行重要生活必需品的市场监管和调控。禁止或限制受污染食品和饮水的生产、加工、流通和食用，避免或减少放射性物质摄入。

3.1.7 维护社会治安

严厉打击借机传播谣言制造恐慌等违法犯罪行为；在群众安置点、抢险救援物资存放点等重点地区，增设临时警务站，加强治安巡逻；强化核事故现场等重要场所警戒保卫，根据需要做好周边地区交通管制等工作。

3.1.8 信息报告和发布

按照核事故应急报告制度的有关规定，核设施营运单位及时向国家核应急办、省核应急办、核电主管部门、核安全监管部门、所属集团公司（院）报告、通报有关核事故及核应急响应情况；接到事故报告后，国家核应急协调委、核事故发生地省级人民政府要及时、持续向国务院报告有关情况。第一时间发布准确、权威信息。核事故信息发布办法由国家核应急协调委另行制订，报国务院批准后实施。

3.1.9 国际通报和援助

国家核应急协调委统筹协调核应急国际通报与国际援助工作。按照《及早通报核事故公约》的要求，当核事故造成或可能造成超越国界的辐射影响时，国家核应急协调委通过核应急国家联络点向国际原子能机构通报。向有关国家和地区的通报工作，由外交部按照双边或多边核应急合作协议办理。

必要时，国家核应急协调委提出请求国际援助的建议，报请国务院批准后，由国家原子能机构会同外交部按照《核事故或辐射紧急情况援助公约》的有关规定办理。

3.2 **指挥和协调**

根据核事故性质、严重程度及辐射后果影响范围，核设施核事故应急状态分为应急待命、厂房应急、场区应急、场外应急（总体应急），分别对应Ⅳ级响应、Ⅲ级响应、Ⅱ级响应、Ⅰ级响应。

3.2.1 Ⅳ级响应

3.2.1.1 启动条件

当出现可能危及核设施安全运行的工况或事件,核设施进入应急待命状态,启动Ⅳ级响应。

3.2.1.2 应急处置

(1) 核设施营运单位进入戒备状态,采取预防或缓解措施,使核设施保持或恢复到安全状态,并及时向国家核应急办、省核应急办、核电主管部门、核安全监管部门、所属集团公司(院)提出相关建议;对事故的性质及后果进行评价。

(2) 省核应急组织密切关注事态发展,保持核应急通信渠道畅通;做好公众沟通工作,视情组织本省部分核应急专业力量进入待命状态。

(3) 国家核应急办研究决定启动Ⅳ级响应,加强与相关省核应急组织和核设施营运单位及其所属集团公司(院)的联络沟通,密切关注事态发展,及时向国家核应急协调委成员单位通报情况。各成员单位做好相关应急准备。

3.2.1.3 响应终止

核设施营运单位组织评估,确认核设施已处于安全状态后,提出终止应急响应建议报国家和省核应急办,国家核应急办研究决定终止Ⅳ级响应。

3.2.2 Ⅲ级响应

3.2.2.1 启动条件

当核设施出现或可能出现放射性物质释放,事故后果影响范围仅限于核设施场区局部区域，核设施进入厂房应急状态，启动Ⅲ级响应。

3.2.2.2 应急处置

在Ⅳ级响应的基础上，加强以下应急措施：

（1）核设施营运单位采取控制事故措施，开展应急辐射监测和气象观测，采取保护工作人员的辐射防护措施；加强信息报告工作，及时提出相关建议；做好公众沟通工作。

（2）省核应急委组织相关成员单位、专家组会商，研究核应急工作措施；视情组织本省核应急专业力量开展辐射监测和气象观测。

（3）国家核应急协调委研究决定启动Ⅲ级响应，组织国家核应急协调委有关成员单位及专家委员会开展趋势研判、公众沟通等工作；协调、指导地方和核设施营运单位做好核应急有关工作。

3.2.2.3 响应终止

核设施营运单位组织评估，确认核设施已处于安全状态后，提出终止应急响应建议报国家核应急协调委和省核应急委，国家核应急协调委研究决定终止Ⅲ级响应。

3.2.3 Ⅱ级响应

3.2.3.1 启动条件

当核设施出现或可能出现放射性物质释放，事故后果影响扩大到整个场址区域（场内），但尚未对场址区域外公众和环境造成严重影响，核设施进入场区应急状态，启动Ⅱ级响应。

3.2.3.2 应急处置

在Ⅲ级响应的基础上，加强以下应急措施：

（1）核设施营运单位组织开展工程抢险；撤离非应急人员，控制应急人员辐射照射；进行污染区标识或场区警戒，对出入场区人员、车辆等进行污染监测；做好与外部救援力量的协同准备。

（2）省核应急委组织实施气象观测预报、辐射监测，组织专家分析研判趋势；及时发布通告，视情采取交通管制、控制出入通道、心理援助等措施；根据信息发布办法的有关规定，做好信息发布工作，协调调配本行政区域核应急资源给予核设施营运单位必要的支援，做好医疗救治准备等工作。

（3）国家核应急协调委研究决定启动Ⅱ级响应，组织国家核应急协调委相关成员单位、专家委员会会商，开展综合研判；按照有关规定组织权威信息发布，稳定社会秩序；根据有关省级人民政府、省核应急委或核设施营运单位的请求，为事故缓解和救援行动提供必要的支持；视情组织国家核应急力量指导开展辐射监测、气象观测预报、医疗救治等工作。

3.2.3.3 响应终止

核设施营运单位组织评估，确认核设施已处于安全状态后，提出终止应急响应建议报国家核应急协调委和省核应急委，国家核应急协调委研究决定终止Ⅱ级响应。

3.2.4　Ⅰ级响应

3.2.4.1　启动条件

当核设施出现或可能出现向环境释放大量放射性物质，事故后果超越场区边界，可能严重危及公众健康和环境安全，进入场外应急状态，启动Ⅰ级响应。

3.2.4.2　应急处置

（1）核设施营运单位组织工程抢险，缓解、控制事故，开展事故工况诊断、应急辐射监测；采取保护场内工作人员的防护措施，撤离非应急人员，控制应急人员辐射照射，对受伤或受照人员进行医疗救治；标识污染区，实施场区警戒，对出入场区人员、车辆等进行放射性污染监测；及时提出公众防护行动建议；对事故的性质及后果进行评价；协同外部救援力量做好抢险救援等工作；配合国家核应急协调委和省核应急委做好公众沟通和信息发布等工作。

（2）省核应急委组织实施场外应急辐射监测、气象观测预报，组织专家进行趋势分析研判，协调、调配本行政区域内核应急资源，向核设施营运单位提供必要的交通、电力、水源、通信等保障条件支援；及时发布通告，视情采取交通管制、发放稳定碘、控制出入通道、控制食品和饮水、医疗救治、心理援助、去污洗消等措施，适时组织实施受影响区域公众的隐蔽、撤离、临时避迁、永久再定居；根据信息发布办法的有关规定，做好信息发布工作，组织开展公众沟通等工作；及时向事故后果影响或可能影响的邻近省（自治区、直辖市）通报事故情况，提出相应建议。

（3）国家核应急协调委向国务院提出启动Ⅰ级响应建议，国务院决定启动Ⅰ级响应。国家核应急协调委组织协调核应急处置工作。必要时，国务院成立国家核事故应急指挥部，统一领导、组织、协调全国核应急处置工作。国家核事故应急指挥部根据工作需要设立事故抢险、辐射监测、医学救援、放射性污染物处置、群众生活保障、信息发布和宣传报道、涉外事务、社会稳定、综合协调等工作组。

国家核事故应急指挥部或国家核应急协调委对以下任务进行部署，并组织协调有关地区和部门实施：

①组织国家核应急协调委相关成员单位、专家委员会会商，开展事故工况诊断、释放源项分析、辐射后果预测评价等，科学研判趋势，决定核应急对策措施。

②派遣国家核应急专业救援队伍，调配专业核应急装备参与事故抢险工作，抑制或缓解事故、防止或控制放射性污染等。

③组织协调国家和地方辐射监测力量对已经或可能受核辐射影响区域的环境（包括空中、陆地、水体、大气、农作物、食品和饮水等）进行放射性监测。

④组织协调国家和地方医疗卫生力量和资源，指导和支援受影响地区开展辐射损伤人员医疗救治、心理援助，以及去污洗消、污染物处置等工作。

⑤统一组织核应急信息发布。

⑥跟踪重要生活必需品的市场供求信息，开展市场监管和调控。

⑦组织实施农产品出口管制，对出境人员、交通工具、集装箱、货物、行李物品、邮包快件等进行放射性沾污检测与控制。

⑧按照有关规定和国际公约的要求，做好向国际原子能机构、有关国家和地区的国际通报工作；根据需要提出国际援助请求。

⑨其他重要事项。

3.2.4.3 响应终止

当核事故已得到有效控制，放射性物质的释放已经停止或者已经控制到可接受的水平，核设施基本恢复到安全状态，由国家核应急协调委提出终止Ⅰ级响应建议，报国务院批准。视情成立的国家核事故应急指挥部在应急响应终止后自动撤销。

4 核设施核事故后恢复行动

应急响应终止后，省级人民政府及其有关部门、核设施营运单位等立即按照职责分工组织开展恢复行动。

4.1 场内恢复行动

核设施营运单位负责场内恢复行动，并制订核设施恢复规划方案，按有关规定报上级有关部门审批，报国家核应急协调委和省核应急委备案。国家核应急协调委、省核应急委、有关集团公司（院）视情对场内恢复行动提供必要的指导和支持。

4.2 场外恢复行动

省核应急委负责场外恢复行动，并制订场外恢复规划方案，经国家核应急协调委核准后报国务院批准。场外恢复行动主要任务包括：全面开展环境放射性水平调查和评价，进行综合性恢复整治；解除紧急防护行动措施，尽快恢复受影响地区生产生活等社会秩序，进一步做好转移居民的安置工作；对工作人员和公众进行剂量评估，开展科普宣传，提供咨询和心理援助等。

5 其他核事故应急响应

对乏燃料运输事故、涉核航天器坠落事故等，根据其可能产生的辐射后果及影响范围，国家和受影响省（自治区、直辖市）核应急组织及营运单位进行必要的响应。

5.1 乏燃料运输事故

乏燃料运输事故发生后，营运单位应在第一时间报告所属集团公司（院）、事故发生地省级人民政府有关部门和县级以上人民政府环境保护部门、国家核应急协调委，并按照本预案和乏燃料运输事故应急预案立即组织开展应急处置工作。必要时，国家核应急协调委组织有关成员单位予以支援。

5.2 台湾地区核事故

台湾地区发生核事故可能或已经对大陆造成辐射影响时，参照本预案组织应急响应。台办会同国家核应急办向台湾有关方面了解情况和对大陆的需求，上报国务院。国务院根据情况，协调调派国家核应急专业力量协助救援。

5.3 其他国家核事故

其他国家发生核事故已经或可能对我国产生影响时，由国家核应急协调委参照本预案统一组织开展信息收集与发布、辐射监测、部门会商、分析研判、口岸控制、市场调控、国际通报及援助等工作。必要时，成立国家核事故应急指挥部，统一领导、组织、协调核应急响应工作。

5.4 涉核航天器坠落事故

涉核航天器坠落事故已经或可能对我国局部区域产生辐射影响时，由国家核应急协调委参照本预案组织开展涉核航天器污染碎片搜寻与收集、辐射监测、环境去污、分析研判、信息通报等工作。

6 应急准备和保障措施

6.1 技术准备

国家核应急协调委依托各成员单位、相关集团公司（院）和科研院所现有能力，健全完善辐射监测、航空监测、气象监测预报、地震监测、海洋监测、辐射防护、医学应急等核应急专业技术支持体系，组织开展核应急技术研究、标准制定、救援专用装备设备以及后果评价系统和决策支持系统等核应急专用软硬件研发，指导省核应急委、核设施营运单位做好相关技术准备。省核应急委、核设施营运单位按照本预案和本级核应急预案的要求，加强有关核应急技术准备工作。

6.2 队伍准备

国家核应急协调委依托各成员单位、相关集团公司（院）和科研院所现有能力，加强突击抢险、辐射监测、去污洗消、污染控制、辐射防护、医学救援等专业救援队伍建设，配备必要的专业物资装备，强化专业培训和应急演习。省核应急委、核设施营运单位及所属集团公司（院），按照职责分工加强相关核应急队伍建设，强化日常管理和培训，切实提高应急处置能力。国家、省、核设施运营单位核应急组织加强核应急专家队伍建设，为应急指挥辅助决策、工程抢险、辐射监测、医学救治、科普宣传等提供人才保障。

6.3 物资保障

国家、省核应急组织及核设施营运单位建立健全核应急器材装备的研发、生产和储备体系，保障核事故应对工作需要。国家核应急协调委完善辐射监测与防护、医疗救治、气象监测、事故抢险、去污洗消以及动力、通信、交通运输等方面器材物资的储备机制和生产商登记机制，做好应急物资调拨和紧急配送工作方案。省核应急委储备必要的应急物资，重点加强实施场外应急所需的辐射监测、医疗救治、人员安置和供电、供水、交通运输、通信等方面物资的储备。核设施营运单位及其所属集团公司（院）重点加强缓解事故、控制事故、工程抢险所需的移动电源、供水、管线、辐射防护器材、专用工具设备等储备。

6.4 资金保障

国家、省核应急准备所需资金分别由中央财政和地方财政安排。核电厂的核应急准备所需资金由核电厂自行筹措。其他核设施的核应急准备资金按照现有资金渠道筹措。

6.5 通信和运输保障

国家、省核应急组织、核设施营运单位及其所属集团公司（院）加强核应急通信与网络系统建设，形成可靠的通信保障能力，确保核应急期间通信联络和信息传递需要。交通运输、公安等部门健全公路、铁路、航空、水运紧急运输保障体系，完善应急联动工作机制，保障应急响应所需人员、物资、装备、器材等的运输。

6.6 培训和演习

6.6.1 培训

各级核应急组织建立培训制度，定期对核应急管理人员和专业队伍进行培训。国家核应急办负责国家核应急协调委成员单位、省核应急组织和核设施营运单位核应急组织负责人及骨干的培训。省核应急组织和核设施营运单位负责各自核应急队伍专业技术培训，国家核应急办及国家核应急协调委有关成员单位给予指导。

6.6.2 演习

各级核应急组织应当根据实际情况采取桌面推演、实战演习等方式，经常开展应急演习，以检验、保持和提高核应急响应能力。国家级核事故应急联合演习由国家核应急协调委组织实施，一般3至5年举行一次；国家核应急协调委成员单位根据需要分别组织单项演练。省级核应急联合演习，一般2至4年举行一次，由省核应急委组织，核设施营运单位参加。核设施营运单位综合演习每2年组织1次，拥有3台以上运行机组的，综合演习频度适当增加。核电厂首次装投料前，由省核应急委组织场内外联合演习，核设施营运单位参加。

7 附 则

7.1 奖励和责任

对在核应急工作中作出突出贡献的先进集体和个人，按照国家有关规定给予表彰和奖励；对在核应急工作中玩忽职守造成损失的，虚报、瞒报核事故情况的，依据国家有关法律法规追究当事人的责任，构成犯罪的，依法追究其刑事责任。

7.2 预案管理

国家核应急协调委负责本预案的制订工作，报国务院批准后实施，并要在法律、行政法规、国际公约、组织指挥体系、重要应急资源等发生变化后，或根据实际应对、实战演习中发现的重大问题，及时修订完善本预案。预案实施后，国家核应急协调委组织预案宣传、培训和演习。

国家核应急协调委成员单位和省核应急委、核设施营运单位，结合各自职责和实际情况，制定本部门、本行政区域和本单位的核应急预案。省核应急预案要按有关规定报国家核应急协调委审查批准。国家核应急协调委成员单位和核设施营运单位预案报国家核应急协调委备案。

7.3 预案解释

本预案由国务院办公厅负责解释。

7.4 预案实施

本预案自印发之日起实施。

突发事件应急预案管理办法

（2024 年 1 月 31 日　国办发〔2024〕5 号）

第一章 总　则

第一条　为加强突发事件应急预案（以下简称应急预案）体系建设，规范应急预案管理，增强应急预案的针对性、实用性和可操作性，依据《中华人民共和国突发事件应对法》等法律、行政法规，制定本办法。

第二条　本办法所称应急预案，是指各级人民政府及其部门、基层组织、企事业单位和社会组织等为依法、迅速、科学、有序应对突发事件，最大程度减少突发事件及其造成的损害而预先制定的方案。

第三条　应急预案的规划、编制、审批、发布、备案、培训、宣传、演练、评估、修订等工作,适用本办法。

第四条 应急预案管理遵循统一规划、综合协调、分类指导、分级负责、动态管理的原则。

第五条 国务院统一领导全国应急预案体系建设和管理工作,县级以上地方人民政府负责领导本行政区域内应急预案体系建设和管理工作。

突发事件应对有关部门在各自职责范围内,负责本部门(行业、领域)应急预案管理工作;县级以上人民政府应急管理部门负责指导应急预案管理工作,综合协调应急预案衔接工作。

第六条 国务院应急管理部门统筹协调各地区各部门应急预案数据库管理,推动实现应急预案数据共享共用。各地区各部门负责本行政区域、本部门(行业、领域)应急预案数据管理。

县级以上人民政府及其有关部门要注重运用信息化数字化智能化技术,推进应急预案管理理念、模式、手段、方法等创新,充分发挥应急预案牵引应急准备、指导处置救援的作用。

第二章 分类与内容

第七条 按照制定主体划分,应急预案分为政府及其部门应急预案、单位和基层组织应急预案两大类。

政府及其部门应急预案包括总体应急预案、专项应急预案、部门应急预案等。

单位和基层组织应急预案包括企事业单位、村民委员会、居民委员会、社会组织等编制的应急预案。

第八条 总体应急预案是人民政府组织应对突发事件的总体制度安排。

总体应急预案围绕突发事件事前、事中、事后全过程，主要明确应对工作的总体要求、事件分类分级、预案体系构成、组织指挥体系与职责，以及风险防控、监测预警、处置救援、应急保障、恢复重建、预案管理等内容。

第九条 专项应急预案是人民政府为应对某一类型或某几种类型突发事件，或者针对重要目标保护、重大活动保障、应急保障等重要专项工作而预先制定的涉及多个部门职责的方案。

部门应急预案是人民政府有关部门根据总体应急预案、专项应急预案和部门职责，为应对本部门（行业、领域）突发事件，或者针对重要目标保护、重大活动保障、应急保障等涉及部门工作而预先制定的方案。

第十条 针对突发事件应对的专项和部门应急预案，主要规定县级以上人民政府或有关部门相关突发事件应对工作的组织指挥体系和专项工作安排，不同层级预案内容各有侧重，涉及相邻或相关地方人民政府、部门、单位任务的应当沟通一致后明确。

国家层面专项和部门应急预案侧重明确突发事件的应对原则、组织指挥机制、预警分级和事件分级标准、响应分级、信息报告要求、应急保障措施等,重点规范国家层面应对行动,同时体现政策性和指导性。

省级专项和部门应急预案侧重明确突发事件的组织指挥机制、监测预警、分级响应及响应行动、队伍物资保障及市县级人民政府职责等,重点规范省级层面应对行动,同时体现指导性和实用性。

市县级专项和部门应急预案侧重明确突发事件的组织指挥机制、风险管控、监测预警、信息报告、组织自救互救、应急处置措施、现场管控、队伍物资保障等内容,重点规范市(地)级和县级层面应对行动,落实相关任务,细化工作流程,体现应急处置的主体职责和针对性、可操作性。

第十一条 为突发事件应对工作提供通信、交通运输、医学救援、物资装备、能源、资金以及新闻宣传、秩序维护、慈善捐赠、灾害救助等保障功能的专项和部门应急预案侧重明确组织指挥机制、主要任务、资源布局、资源调用或应急响应程序、具体措施等内容。

针对重要基础设施、生命线工程等重要目标保护的专项和部门应急预案,侧重明确关键功能和部位、风险隐患及防范措施、监测预警、信息报告、应急处置和紧急恢复、应急联动等内容。

第十二条 重大活动主办或承办机构应当结合实际情况组织编制重大活动保障应急预案,侧重明确组织指挥体系、主要任务、安全风险及防范措施、应急联动、监测预警、信息报告、应急处置、人员疏散撤离组织和路线等内容。

第十三条 相邻或相关地方人民政府及其有关部门可以联合制定应对区域性、流域性突发事件的联合应急预案,侧重明确地方人民政府及其部门间信息通报、组织指挥体系对接、处置措施衔接、应急资源保障等内容。

第十四条 国家有关部门和超大特大城市人民政府可以结合行业(地区)风险评估实际,制定巨灾应急预案,统筹本部门(行业、领域)、本地区巨灾应对工作。

第十五条 乡镇(街道)应急预案重点规范乡镇(街道)层面应对行动,侧重明确突发事件的预警信息传播、任务分工、处置措施、信息收集报告、现场管理、人员疏散与安置等内容。

村(社区)应急预案侧重明确风险点位、应急响应责任人、预警信息传播与响应、人员转移避险、应急处置措施、应急资源调用等内容。

乡镇(街道)、村(社区)应急预案的形式、要素和内容等,可结合实际灵活确定,力求简明实用,突出人员转移避险,体现先期处置特点。

第十六条 单位应急预案侧重明确应急响应责任人、风险隐患监测、主要任务、信息报告、预警和应急响应、应急处置措施、人员疏散转移、应急资源调用等内容。

大型企业集团可根据相关标准规范和实际工作需要,建立本集团应急预案体系。

安全风险单一、危险性小的生产经营单位，可结合实际简化应急预案要素和内容。

第十七条 应急预案涉及的有关部门、单位等可以结合实际编制应急工作手册，内容一般包括应急响应措施、处置工作程序、应急救援队伍、物资装备、联络人员和电话等。

应急救援队伍、保障力量等应当结合实际情况，针对需要参与突发事件应对的具体任务编制行动方案，侧重明确应急响应、指挥协同、力量编成、行动设想、综合保障、其他有关措施等具体内容。

第三章 规划与编制

第十八条 国务院应急管理部门会同有关部门编制应急预案制修订工作计划，报国务院批准后实施。县级以上地方人民政府应急管理部门应当会同有关部门，针对本行政区域多发易发突发事件、主要风险等，编制本行政区域应急预案制修订工作计划，报本级人民政府批准后实施，并抄送上一级人民政府应急管理部门。

县级以上人民政府有关部门可以结合实际制定本部门（行业、领域）应急预案编制计划，并抄送同级应急管理部门。县级以上地方人民政府有关部门应急预案编制计划同时抄送上一级相应部门。

应急预案编制计划应当根据国民经济和社会发展规划、

突发事件应对工作实际，适时予以调整。

第十九条 县级以上人民政府总体应急预案由本级人民政府应急管理部门组织编制，专项应急预案由本级人民政府相关类别突发事件应对牵头部门组织编制。县级以上人民政府部门应急预案，乡级人民政府、单位和基层组织等应急预案由有关制定单位组织编制。

第二十条 应急预案编制部门和单位根据需要组成应急预案编制工作小组，吸收有关部门和单位人员、有关专家及有应急处置工作经验的人员参加。编制工作小组组长由应急预案编制部门或单位有关负责人担任。

第二十一条 编制应急预案应当依据有关法律、法规、规章和标准，紧密结合实际，在开展风险评估、资源调查、案例分析的基础上进行。

风险评估主要是识别突发事件风险及其可能产生的后果和次生（衍生）灾害事件，评估可能造成的危害程度和影响范围等。

资源调查主要是全面调查本地区、本单位应对突发事件可用的应急救援队伍、物资装备、场所和通过改造可以利用的应急资源状况，合作区域内可以请求援助的应急资源状况，重要基础设施容灾保障及备用状况，以及可以通过潜力转换提供应急资源的状况，为制定应急响应措施提供依据。必要时，也可根据突发事件应对需要，对本地区相关单位和居民所掌握的应急资源情况进行调查。

案例分析主要是对典型突发事件的发生演化规律、造成的后果和处置救援等情况进行复盘研究，必要时构建突发事件情景，总结经验教训，明确应对流程、职责任务和应对措施，为制定应急预案提供参考借鉴。

第二十二条 政府及其有关部门在应急预案编制过程中，应当广泛听取意见，组织专家论证，做好与相关应急预案及国防动员实施预案的衔接。涉及其他单位职责的，应当书面征求意见。必要时，向社会公开征求意见。

单位和基层组织在应急预案编制过程中，应根据法律法规要求或实际需要，征求相关公民、法人或其他组织的意见。

第四章 审批、发布、备案

第二十三条 应急预案编制工作小组或牵头单位应当将应急预案送审稿、征求意见情况、编制说明等有关材料报送应急预案审批单位。因保密等原因需要发布应急预案简本的，应当将应急预案简本一并报送审批。

第二十四条 应急预案审核内容主要包括：

（一）预案是否符合有关法律、法规、规章和标准等规定；

（二）预案是否符合上位预案要求并与有关预案有效衔接；

（三）框架结构是否清晰合理，主体内容是否完备；

（四）组织指挥体系与责任分工是否合理明确，应急响应级别设计是否合理，应对措施是否具体简明、管用可行；

（五）各方面意见是否一致；

（六）其他需要审核的内容。

第二十五条 国家总体应急预案按程序报党中央、国务院审批，以党中央、国务院名义印发。专项应急预案由预案编制牵头部门送应急管理部衔接协调后，报国务院审批，以国务院办公厅或者有关应急指挥机构名义印发。部门应急预案由部门会议审议决定、以部门名义印发，涉及其他部门职责的可与有关部门联合印发；必要时，可以由国务院办公厅转发。

地方各级人民政府总体应急预案按程序报本级党委和政府审批，以本级党委和政府名义印发。专项应急预案按程序送本级应急管理部门衔接协调，报本级人民政府审批，以本级人民政府办公厅（室）或者有关应急指挥机构名义印发。部门应急预案审批印发程序按照本级人民政府和上级有关部门的应急预案管理规定执行。

重大活动保障应急预案、巨灾应急预案由本级人民政府或其部门审批，跨行政区域联合应急预案审批由相关人民政府或其授权的部门协商确定，并参照专项应急预案或部门应急预案管理。

单位和基层组织应急预案须经本单位或基层组织主要负责人签发，以本单位或基层组织名义印发，审批方式根据所在地人民政府及有关行业管理部门规定和实际情况确定。

第二十六条 应急预案审批单位应当在应急预案印发后的 20 个工作日内，将应急预案正式印发文本（含电子文本）及编制说明，依照下列规定向有关单位备案并抄送有关部门：

（一）县级以上地方人民政府总体应急预案报上一级人民政府备案，径送上一级人民政府应急管理部门，同时抄送上一级人民政府有关部门；

（二）县级以上地方人民政府专项应急预案报上一级人民政府相应牵头部门备案，同时抄送上一级人民政府应急管理部门和有关部门；

（三）部门应急预案报本级人民政府备案，径送本级应急管理部门，同时抄送本级有关部门；

（四）联合应急预案按所涉及区域，依据专项应急预案或部门应急预案有关规定备案，同时抄送本地区上一级或共同上一级人民政府应急管理部门和有关部门；

（五）涉及需要与所在地人民政府联合应急处置的中央单位应急预案，应当报所在地县级人民政府备案，同时抄送本级应急管理部门和突发事件应对牵头部门；

（六）乡镇（街道）应急预案报上一级人民政府备案，径送上一级人民政府应急管理部门，同时抄送上一级人民政府有关部门。村（社区）应急预案报乡镇（街道）备案；

（七）中央企业集团总体应急预案报应急管理部备案，抄送企业主管机构、行业主管部门、监管部门；有关专项应急预案向国家突发事件应对牵头部门备案,抄送应急管理部、企业主管机构、行业主管部门、监管部门等有关单位。中央企业集团所属单位、权属企业的总体应急预案按管理权限报所在地人民政府应急管理部门备案,抄送企业主管机构、行业主管部门、监管部门;专项应急预案按管理权限报所在地行业监管部门备案,抄送应急管理部门和有关企业主管机构、行业主管部门。

第二十七条 国务院履行应急预案备案管理职责的部门和省级人民政府应当建立应急预案备案管理制度。县级以上地方人民政府有关部门落实有关规定,指导、督促有关单位做好应急预案备案工作。

第二十八条 政府及其部门应急预案应当在正式印发后20个工作日内向社会公开。单位和基层组织应急预案应当在正式印发后20个工作日内向本单位以及可能受影响的其他单位和地区公开。

第五章 培训、宣传、演练

第二十九条 应急预案发布后,其编制单位应做好组织实施和解读工作,并跟踪应急预案落实情况,了解有关方面和社会公众的意见建议。

第三十条 应急预案编制单位应当通过编发培训材料、举办培训班、开展工作研讨等方式,对与应急预案实施密切相关的管理人员、专业救援人员等进行培训。

各级人民政府及其有关部门应将应急预案培训作为有关业务培训的重要内容，纳入领导干部、公务员等日常培训内容。

第三十一条 对需要公众广泛参与的非涉密的应急预案，编制单位应当充分利用互联网、广播、电视、报刊等多种媒体广泛宣传，制作通俗易懂、好记管用的宣传普及材料，向公众免费发放。

第三十二条 应急预案编制单位应当建立应急预案演练制度，通过采取形式多样的方式方法，对应急预案所涉及的单位、人员、装备、设施等组织演练。通过演练发现问题、解决问题，进一步修改完善应急预案。

专项应急预案、部门应急预案每 3 年至少进行一次演练。

地震、台风、风暴潮、洪涝、山洪、滑坡、泥石流、森林草原火灾等自然灾害易发区域所在地人民政府，重要基础设施和城市供水、供电、供气、供油、供热等生命线工程经营管理单位，矿山、金属冶炼、建筑施工单位和易燃易爆物品、化学品、放射性物品等危险物品生产、经营、使用、储存、运输、废弃处置单位，公共交通工具、公共场所和医院、学校等人员密集场所的经营单位或者管理单位等，应当有针对性地组织开展应急预案演练。

第三十三条 应急预案演练组织单位应当加强演练评估，主要内容包括：演练的执行情况，应急预案的实用性和可操作性，指挥协调和应急联动机制运行情况，应急人员的处置情况，演练所用设备装备的适用性，对完善应急预案、应急准备、应急机制、应急措施等方面的意见和建议等。

各地区各有关部门加强对本行政区域、本部门（行业、领域）应急预案演练的评估指导。根据需要，应急管理部门会同有关部门组织对下级人民政府及其有关部门组织的应急预案演练情况进行评估指导。

鼓励委托第三方专业机构进行应急预案演练评估。

第六章　评估与修订

第三十四条　应急预案编制单位应当建立应急预案定期评估制度，分析应急预案内容的针对性、实用性和可操作性等，实现应急预案的动态优化和科学规范管理。

县级以上地方人民政府及其有关部门应急预案原则上每3年评估一次。应急预案的评估工作，可以委托第三方专业机构组织实施。

第三十五条　有下列情形之一的，应当及时修订应急预案：

（一）有关法律、法规、规章、标准、上位预案中的有关规定发生重大变化的；

（二）应急指挥机构及其职责发生重大调整的；

（三）面临的风险发生重大变化的；

（四）重要应急资源发生重大变化的；

（五）在突发事件实际应对和应急演练中发现问题需要

作出重大调整的；

（六）应急预案制定单位认为应当修订的其他情况。

第三十六条 应急预案修订涉及组织指挥体系与职责、应急处置程序、主要处置措施、突发事件分级标准等重要内容的，修订工作应参照本办法规定的应急预案编制、审批、备案、发布程序组织进行。仅涉及其他内容的，修订程序可根据情况适当简化。

第三十七条 各级人民政府及其部门、企事业单位、社会组织、公民等，可以向有关应急预案编制单位提出修订建议。

第七章 保障措施

第三十八条 各级人民政府及其有关部门、各有关单位要指定专门机构和人员负责相关具体工作，将应急预案规划、编制、审批、发布、备案、培训、宣传、演练、评估、修订等所需经费纳入预算统筹安排。

第三十九条 国务院有关部门应加强对本部门（行业、领域）应急预案管理工作的指导和监督，并根据需要编写应急预案编制指南。县级以上地方人民政府及其有关部门应对本行政区域、本部门（行业、领域）应急预案管理工作加强指导和监督。

第八章　附　则

第四十条　国务院有关部门、地方各级人民政府及其有关部门、大型企业集团等可根据实际情况,制定相关应急预案管理实施办法。

第四十一条　法律、法规、规章另有规定的从其规定,确需保密的应急预案按有关规定执行。

第四十二条　本办法由国务院应急管理部门负责解释。

第四十三条　本办法自印发之日起施行。

国务院办公厅关于印发国家突发环境事件应急预案的通知

(2014年12月29日　国办函〔2014〕119号)

各省、自治区、直辖市人民政府,国务院各部委、各直属机构:

经国务院同意,现将修订后的《国家突发环境事件应急预案》印发给你们,请认真组织实施。2005年5月24日经国务院批准、由国务院办公厅印发的《国家突发环境事件应急预案》同时废止。

国家突发环境事件应急预案

1 总 则

1.1 编制目的

健全突发环境事件应对工作机制,科学有序高效应对突发环境事件,保障人民群众生命财产安全和环境安全,促进社会全面、协调、可持续发展。

1.2 编制依据

依据《中华人民共和国环境保护法》、《中华人民共和国突发事件应对法》、《中华人民共和国放射性污染防治法》、《国家突发公共事件总体应急预案》及相关法律法规等,制定本预案。

1.3 适用范围

本预案适用于我国境内突发环境事件应对工作。

突发环境事件是指由于污染物排放或自然灾害、生产安全事故等因素,导致污染物或放射性物质等有毒有害物质进入大气、水体、土壤等环境介质,突然造成或可能造成环境质量下降,危及公众身体健康和财产安全,或造成生态环境破坏,或造成重大社会影响,需要采取紧急措施予以应对的事件,主要包括大气污染、水体污染、土壤污染等突发性环境污染事件和辐射污染事件。

核设施及有关核活动发生的核事故所造成的辐射污染事件、海上溢油事件、船舶污染事件的应对工作按照其他相关应急预案规定执行。重污染天气应对工作按照国务院《大气污染防治行动计划》等有关规定执行。

1.4 工作原则

突发环境事件应对工作坚持统一领导、分级负责，属地为主、协调联动，快速反应、科学处置，资源共享、保障有力的原则。突发环境事件发生后，地方人民政府和有关部门立即自动按照职责分工和相关预案开展应急处置工作。

1.5 事件分级

按照事件严重程度，突发环境事件分为特别重大、重大、较大和一般四级。突发环境事件分级标准见附件1。

2 组织指挥体系

2.1 国家层面组织指挥机构

环境保护部负责重特大突发环境事件应对的指导协调和环境应急的日常监督管理工作。根据突发环境事件的发展态势及影响，环境保护部或省级人民政府可报请国务院批准，或根据国务院领导同志指示，成立国务院工作组，负责指导、协调、督促有关地区和部门开展突发环境事件应对工作。必要时，成立国家环境应急指挥部，由国务院领导同志担任总指挥，统一领导、组织和指挥应急处置工作；国务院办公厅履行信息汇总和综合协调职责，发挥运转枢纽作用。国家环境应急指挥部组成及工作组职责见附件2。

2.2 地方层面组织指挥机构

县级以上地方人民政府负责本行政区域内的突发环境事件应对工作，明确相应组织指挥机构。跨行政区域的突发环境事件应对工作，由各有关行政区域人民政府共同负责，或由有关行政区域共同的上一级地方人民政府负责。对需要国家层面协调处置的跨省级行政区域突发环境事件，由有关省级人民政府向国务院提出请求，或由有关省级环境保护主管部门向环境保护部提出请求。

地方有关部门按照职责分工，密切配合，共同做好突发环境事件应对工作。

2.3 现场指挥机构

负责突发环境事件应急处置的人民政府根据需要成立现场指挥部，负责现场组织指挥工作。参与现场处置的有关单位和人员要服从现场指挥部的统一指挥。

3 监测预警和信息报告

3.1 监测和风险分析

各级环境保护主管部门及其他有关部门要加强日常环境监测，并对可能导致突发环境事件的风险信息加强收集、分析和研判。安全监管、交通运输、公安、住房城乡建设、水利、农业、卫生计生、气象等有关部门按照职责分工，应当及时将可能导致突发环境事件的信息通报同级环境保护主管部门。

企业事业单位和其他生产经营者应当落实环境安全主体责任，定期排查环境安全隐患，开展环境风险评估，健全风险防控措施。当出现可能导致突发环境事件的情况时，要立即报告当地环境保护主管部门。

3.2 预警

3.2.1 预警分级

对可以预警的突发环境事件，按照事件发生的可能性大小、紧急程度和可能造成的危害程度，将预警分为四级，由低到高依次用蓝色、黄色、橙色和红色表示。

预警级别的具体划分标准，由环境保护部制定。

3.2.2 预警信息发布

地方环境保护主管部门研判可能发生突发环境事件时，应当及时向本级人民政府提出预警信息发布建议，同时通报同级相关部门和单位。地方人民政府或其授权的相关部门，及时通过电视、广播、报纸、互联网、手机短信、当面告知等渠道或方式向本行政区域公众发布预警信息，并通报可能影响到的相关地区。

上级环境保护主管部门要将监测到的可能导致突发环境事件的有关信息，及时通报可能受影响地区的下一级环境保护主管部门。

3.2.3 预警行动

预警信息发布后，当地人民政府及其有关部门视情采取以下措施：

（1）分析研判。组织有关部门和机构、专业技术人员及专家，及时对预警信息进行分析研判，预估可能的影响范围和危害程度。

（2）防范处置。迅速采取有效处置措施，控制事件苗头。在涉险区域设置注意事项提示或事件危害警告标志，利用各种渠道增加宣传频次，告知公众避险和减轻危害的常识、需采取的必要的健康防护措施。

（3）应急准备。提前疏散、转移可能受到危害的人员，并进行妥善安置。责令应急救援队伍、负有特定职责的人员进入待命状态，动员后备人员做好参加应急救援和处置工作的准备，并调集应急所需物资和设备，做好应急保障工作。对可能导致突发环境事件发生的相关企业事业单位和其他生产经营者加强环境监管。

（4）舆论引导。及时准确发布事态最新情况，公布咨询电话，组织专家解读。加强相关舆情监测，做好舆论引导工作。

3.2.4 预警级别调整和解除

发布突发环境事件预警信息的地方人民政府或有关部门，应当根据事态发展情况和采取措施的效果适时调整预警级别；当判断不可能发生突发环境事件或者危险已经消除时，宣布解除预警，适时终止相关措施。

3.3 **信息报告与通报**

突发环境事件发生后，涉事企业事业单位或其他生产经营者必须采取应对措施，并立即向当地环境保护主管部门和相关部门报告，同时通报可能受到污染危害的单位和居民。因生产安全事故导致突发环境事件的，安全监管等有关部门应当及时通报同级环境保护主管部门。环境保护主管部门通过互联网信息监测、环境污染举报热线等多种渠道，加强对突发环境事件的信息收集，及时掌握突发环境事件发生情况。

事发地环境保护主管部门接到突发环境事件信息报告或监测到相关信息后，应当立即进行核实，对突发环境事件的性质和类别作出初步认定，按照国家规定的时限、程序和要求向上级环境保护主管部门和同级人民政府报告，并通报同级其他相关部门。突发环境事件已经或者可能涉及相邻行政区域的，事发地人民政府或环境保护主管部门应当及时通报相邻行政区域同级人民政府或环境保护主管部门。地方各级人民政府及其环境保护主管部门应当按照有关规定逐级上报，必要时可越级上报。

接到已经发生或者可能发生跨省级行政区域突发环境事件信息时，环境保护部要及时通报相关省级环境保护主管部门。

对以下突发环境事件信息，省级人民政府和环境保护部应当立即向国务院报告：

（1）初判为特别重大或重大突发环境事件；

（2）可能或已引发大规模群体性事件的突发环境事件；

（3）可能造成国际影响的境内突发环境事件；

（4）境外因素导致或可能导致我境内突发环境事件；

（5）省级人民政府和环境保护部认为有必要报告的其他突发环境事件。

4　应　急　响　应

4.1　响应分级

根据突发环境事件的严重程度和发展态势，将应急响应设定为Ⅰ级、Ⅱ级、Ⅲ级和Ⅳ级四个等级。初判发生特别重大、重大突发环境事件，分别启动Ⅰ级、Ⅱ级应急响应，由事发地省级人民政府负责应对工作；初判发生较大突发环境事件，启动Ⅲ级应急响应，由事发地设区的市级人民政府负责应对工作；初判发生一般突发环境事件，启动Ⅳ级应急响应，由事发地县级人民政府负责应对工作。

突发环境事件发生在易造成重大影响的地区或重要时段时，可适当提高响应级别。应急响应启动后，可视事件损失情况及其发展趋势调整响应级别，避免响应不足或响应过度。

4.2　响应措施

突发环境事件发生后，各有关地方、部门和单位根据工作需要，组织采取以下措施。

4.2.1　现场污染处置

涉事企业事业单位或其他生产经营者要立即采取关闭、停产、封堵、围挡、喷淋、转移等措施，切断和控制污染源，防止污染蔓延扩散。做好有毒有害物质和消防废水、废液等的收集、清理和安全处置工作。当涉事企业事业单位或其他生产经营者不明时，由当地环境保护主管部门组织对污染来源开展调查，查明涉事单位，确定污染物种类和污染范围，切断污染源。

事发地人民政府应组织制订综合治污方案，采用监测和模拟等手段追踪污染气体扩散途径和范围；采取拦截、导流、疏浚等形式防止水体污染扩大；采取隔离、吸附、打捞、氧化还原、中和、沉淀、消毒、去污洗消、临时收贮、微生物消解、调水稀释、转移异地处置、临时改造污染处置工艺或临时建设污染处置工程等方法处置污染物。必要时，要求其他排污单位停产、限产、限排，减轻环境污染负荷。

4.2.2 转移安置人员

根据突发环境事件影响及事发当地的气象、地理环境、人员密集度等，建立现场警戒区、交通管制区域和重点防护区域，确定受威胁人员疏散的方式和途径，有组织、有秩序地及时疏散转移受威胁人员和可能受影响地区居民，确保生命安全。妥善做好转移人员安置工作，确保有饭吃、有水喝、有衣穿、有住处和必要医疗条件。

4.2.3 医学救援

迅速组织当地医疗资源和力量，对伤病员进行诊断治疗，根据需要及时、安全地将重症伤病员转运到有条件的医疗机构加强救治。指导和协助开展受污染人员的去污洗消工作，提出保护公众健康的措施建议。视情增派医疗卫生专家和卫生应急队伍、调配急需医药物资，支持事发地医学救援工作。做好受影响人员的心理援助。

4.2.4 应急监测

加强大气、水体、土壤等应急监测工作，根据突发环境事件的污染物种类、性质以及当地自然、社会环境状况等，明确相应的应急监测方案及监测方法，确定监测的布点和频次，调配应急监测设备、车辆，及时准确监测，为突发环境事件应急决策提供依据。

4.2.5 市场监管和调控

密切关注受事件影响地区市场供应情况及公众反应，加强对重要生活必需品等商品的市场监管和调控。禁止或限制受污染食品和饮用水的生产、加工、流通和食用，防范因突发环境事件造成的集体中毒等。

4.2.6 信息发布和舆论引导

通过政府授权发布、发新闻稿、接受记者采访、举行新闻发布会、组织专家解读等方式，借助电视、广播、报纸、互联网等多种途径，主动、及时、准确、客观向社会发布突发环境事件和应对工作信息，回应社会关切，澄清不实信息，正确引导社会舆论。信息发布内容包括事件原因、污染程度、影响范围、应对措施、需要公众配合采取的措施、公众防范常识和事件调查处理进展情况等。

4.2.7 维护社会稳定

加强受影响地区社会治安管理，严厉打击借机传播谣言制造社会恐慌、哄抢救灾物资等违法犯罪行为；加强转移人员安置点、救灾物资存放点等重点地区治安管控；做好受影响人员与涉事单位、地方人民政府及有关部门矛盾纠纷化解和法律服务工作，防止出现群体性事件，维护社会稳定。

4.2.8 国际通报和援助

如需向国际社会通报或请求国际援助时，环境保护部商外交部、商务部提出需要通报或请求援助的国家（地区）和国际组织、事项内容、时机等，按照有关规定由指定机构向国际社会发出通报或呼吁信息。

4.3 **国家层面应对工作**

4.3.1 部门工作组应对

初判发生重大以上突发环境事件或事件情况特殊时，环境保护部立即派出工作组赴现场指导督促当地开展应急处置、应急监测、原因调查等工作，并根据需要协调有关方面提供队伍、物资、技术等支持。

4.3.2 国务院工作组应对

当需要国务院协调处置时，成立国务院工作组。主要开展以下工作：

（1）了解事件情况、影响、应急处置进展及当地需求等；

（2）指导地方制订应急处置方案；

（3）根据地方请求，组织协调相关应急队伍、物资、装备等，为应急处置提供支援和技术支持；

（4）对跨省级行政区域突发环境事件应对工作进行协调；

（5）指导开展事件原因调查及损害评估工作。

4.3.3 国家环境应急指挥部应对

根据事件应对工作需要和国务院决策部署，成立国家环境应急指挥部。主要开展以下工作：

（1）组织指挥部成员单位、专家组进行会商，研究分析事态，部署应急处置工作；

（2）根据需要赴事发现场或派出前方工作组赴事发现场协调开展应对工作；

（3）研究决定地方人民政府和有关部门提出的请求事项；

（4）统一组织信息发布和舆论引导；

（5）视情向国际通报，必要时与相关国家和地区、国际组织领导人通电话；

（6）组织开展事件调查。

4.4 响应终止

当事件条件已经排除、污染物质已降至规定限值以内、所造成的危害基本消除时，由启动响应的人民政府终止应急响应。

5 后期工作

5.1 损害评估

突发环境事件应急响应终止后，要及时组织开展污染损害评估，并将评估结果向社会公布。评估结论作为事件调查处理、损害赔偿、环境修复和生态恢复重建的依据。

突发环境事件损害评估办法由环境保护部制定。

5.2 事件调查

突发环境事件发生后,根据有关规定,由环境保护主管部门牵头,可会同监察机关及相关部门,组织开展事件调查,查明事件原因和性质,提出整改防范措施和处理建议。

5.3 善后处置

事发地人民政府要及时组织制订补助、补偿、抚慰、抚恤、安置和环境恢复等善后工作方案并组织实施。保险机构要及时开展相关理赔工作。

6 应急保障

6.1 队伍保障

国家环境应急监测队伍、公安消防部队、大型国有骨干企业应急救援队伍及其他相关方面应急救援队伍等力量,要积极参加突发环境事件应急监测、应急处置与救援、调查处理等工作任务。发挥国家环境应急专家组作用,为重特大突发环境事件应急处置方案制订、污染损害评估和调查处理工作提供决策建议。县级以上地方人民政府要强化环境应急救援队伍能力建设,加强环境应急专家队伍管理,提高突发环境事件快速响应及应急处置能力。

6.2 物资与资金保障

国务院有关部门按照职责分工,组织做好环境应急救援物资紧急生产、储备调拨和紧急配送工作,保障支援突发环境事件应急处置和环境恢复治理工作的需要。县级以上地方人民政府及其有关部门要加强应急物资储备,鼓励支持社会化应急物资储备,保障应急物资、生活必需品的生产和供给。环境保护主管部门要加强对当地环境应急物资储备信息的动态管理。

突发环境事件应急处置所需经费首先由事件责任单位承担。县级以上地方人民政府对突发环境事件应急处置工作提供资金保障。

6.3 通信、交通与运输保障

地方各级人民政府及其通信主管部门要建立健全突发环境事件应急通信保障体系,确保应急期间通信联络和信息传递需要。交通运输部门要健全公路、铁路、航空、水运紧急运输保障体系,保障应急响应所需人员、物资、装备、器材等的运输。公安部门要加强应急交通管理,保障运送伤病员、应急救援人员、物资、装备、器材车辆的优先通行。

6.4 技术保障

支持突发环境事件应急处置和监测先进技术、装备的研发。依托环境应急指挥技术平台,实现信息综合集成、分析处理、污染损害评估的智能化和数字化。

7 附 则

7.1 预案管理

预案实施后,环境保护部要会同有关部门组织预案宣传、培训和演练，并根据实际情况，适时组织评估和修订。地方各级人民政府要结合当地实际制定或修订突发环境事件应急预案。

7.2 预案解释

本预案由环境保护部负责解释。

7.3 预案实施时间

本预案自印发之日起实施。

附件：1. 突发环境事件分级标准

2. 国家环境应急指挥部组成及工作组职责

附件1

突发环境事件分级标准

一、特别重大突发环境事件

凡符合下列情形之一的，为特别重大突发环境事件：

1. 因环境污染直接导致 30 人以上死亡或 100 人以上中毒或重伤的；

2. 因环境污染疏散、转移人员 5 万人以上的；

3. 因环境污染造成直接经济损失 1 亿元以上的；

4. 因环境污染造成区域生态功能丧失或该区域国家重点保护物种灭绝的；

5. 因环境污染造成设区的市级以上城市集中式饮用水

水源地取水中断的；

6. Ⅰ、Ⅱ类放射源丢失、被盗、失控并造成大范围严重辐射污染后果的；放射性同位素和射线装置失控导致3人以上急性死亡的；放射性物质泄漏，造成大范围辐射污染后果的；

7. 造成重大跨国境影响的境内突发环境事件。

二、重大突发环境事件

凡符合下列情形之一的，为重大突发环境事件：

1. 因环境污染直接导致10人以上30人以下死亡或50人以上100人以下中毒或重伤的；

2. 因环境污染疏散、转移人员1万人以上5万人以下的；

3. 因环境污染造成直接经济损失2000万元以上1亿元以下的；

4. 因环境污染造成区域生态功能部分丧失或该区域国家重点保护野生动植物种群大批死亡的；

5. 因环境污染造成县级城市集中式饮用水水源地取水中断的；

6. Ⅰ、Ⅱ类放射源丢失、被盗的；放射性同位素和射线装置失控导致3人以下急性死亡或者10人以上急性重度放射病、局部器官残疾的；放射性物质泄漏，造成较大范围辐射污染后果的；

7. 造成跨省级行政区域影响的突发环境事件。

三、较大突发环境事件

凡符合下列情形之一的，为较大突发环境事件：

1. 因环境污染直接导致 3 人以上 10 人以下死亡或 10 人以上 50 人以下中毒或重伤的;

2. 因环境污染疏散、转移人员 5000 人以上 1 万人以下的;

3. 因环境污染造成直接经济损失 500 万元以上 2000 万元以下的;

4. 因环境污染造成国家重点保护的动植物物种受到破坏的;

5. 因环境污染造成乡镇集中式饮用水水源地取水中断的;

6. Ⅲ类放射源丢失、被盗的;放射性同位素和射线装置失控导致 10 人以下急性重度放射病、局部器官残疾的;放射性物质泄漏,造成小范围辐射污染后果的;

7. 造成跨设区的市级行政区域影响的突发环境事件。

四、一般突发环境事件

凡符合下列情形之一的,为一般突发环境事件:

1. 因环境污染直接导致 3 人以下死亡或 10 人以下中毒或重伤的;

2. 因环境污染疏散、转移人员 5000 人以下的;

3. 因环境污染造成直接经济损失 500 万元以下的;

4. 因环境污染造成跨县级行政区域纠纷,引起一般性群体影响的;

5. Ⅳ、Ⅴ类放射源丢失、被盗的;放射性同位素和射线装置失控导致人员受到超过年剂量限值的照射的;放射性物质泄漏，造成厂区内或设施内局部辐射污染后果的；铀矿冶、伴生矿超标排放，造成环境辐射污染后果的；

6. 对环境造成一定影响，尚未达到较大突发环境事件级别的。

上述分级标准有关数量的表述中，"以上"含本数，"以下"不含本数。

附件2

国家环境应急指挥部组成及工作组职责

国家环境应急指挥部主要由环境保护部、中央宣传部（国务院新闻办）、中央网信办、外交部、发展改革委、工业和信息化部、公安部、民政部、财政部、住房城乡建设部、交通运输部、水利部、农业部、商务部、卫生计生委、新闻出版广电总局、安全监管总局、食品药品监管总局、林业局、气象局、海洋局、测绘地信局、铁路局、民航局、总参作战部、总后基建营房部、武警总部、中国铁路总公司等部门和单位组成，根据应对工作需要，增加有关地方人民政府和其他有关部门。

国家环境应急指挥部设立相应工作组，各工作组组成及职责分工如下：

一、污染处置组。由环境保护部牵头，公安部、交通运输部、水利部、农业部、安全监管总局、林业局、海洋局、总参作战部、武警总部等参加。

主要职责：收集汇总相关数据，组织进行技术研判，开展事态分析；迅速组织切断污染源，分析污染途径，明确防止污染物扩散的程序；组织采取有效措施，消除或减轻已经造成的污染；明确不同情况下的现场处置人员须采取的个人防护措施；组织建立现场警戒区和交通管制区域，确定重点防护区域，确定受威胁人员疏散的方式和途径，疏散转移受威胁人员至安全紧急避险场所；协调军队、武警有关力量参与应急处置。

二、应急监测组。由环境保护部牵头，住房城乡建设部、水利部、农业部、气象局、海洋局、总参作战部、总后基建营房部等参加。

主要职责：根据突发环境事件的污染物种类、性质以及当地气象、自然、社会环境状况等，明确相应的应急监测方案及监测方法；确定污染物扩散范围，明确监测的布点和频次，做好大气、水体、土壤等应急监测，为突发环境事件应急决策提供依据；协调军队力量参与应急监测。

三、医学救援组。由卫生计生委牵头，环境保护部、食品药品监管总局等参加。

主要职责：组织开展伤病员医疗救治、应急心理援助；指导和协助开展受污染人员的去污洗消工作；提出保护公众健康的措施建议；禁止或限制受污染食品和饮用水的生产、加工、流通和食用，防范因突发环境事件造成集体中毒等。

四、应急保障组。由发展改革委牵头，工业和信息化部、公安部、民政部、财政部、环境保护部、住房城乡建设部、交通运输部、水利部、商务部、测绘地信局、铁路局、民航局、中国铁路总公司等参加。

主要职责：指导做好事件影响区域有关人员的紧急转移和临时安置工作；组织做好环境应急救援物资及临时安置重要物资的紧急生产、储备调拨和紧急配送工作；及时组织调运重要生活必需品，保障群众基本生活和市场供应；开展应急测绘。

五、新闻宣传组。由中央宣传部（国务院新闻办）牵头，中央网信办、工业和信息化部、环境保护部、新闻出版广电总局等参加。

主要职责：组织开展事件进展、应急工作情况等权威信息发布，加强新闻宣传报道；收集分析国内外舆情和社会公众动态，加强媒体、电信和互联网管理，正确引导舆论；通过多种方式，通俗、权威、全面、前瞻地做好相关知识普及；及时澄清不实信息，回应社会关切。

六、社会稳定组。由公安部牵头，中央网信办、工业和信息化部、环境保护部、商务部等参加。

主要职责：加强受影响地区社会治安管理，严厉打击借机传播谣言制造社会恐慌、哄抢物资等违法犯罪行为；加强转移人员安置点、救灾物资存放点等重点地区治安管控；做好受影响人员与涉事单位、地方人民政府及有关部门矛盾纠纷化解和法律服务工作，防止出现群体性事件，维护社会稳定；加强对重要生活必需品等商品的市场监管和调控，打击囤积居奇行为。

七、涉外事务组。由外交部牵头，环境保护部、商务部、海洋局等参加。

主要职责：根据需要向有关国家和地区、国际组织通报突发环境事件信息，协调处理对外交涉、污染检测、危害防控、索赔等事宜，必要时申请、接受国际援助。

工作组设置、组成和职责可根据工作需要作适当调整。

部门规章及文件

国防科技工业军用核设施安全监督管理规定

(1999年11月8日国防科学技术工业委员会令第1号公布 自公布之日起施行)

第一章 总 则

第一条 为实施国防科技工业军用核设施(以下简称军用核设施)的安全监督管理,保证军用核设施的安全,保障设施工作人员和公众的健康,保护环境,促进国防核科学技术工业的顺利发展,制定本规定。

第二条 本规定适用于下列军用核设施的安全监督管理:

(一)核材料的生产、加工、贮存及乏燃料后处理设施;

(二)核动力装置;

(三)各种陆基反应堆,包括生产堆、研究堆、试验堆、临界装置等;

(四)放射性废物管理设施;

（五）其他需要监督管理的军用核设施。

交付军队使用的核设施除外。

第三条 军用核设施的选址、设计、建造、运行和退役必须贯彻"安全第一"的方针，并应当实现下列安全目标：

（一）建立和保持有效的防御措施，保护工作人员、公众及环境免遭辐射危害；

（二）确保在设施运行状态下工作人员和公众所受到的辐射照射低于国家规定限值，并保持在可合理达到的尽量低水平，保证减轻事故引起的辐射照射；

（三）采取一切合理可行的措施预防事故的发生，缓解事故的后果。确保设施设计中考虑的所有事故的辐射后果是可以接受的，并保证那些可能导致严重辐射后果的事故发生的可能性足够低。

第二章 监督管理职责

第四条 国防科学技术工业委员会（以下简称国防科工委）对军用核设施实行统一的安全监督管理。其主要职责是：

（一）组织起草、制定有关的安全法律、规章及安全标准；

（二）负责组织安全审评，批准颁发或吊销有关安全许可证件；

（三）负责实施安全监督检查；

（四）监督、协调核事故应急计划的制定和实施；

（五）负责安全执法和事故、事件的调查与处理；

（六）会同有关部门调解安全纠纷；

（七）组织有关的安全研究及运行经验反馈。

第五条 国防科工委根据军用核设施安全监督管理的需要设立相应的独立行使安全监督管理职权的机构，配备必要的合适人员，并组成军用核设施安全专家委员会。

安全专家委员会为军用核设施安全政策与法规、规章的制定、许可证的颁发、安全研究规划的确定等重大事项的决策提供咨询。

第六条 营运单位负责对所申请的军用核设施的安全承担全面的责任。其主要职责是：

（一）遵守国家有关法律、法规及规章，并制定相应的措施；

（二）确保设施的选址、设计、建造、调试、运行和退役符合国家有关法律、法规、规章及标准的要求，足以保证安全；

（三）提供保证设施安全所需要的资源，配备足够的合格工作人员，并对它们进行充分的培训和定期再培训；

（四）接受国防科工委的安全监督管理；

（五）及时、如实地报告设施的安全状况，并提供有关资料。

第七条 对军用核设施所实施的安全监督管理不减轻

也不转移营运单位对所申请的设施应承担的全面安全责任。

营运单位应负的安全责任也不因设计者、供货商、建造者等各自的活动和责任而发生任何改变。

第三章　安全许可制度

第八条　对军用核设施实行安全许可制度。安全许可证件包括：

（一）军用核设施厂址选择审查意见书；

（二）军用核设施建造许可证；

（三）军用核设施装（投）料调试批准书；

（四）军用核设施运行许可证；

（五）军用核设施退役批准书；

（六）军用核设施安全关键岗位操纵（作）员执照；

（七）其他需要的批准文件。

有关军用核设施的各种活动必须遵循相应安全许可证件所规定的条件。

第九条　军用核设施的厂址，需经国防科工委根据《可行性研究报告》中的厂址选择部分组织安全审评并出具《厂址选择审查意见书》，从安全方面确认所选厂址的适宜性后，方可予以批准。

第十条　军用核设施开始建造（包括改建、扩建）前，其营运单位必须向国防科工委提交军用核设施建造申请书、初步安全分析报告及其他有关资料，经审核批准，获得

《军用核设施建造许可证》后，方可动工建造。

第十一条　军用核设施开始启动、运行前，其营运单位必须向国防科工委提交军用核设施启动、运行申请书、最终安全分析报告以及其他有关资料，经审核批准，获得《军用核设施装（投）料调试批准书》后，方可开始装载或投放燃料进行启动调试，在获得《军用核设施运行许可证》后，方可正式运行。

第十二条　军用核设施开始退役前，其营运单位必须向国防科工委提交军用核设施退役申请书、退役安全分析报告以及其他有关资料，经审核批准，获《军用核设施退役批准书》后，方可开始退役活动。

军用核设施退役的最终状态必须经国防科工委会同有关部门验收，确认符合有关安全要求后，营运单位的责任方可终止。

第十三条　本规定发布前已在建、在役或退役中的军用核设施，其营运单位应当在规定的期限内向国防科工委补交相应的申请书，提交有关安全分析报告及资料，以获得必需的安全许可证件。

第十四条　获得并持有军用核设施安全关键岗位操纵（作）员执照的人员方可在相应安全关键岗位进行操作；具有大专以上文化水平、担任安全关键岗位操纵（作）员两年以上、成绩优秀者，方可指导他人在相应安全关键岗位进行操作。

第十五条　军用核设施安全许可证件的颁发以安全审

评为基础。国防科工委确认营运单位的申请符合国家有关法律、法规及规章的规定，并满足有关安全要求时，方可颁发相应的安全许可证件。

第十六条 安全许可证件期满后终止；安全许可证件的变更、延期或更换，必须向国防科工委提出申请，经审查批准后方为有效。

未经国防科工委批准，任何法人或个人均不得转让按照本规定所获得的任何安全许可证件。

第四章 安全监督检查

第十七条 军用核设施安全监督检查的依据是：
（一）国家的有关法律、法规及规章；
（二）有关的国家标准、国家军用标准及核行业标准；
（三）安全许可证件所规定的条件；
（四）其他具有约束力的文件。

第十八条 军用核设施安全监督检查的任务包括：
（一）审核申请者所提交的安全文件与资料是否符合实际；
（二）监督检查设施的选址、设计、建造、调试、运行和退役是否符合有关法律、法规、规章及标准和相应安全许可证件所规定的条件，是否满足预定的技术要求；
（三）监督检查安全有关活动是否按审评认可的设计、程序和质量保证大纲进行；

（四）考察营运单位是否具备确保设施安全运行及执行应急计划的能力与措施；

（五）评估营运单位的安全文化素养；

（六）其他必需的监督检查任务。

第十九条 对军用核设施安全监督检查可以采取查阅有关文件与记录、现场见证、座谈访问、验证性检验和测量等方式。

第二十条 国防科工委根据需要组织合适的人员（必要时邀请专家）执行指定的监督检查任务。

监督检查人员执行任务时，凭其有效证件有权进入设施内及与监督检查任务有关的建造、运行或退役现场，调查、收集有关安全的资料。

第二十一条 从事军用核设施安全监督检查的人员必须客观、公正地履行监督检查职能，遵守监督检查纪律，保守国家秘密，不得介入与被监督检查设施有关的商业性质的活动和其他不利于监督检查任务有效完成的活动。

第二十二条 营运单位应按规定向国防科工委提交其安全有关活动的进度及有关文件与资料，并为监督检查提供必要的条件，保证监督检查任务有计划地实施。

第二十三条 国防科工委确认必要时，有权采取强制性行动，命令营运单位采取安全措施或停止危及安全的活动。

第二十四条 营运单位有权拒绝有害于安全的监督检查要求，但必须执行国防科工委的强制性命令。

第五章　奖励与处罚

第二十五条　对保证军用核设施安全作出显著成绩的单位和个人，国防科工委应给予表彰。

第二十六条　凡违反本规定，有下列行为之一的，国防科工委可视情节轻重，给予警告、罚款、停工或停运整顿或吊销安全许可证件的处罚：

（一）未经许可或违章从事军用核设施建造、运行、退役或擅自变更、转让安全许可证件的；

（二）隐瞒、谎报有关资料或事实的；

（三）无故拒绝或阻挠安全监督检查的；

（四）无执照或违章在安全关键岗位操作的；

（五）拒不执行强制性命令的。

不服从管理、违章或强迫他人违章作业，造成严重后果构成犯罪的，由司法机关依法追究刑事责任。

第二十七条　军用核设施的安全监督检查人员，玩忽职守、徇私舞弊、滥用职权的，视情节轻重给予行政处分；构成犯罪的，依法追究刑事责任。

第二十八条　当事人对行政处罚不服的，可在接到处罚通知之日起六十日内向国防科工委申请行政复议，但对于吊销安全许可证件的处罚必须立即执行。

第六章　附　　则

第二十九条　军用核设施安全监督管理中涉及的保密事项按国家保密法规及有关规定处理。

第三十条　申请军用核设施安全许可证件的营运单位应缴纳所需的安全审评费用,具体收费办法另行制定。

第三十一条　本规定由国防科工委负责解释,并制定实施细则。

第三十二条　本规定自发布之日起施行。

核动力厂、研究堆、核燃料循环设施安全许可程序规定

(2019年8月26日生态环境部令第8号公布 自2019年10月1日起施行)

第一章　总　　则

第一条　为规范民用核动力厂、研究堆、核燃料循环设施等核设施安全许可活动,根据《中华人民共和国核安全法》《中华人民共和国行政许可法》《中华人民共和国民用核设施安全监督管理条例》,制定本规定。

第二条 在中华人民共和国领域及管辖的其他海域内，民用核动力厂、研究堆、核燃料循环设施（以下统称核设施）的选址、建造、运行、退役等安全许可事项的许可程序，适用本规定。

核设施转让、变更营运单位和迁移等活动的审查批准，适用本规定。

第三条 核动力厂、研究堆、核燃料循环设施，是指：

（一）核电厂、核热电厂、核供汽供热厂等核动力厂及装置；

（二）核动力厂以外的研究堆、实验堆、临界装置等其他反应堆（以下统称研究堆），根据潜在危害由大到小可划分为Ⅰ类、Ⅱ类、Ⅲ类研究堆；

（三）核燃料生产、加工、贮存和后处理设施等核燃料循环设施。

核设施配套建设的放射性废物处理、贮存设施的安全许可，应当在主体核设施的安全许可中一并办理许可手续。

第四条 核设施营运单位申请核设施安全许可，以及办理核设施安全许可的变更、延续，应当依照本规定，报国家核安全局审查批准。

第二章 申请与受理

第五条 核设施营运单位，应当具备保障核设施安全运行的能力，并符合下列条件：

（一）有满足核安全要求的组织管理体系和质量保证、安全管理、岗位责任等制度；

（二）有规定数量、合格的专业技术人员和管理人员；

（三）具备与核设施安全相适应的安全评价、资源配置和财务能力；

（四）具备必要的核安全技术支撑和持续改进能力；

（五）具备应急响应能力和核损害赔偿财务保障能力；

（六）法律、行政法规规定的其他条件。

第六条 核设施营运单位应当按照有关核设施场址选择的要求完成核设施场址的安全评估论证，并在满足核安全技术评价要求的前提下，向国家核安全局提交核设施场址选择审查申请书和核设施选址安全分析报告，经审查符合核安全要求后，取得核设施场址选择审查意见书。

第七条 核设施建造前，核设施营运单位应当向国家核安全局提出建造申请，并提交下列材料：

（一）核设施建造申请书；

（二）初步安全分析报告；

（三）环境影响评价文件；

（四）质量保证文件；

（五）法律、行政法规规定的其他材料。

核设施营运单位取得核设施建造许可证后，方可开始与核设施安全有关的重要构筑物的建造（安装）或者基础混凝土的浇筑，并按照核设施建造许可证规定的范围和条件从事相关的建造活动。

核设施营运单位在提交核设施建造申请书时，本条第一款规定的初步安全分析报告中关于调试大纲的内容不具备提交条件的，可以在征得国家核安全局同意后，由核设施营运单位根据核设施建造进展情况，按照国家核安全局的要求补充提交。

核设施建造许可证的有效期不得超过十年。

第八条 有下列情形之一的，核设施营运单位可以一并向国家核安全局提交核设施场址选择审查申请书和核设施建造申请书。国家核安全局在核发核设施建造许可证的同时出具核设施场址选择审查意见书：

（一）新选场址拟建核设施为Ⅲ类研究堆的；

（二）在现有场址新建研究堆，若新建研究堆对场址的安全要求不高于该场址已有核设施，且该场址已经过安全技术评价并得到国家核安全局的批准的；

（三）在现有核燃料生产基地内建设核燃料循环前端设施（铀纯化转化、铀浓缩和元件制造设施）的；

（四）由工厂制造或者总装、并在工厂内完成首次装料和调试的浮动式或者移动式核动力装置，其场址已经过安全评价并得到国家核安全局的批准的。

第九条 核设施首次装投料前，核设施营运单位应当向国家核安全局提出运行申请，并提交下列材料：

（一）核设施运行申请书；

（二）最终安全分析报告；

（三）质量保证文件；

（四）应急预案；

（五）法律、行政法规规定的其他材料。

核设施营运单位取得核设施运行许可证后，方可装投料，并应当按照核设施运行许可证规定的范围和条件进行装投料，以及装投料后的调试和运行等活动。

第十条 核设施营运单位在提交核设施运行申请书时，本规定第九条规定的最终安全分析报告中下列章节或者内容不具备提交条件的，可以在征得国家核安全局同意后，由核设施营运单位根据核设施建造调试进展情况，按照国家核安全局的要求向国家核安全局补充提交：

（一）维修大纲（不适用Ⅲ类研究堆及核燃料循环设施）；

（二）在役检查大纲（不适用Ⅲ类研究堆及核燃料循环设施）；

（三）装换料大纲（不适用Ⅲ类研究堆及核燃料循环设施）；

（四）役前检查结果报告（不适用Ⅲ类研究堆及核燃料循环设施）；

（五）实验和应用大纲（不适用研究堆之外的核设施）；

（六）核设施装投料前调试报告。

第十一条 核设施营运单位取得核设施运行许可证后，应当按照许可证规定的范围和条件运行核设施。

核设施营运单位应当按照批准的调试大纲所确定的顺序、方法等要求完成调试试验项目。核设施营运单位应当在调试大纲确定的所有调试试验项目完成后两个月内,向国家核安全局提交调试报告。

国家核安全局对核设施首次装投料以及装投料后的重要调试活动,可以设置控制点,并在运行许可文件中载明。

第十二条 核设施运行许可证的有效期为设计寿期。

运行许可证有效期内,核设施营运单位应当按照要求对核设施进行定期安全评价,评价周期根据核设施具体情况和核安全法规和标准的变化情况确定,一般为十年。评价结果应当提交国家核安全局审查。

第十三条 用于科学研究的核燃料循环设施,根据设施潜在风险和复杂程度,核设施营运单位可以向国家核安全局申请合并办理核设施安全许可事项。

第十四条 拟转让核设施的,核设施拟受让单位应当符合本规定第五条规定的条件,并重新申请核设施安全许可。

前款规定的核设施安全许可申请,由持有核设施安全许可证的核设施营运单位和核设施拟受让单位共同向国家核安全局提出申请,并提交以下材料:

(一)转让核设施的申请书;

(二)核设施拟受让单位质量保证文件;

(三)核设施拟受让单位应急预案;

(四)其他需要申明的事项。

拟变更核设施营运单位的,依照本条第一款、第二款的规定执行。

第十五条 国家核安全局审查认可转让核设施或者变

更核设施营运单位的，向核设施的受让单位或者变更后的核设施营运单位重新颁发核设施安全许可证，并同时注销原核设施安全许可证。

核设施的受让单位或者变更后的核设施营运单位，应当继承原核设施营运单位在核设施安全管理方面的全部义务，并遵守原核设施营运单位在申请原核设施安全许可证时所作的全部承诺，但经核设施的受让单位和变更后的核设施营运单位申请并得到国家核安全局审查认可免除的义务和承诺除外。

第十六条　迁移核设施的，核设施营运单位应当向国家核安全局提出申请，并提交下列材料：

（一）核设施迁移申请书；

（二）新场址的选址安全分析报告；

（三）新场址的环境影响报告书；

（四）新场址的应急预案；

（五）核设施迁移活动的质量保证文件；

（六）核设施安全分析报告相关内容的修订文件；

（七）法律、行政法规规定的其他材料。

迁移核设施的申请取得国家核安全局批准后，核设施营运单位方可开始进行核设施迁移活动。

核设施迁移过程中存在核设施转让或者变更核设施营运单位情形的，适用本规定第十四条、第十五条的有关规定。

第十七条　核设施终止运行后，核设施营运单位应当制定停闭期间的安全管理措施，采取安全的方式进行停闭管理，保证停闭期间的安全，确保退役所需的基本功能、技术人员和文件，并接受国家核安全局的监督检查。

第十八条　核设施退役前，核设施营运单位应当向国家核安全局提出退役申请，并提交下列材料：

（一）核设施退役申请书；

（二）退役安全分析报告；

（三）环境影响评价文件；

（四）质量保证文件；

（五）法律、行政法规规定的其他材料。

国家核安全局向核设施营运单位颁发退役批准书。核设施营运单位应当按照退役批准书的内容开展退役活动。

第十九条　国家核安全局按照规定对核设施安全许可申请材料进行形式审查，申请材料不齐全或者不符合法定形式的，在五个工作日内一次告知申请单位需要补正的全部内容。对于申请材料齐全、符合法定形式，或者申请单位按照要求提交全部补正申请材料的，应当受理核设施安全许可申请。

国家核安全局受理或者不予受理核设施安全许可申请，应当出具书面凭证；需要对核设施安全许可申请组织技术审查的，应当一并告知申请单位技术审查的流程、计划节点和预计的技术审查时间。

第二十条　核设施营运单位对核设施安全许可申请材料的真实性、准确性负责。核设施安全许可申请材料的格式和编写内容及形式，应当符合如下规定：

（一）格式和内容满足国家核安全局相应的要求；

（二）应当具有总目录；对篇幅较长的，应当有分卷目录；

（三）所有文字、图纸和图表应当清晰，不使用放大设备能直接阅读；

（四）对所使用的图例、符号应当给予说明；

（五）涉及国家秘密、商业秘密和个人信息的内容应当予以注明。

第三章　审查与决定

第二十一条　国家核安全局依照法定条件和程序，对核设施安全许可申请组织安全技术审查。

技术审查内容包括申请材料与法规标准的符合情况、分析计算结果复核、试验结果审核等。

技术审查流程包括文件审查、校核计算、试验验证、技术交流和专家咨询等。

国家核安全局根据核设施的种类和复杂程度，对技术审查时间作出适当的安排。核设施营运单位应当按照国家核安全局的要求答复国家核安全局在技术审查中提出的问题，必要时补充相关文件资料予以说明。

技术审查时间不计入作出核设施安全许可的期限。

第二十二条　国家核安全局组织安全技术审查时，应当委托与许可申请单位没有利益关系的技术支持单位进行审评。受委托的技术支持单位应当对其技术评价结论的真实性、准确性负责。

国家核安全局在进行核设施重大安全问题技术决策时，应当咨询核安全专家委员会的意见。

第二十三条 国家核安全局对满足核安全要求的核设施安全许可申请，在技术审查完成之日起二十个工作日内，依法作出准予许可的决定，予以公告；对不满足核安全要求的，应当书面通知申请单位并说明理由。

国家核安全局审批核设施建造、运行许可申请以及核设施转让或者变更核设施营运单位申请时，应当向国务院有关部门和核设施所在地省、自治区、直辖市人民政府征询意见。

国家核安全局审批核设施迁移申请时，应当向国务院有关部门以及核设施迁出地、迁入地的省、自治区、直辖市人民政府征询意见。

第二十四条 核设施安全许可证件应当载明下列内容：

（一）核设施安全许可的单位名称、注册地址和法定代表人；

（二）核设施的名称和所在地址；

（三）准予从事的核设施安全许可活动范围和条件；

（四）有效期限；

（五）发证机关、发证日期和证书编号。

第二十五条 在核设施运行许可证的有效期内，国家核安全局可以根据法律、行政法规和新的核安全标准的要求，对许可证规定的事项作出合理调整。

第二十六条　国家核安全局依法公开核设施安全许可文件。涉及国家秘密、商业秘密和个人信息的，按照国家有关规定执行。

第四章　变更与延续

第二十七条　核设施营运单位变更单位名称、注册地址和法定代表人的，应当自变更之日起二十个工作日内，向国家核安全局办理许可证变更手续。

第二十八条　核设施建造许可证有效期届满，尚未建造完成的，核设施营运单位应当在核设施建造许可证有效期届满三十日前向国家核安全局办理延期手续，经国家核安全局审查批准后方可继续建造活动。有下列情形之一且经评估不存在安全风险的，无需办理延期审批手续，核设施营运单位应当将安全风险评估报告提交国家核安全局备案：

（一）国家政策或者行为导致核设施延期建造；

（二）用于科学研究的核设施；

（三）用于工程示范的核设施；

（四）用于乏燃料后处理的核设施。

第二十九条　核设施营运单位调整下列事项的，应当报国家核安全局批准：

（一）作为颁发运行许可证依据的重要构筑物、系统和设备；

（二）运行限值和条件；

（三）国家核安全局批准的与核安全有关的程序和其他文件。

第三十条 对在运行许可证有效期内长期不启动运行的核设施，需要改变原有运行限值和条件或者其他安全管理措施的，核设施营运单位应当制定长期停堆（运）计划和相应的管理措施，并依据本规定第二十九条的有关规定，报国家核安全局批准。

实施长期停堆（运）管理的核设施如需恢复正常运行的，应当依据本规定第二十九条的有关规定，报国家核安全局批准。

第三十一条 核设施运行许可证有效期届满需要继续运行的，核设施营运单位应当对核设施是否符合核安全标准进行论证、验证。满足核安全标准要求的，应当于许可证有效期届满前五年，向国家核安全局提出运行许可证有效期延续申请，并提交下列材料：

（一）核设施运行许可证有效期延续申请书；

（二）核设施运行许可证有效期延续的安全论证、验证报告，以及老化管理大纲、修订的环境影响评价文件、核安全相关的工程改进措施和计划等与核设施安全论证、验证相关的材料；

（三）增补或者修改的最终安全分析报告；

（四）法律、行政法规规定的其他材料。

核设施运行许可证有效期届满，运行许可证有效期延续申请经国家核安全局审查批准后，核设施方可继续运行。未获得国家核安全局批准的，核设施不得继续运行。

第三十二条 核设施运行许可证有效期延续的期限按照核设施的实际状态和安全评估情况确定，但每次不超过二十年。

第五章 附 则

第三十三条 本规定有关的术语定义为：

研究堆：核动力厂以外的研究堆、实验堆、临界装置以及由外源驱动带功率运行的次临界系统等核设施或装置的统称，包括反应堆堆芯、辐照孔道、考验回路等实验装置，以及为支持其运行、保证安全和辐射防护的目的所设置的所有系统和构筑物，还包括燃料贮存、放射性废物贮存、放射性热室、实物保护系统等反应堆场址内与反应堆或实验装置有关的一切其它设施。

Ⅰ类研究堆：功率、剩余反应性和裂变产物总量都较高的研究堆，热功率范围10MW～300MW。这类研究堆一般在强迫循环下运行，通常必须设置高度可靠的停堆系统，需要设置应急冷却系统以保证堆芯余热的有效排出；对反应堆厂房或者其他包容结构需要有特殊的密封要求。

Ⅱ类研究堆：功率、剩余反应性和裂变产物总量属于中等的研究堆，热功率范围500KW～10MW。这类研究堆可采用自然对流冷却方式或强迫循环冷却方式排出热量；反应堆需要设置可靠的停堆系统，停堆后必须保证堆芯在要求的时间内得到冷却，对反应堆厂房无特殊密封性要求。

Ⅲ类研究堆：功率低、剩余反应性小、停堆余热极少、裂变产物总量有限的研究堆，其热功率小于500KW，如果具有较高的固有安全特性，热功率范围可扩展至1MW。这类研究堆通常无特殊的冷却要求，或通过冷却剂自然对流冷却即可排出热量；利用负反馈效应或简单的停堆手段即可使反应堆停堆并保持安全状态；对反应堆厂房无密封要求。

核设施迁移：是指将核设施由一个场址搬迁至一个新的场址。

安全重要构筑物：是指具有安全要求并执行核安全功能的构筑物，包括其失效可能导致核设施安全水平的降低或者事故，以及用以缓解事故可能引起的辐射照射后果的构筑物。

长期停堆（运）：是指核设施运行期间一种较长时间的停堆（运）状态。在此状态下，核设施处于卸料状态，或处于深度次临界状态且无需采取冷却措施，核设施不必采取与正常运行要求完全一致的监测、试验、维护和检查等措施。

第三十四条 本规定自2019年10月1日起施行。1993年12月31日国家核安全局发布的《核电厂安全许可证件的申请和颁发》、2006年1月28日国家核安全局发布的《研究堆安全许可证件的申请和颁发规定》同时废止。

附表一

核设施场址选择审查申请书（样表）	
申请单位名称	
统一社会信用代码	
法定代表人姓名　　　　　　　　职务 电话（传真）	
注册地址　　　　　　　　　　　邮政编码	
拟建核设施名称	
拟建核设施类型和数量	
设计功率（热、电）/生产能力	
场址所在地	
附件：1. 营运单位营业执照或登记证书复印件 　　　2. 法定代表人身份证件复印件	
法定代表人保证： 　　本申请书及提交的文件内容真实有效，否则愿承担法律责任。 　　　　　　　　　　　　　　　　　　法定代表人签字 　　　　　　　　　　　　　　　　　　（申请单位公章） 　　　　　　　　　　　　　　　　　　年　　月　　日	

附表二

核设施建造申请书（样表）	
营运单位名称	
统一社会信用代码	
注册地址	邮政编码
法定代表人姓名 电话（传真）	职务
核设施名称	编号
核设施类型和数量	主体设施
	配套设施
使用目的	
设计功率（热、电）/生产能力	
核设施所在地	
预计开工时间	

附件：1. 营运单位营业执照或登记证书复印件
　　　2. 法定代表人身份证件复印件

法定代表人保证：
　　本申请书及提交的文件内容真实有效，否则愿承担法律责任。

法定代表人签字

（营运单位公章）

年　月　日

附表三

核设施运行申请书（样表）	
营运单位名称	
统一社会信用代码	
注册地址	邮政编码
法定代表人姓名 电话（传真）	职务
核设施名称	编号
核设施类型和数量	主体设施
	配套设施
使用目的	
设计功率（热、电）/生产能力	
核设施所在地	
预计首次装（投）料时间	
设计寿期	
附件：1. 营运单位营业执照或登记证书复印件 　　　2. 法定代表人身份证件复印件	
法定代表人保证： 　本申请书及提交的文件内容真实有效，否则愿承担法律责任。 　　　　　　　　　　　法定代表人签字 　　　　　　　　　　（营运单位公章） 　　　　　　　　　　　　　　　　　年　　月　　日	

附表四

核设施运行许可证有效期延续申请书（样表）	
营运单位名称	
统一社会信用代码	
注册地址	邮政编码
法定代表人姓名 电话（传真）	职务
核设施名称	编号
核设施类型和数量	主体设施
	配套设施
使用目的	
设计功率（热、电）/生产能力	
原运行许可证编号	
申请延续期限	
附件：1. 营运单位营业执照或登记证书复印件 　　　2. 法定代表人身份证件复印件	
法定代表人保证： 　　本申请书及提交的文件内容真实有效，否则愿承担法律责任。 　　　　　　　　法定代表人签字 　　　　　　　（营运单位公章） 　　　　　　　　　　　　　年　　月　　日	

附表五

核设施转让（变更营运单位）申请书（样表）			
核设施受让单位（拟变更营运单位）			
统一社会信用代码			
注册地址：		邮政编码	
法定代表人姓名 电话（传真）		职务	
核设施出让单位（原营运单位）			
统一社会信用代码			
注册地址		邮政编码	
法定代表人姓名 电话（传真）		职务	
核设施名称		编号	
核设施类型和数量	主体设施		
^	配套设施		
核设施原许可证件名称		编号	
核设施所在地			
附件：1. 核设施受让单位（拟变更营运单位）营业执照或登记证书复印件 2. 核设施受让单位（拟变更营运单位）法定代表人身份证件复印件 3. 核设施出让单位（原营运单位）营业执照或登记证书复印件 4. 核设施出让单位（原营运单位）法定代表人身份证件复印件			
受让单位（拟变更营运单位） 　　法定代表人签字 　　　（公章） 　　　年　月　日		核设施出让单位（原营运单位） 　　法定代表人签字 　　　（公章） 　　　年　月　日	

附表六

核设施迁移申请书（样表）	
营运单位名称	
统一社会信用代码	
注册地址	邮政编码
法定代表人姓名 电话（传真）	职务
核设施名称	编号
核设施类型和数量	主体设施
	配套设施
核设施功率（热、电）/生产能力	
是否变更营运单位	
核设施所在地	
拟迁往场址所在地	

附件：1. 营运单位营业执照或登记证书复印件
　　　2. 法定代表人身份证件复印件

法定代表人保证：
　　本申请书及提交的文件内容真实有效，否则愿承担法律责任。

法定代表人签字

（营运单位公章）

年　　月　　日

附表七

核设施退役申请书（样表）	
营运单位名称	
统一社会信用代码	
注册地址	邮政编码
法定代表人姓名 电话（传真）	职务
核设施名称	编号
核设施类型和数量	主体设施
	配套设施
核设施所在地	
退役范围	
退役目标	
预计开始退役日期	
预计退役完成日期	
附件：1. 营运单位营业执照或登记证书复印件 2. 法定代表人身份证件复印件	
法定代表人保证： 　　本申请书及提交的文件内容真实有效，否则愿承担法律责任。 　　　　　　　　法定代表人签字 　　　　　　　（营运单位公章） 　　　　　　　　　　　　　　　　年　　月　　日	

民用核设施操作人员资格管理规定

（2021年1月27日生态环境部、国家发展和改革委员会令第22号公布 自2021年7月1日起施行）

第一章 总 则

第一条 为了加强民用核设施（以下简称核设施）操作人员的资格管理，根据《中华人民共和国核安全法》《中华人民共和国民用核设施安全监督管理条例》等有关法律法规，制定本规定。

第二条 本规定适用于下列核设施操作人员（以下简称操作人员）的执照申请、培训、考核、颁发，以及相关监督管理工作：

（一）核电厂、核热电厂、核供汽供热厂等核动力厂及装置（以下统称核动力厂）；

（二）核动力厂以外的研究堆、实验堆、临界装置等其他反应堆（以下统称研究堆）；

（三）核燃料后处理生产设施（以下统称后处理设施）。

本规定所称操作人员，是指《中华人民共和国核安全法》《中华人民共和国民用核设施安全监督管理条例》等法律法规规定的核设施操纵人员或者核设施操纵员,即在核设施主控室中担任操作或者指导他人操作核设施控制系统工作的运行值班人员。

第三条 操作人员应当按照本规定申请《操作员执照》或者《高级操作员执照》(以下统称执照)。

持有《操作员执照》的人员方可担任操作核设施控制系统的工作;持有《高级操作员执照》的人员方可担任操作或者指导他人操作核设施控制系统的工作。

申请执照人员,需要使用核设施控制系统进行操作培训的,应当取得核设施营运单位临时授权并在操作人员监护下方可进行。核设施营运单位和进行监护的操作人员对上述培训人员的活动负责。

第四条 国务院核安全监督管理部门负责批准颁发执照,组织研究堆和后处理设施操作人员执照培训和考核,对操作人员资格有关工作进行监督管理。

国务院能源主管部门负责组织核动力厂操作人员执照培训和考核。

第五条 对核设施营运单位实施控股管理的企业集团(以下简称企业集团)应当承担或者委托有能力的核设施营运单位承担执照申请、培训和考核工作。

无前款所称企业集团的核设施营运单位具备能力的,可以自行承担前款相关工作;没有能力的,应当委托有能力的单位承担。

第六条 核设施营运单位应当聘用取得执照的人员从

事核设施操作工作,加强岗位管理。

第二章 申请与颁发

第七条 申请《操作员执照》的人员应当具备下列条件:

(一)身体健康;

(二)具有中专及以上文化程度,其中核动力厂操作人员应当具有大专及以上文化程度;

(三)经过培训,且考核合格。

第八条 申请《高级操作员执照》的人员应当具备下列条件:

(一)身体健康;

(二)具有大专及以上文化程度;

(三)经过培训,且考核合格;

(四)担任操作员两年以上,且成绩优秀。

申请核动力厂《高级操作员执照》的人员,前款第四项规定的成绩优秀应当包括担任操作员两年内参加运行值班至少一千六百小时的条件。

第九条 申请研究堆和后处理设施执照的人员,由承担执照申请工作的单位组织向国务院核安全监督管理部门提交申请材料。

申请核动力厂执照的人员,应当先参加国务院能源主管部门组织的执照培训和考核,并通过国务院能源主管部门审查后,由承担执照申请工作的单位组织向国务院核安全监督管理部门提交申请材料。

第十条 申请材料应当通过全国一体化在线政务服务平台生态环境部政务服务大厅（网址：http：//zwfw.mee.gov.cn，以下简称政务服务大厅）或者邮寄、当面递交等方式提交，包括下列内容：

（一）申请表；

（二）学历证明；

（三）健康检查结果；

（四）培训和考核情况。

申请核动力厂执照的，还应当提交国务院能源主管部门的审查意见；申请《高级操作员执照》的，还应当提交成绩证明材料。

申请材料应当真实、准确、完整。

第十一条 国务院核安全监督管理部门对收到的申请材料进行审查。

申请材料不齐全或者不符合法定形式的，应当在五个工作日内一次告知需要补正的全部内容；逾期不告知的，自收到申请材料之日起即视为受理。

申请材料齐全、符合法定形式，或者按照要求提交全部补正申请材料的，应当在五个工作日内受理申请。

第十二条 国务院核安全监督管理部门组织对受理的申请进行技术审查。

技术审查应当委托与承担执照申请工作的单位没有利益关系的技术支持单位进行。受委托的技术支持单位应当对其审查意见的真实性、准确性负责。

技术审查过程中,国务院核安全监督管理部门或者受委托的技术支持单位可以根据需要要求提交必要的支持性材料。

第十三条 国务院核安全监督管理部门在技术审查完成之日起二十日内作出是否批准颁发执照的决定。执照包括下列内容:

(一)持照人员身份信息;

(二)所在核设施营运单位;

(三)执照种类;

(四)核设施名称;

(五)执照有效期;

(六)执照编号。

第十四条 执照有效期为五年。

执照有效期届满拟继续从事核设施操作工作的人员,应当在执照有效期届满三个月前申请延续执照。

第十五条 延续申请材料应当通过政务服务大厅或者邮寄、当面递交等方式提交,包括下列内容:

(一)延续申请表;

(二)执照有效期内健康检查结果;

(三)再培训和延续考核情况。

申请延续核动力厂执照的,还应当提交国务院能源主管部门的审查意见。

第十六条 国务院核安全监督管理部门应当自受理延

续申请之日起，在执照有效期届满前完成审查，符合条件的予以延续，换发新执照；不符合条件的，不予延续。

第十七条 执照有效期内拟转至执照载明的核设施以外的其他核设施继续从事核设施操作工作的人员，应当在执照有效期内申请变更执照。

第十八条 变更申请材料应当通过政务服务大厅或者邮寄、当面递交等方式提交，包括下列内容：

（一）变更申请表；

（二）执照有效期内健康检查结果；

（三）差异性培训和变更考核情况。

申请变更核动力厂执照的，还应当提交国务院能源主管部门的审查意见。

国务院核安全监督管理部门应当及时进行审查，符合条件的予以变更，换发新执照；不符合条件的，不予变更。

第十九条 有下列情形之一的人员，不得申请执照：

（一）被吊销执照的人员，自执照吊销之日起未满三年的；

（二）按照本规定第三十八条、第三十九条的规定，受到不得申请执照的处理，期限尚未届满的。

第三章 培训与考核

第二十条 申请执照的人员应当按照本规定的要求完成培训并通过申请考核。

前款所指申请考核包括笔试、口试和操作考试。

第二十一条 申请《操作员执照》的人员应当培训和考核下列知识技能：

（一）核设施的基础理论、系统设备、辐射防护等相关知识；

（二）核设施的运行技术规格书等操作知识；

（三）操作核设施控制系统的能力。

第二十二条 申请《高级操作员执照》的人员应当培训和考核下列知识技能：

（一）本规定第二十一条规定的知识技能；

（二）核设施运行管理知识；

（三）指导他人操作核设施控制系统的能力。

第二十三条 申请延续执照的人员应当完成规定的再培训并通过延续考核，保持应当具备的知识技能并掌握核设施经验反馈、技术变更等情况。

申请延续执照的人员，执照有效期内工作成绩符合规定的，可以免予笔试，仅参加口试和操作考试；其中核动力厂操作人员的工作成绩中应当包括参加运行值班至少两千小时的条件。

第二十四条 申请变更执照的人员应当根据拟转至核设施与原所在核设施对操作人员知识技能要求的差异，完成规定的差异性培训并通过变更考核。变更考核包括差异性笔试、口试和操作考试。

无法实施差异性培训和变更考核的，应当重新申请执照。

第二十五条 操作人员培训应当按照培训大纲实施，兼顾理论知识与实际操作，注重安全文化和行为规范的培育。

培训大纲由承担培训工作的单位制定，包括培训组织分工、培训内容设置、培训管理评价以及培训资源保障等内容。

核动力厂培训大纲应当由国务院能源主管部门审定。研究堆和后处理设施培训大纲应当由国务院核安全监督管理部门审定。

第二十六条 操作人员考核应当按照考核标准实施。

核动力厂操作人员考核标准由国务院能源主管部门制定，国务院核安全监督管理部门核准。研究堆、后处理设施考核标准由国务院核安全监督管理部门制定。

考核标准应当包括参加考核人员应当具备的条件、考评组织组成原则、考题编制要求、考核评定准则和合格标准等内容。

第二十七条 申请、延续或者变更执照的人员所参加的笔试、口试和操作考试成绩均达到合格标准的，属于考核合格。

第四章 监督与管理

第二十八条 操作人员资格管理有关责任单位应当明确责任部门，合理配置资源，建立并有效实施相关管理制度，严格落实有关要求。

各责任单位主要负责人应当加强对有关责任部门和人员履职情况的督促检查，切实履行管理责任。

第二十九条 操作人员岗位配置应当满足安全运行需要，并在核设施营运单位提交给国务院核安全监督管理部门的最终安全分析报告中予以明确。

第三十条 核设施运行值班负责人应当由具备相关工作经历、成绩优秀的操作人员担任。

核动力厂、I类和II类研究堆、后处理设施的运行值班负责人应当具有两个以上操作人员岗位工作的经历，且持有《高级操作员执照》。

第三十一条 核设施营运单位应当明确负责核设施运行管理的部门（以下简称运行部门）。

核动力厂、I类和II类研究堆、后处理设施运行部门的主要负责人和分管运行的负责人应当具有担任运行值班负责人的经历，且至少一人持有所在核设施《高级操作员执照》。持有《高级操作员执照》的核动力厂运行部门负责人，运行值班应当同时满足下列条件：

（一）每十二个月参加运行值班至少一百小时；

（二）执照有效期内执行或者指导过启动、升降功率、换料运行等重要工作。

III类研究堆运行部门的负责人中应当至少有一人持有《操作员执照》或者《高级操作员执照》。

第三十二条 核设施营运单位应当严格操作人员岗位

管理，明确岗位职责和任职要求，对操作人员进行岗位授权，合理安排运行值班、培训；对身体健康状况、参加培训情况、运行值班情况等不满足规定要求的操作人员，应当取消其岗位授权。

核动力厂操作人员的运行值班应当同时满足下列条件：

（一）每十二个月参加运行值班至少四百小时；

（二）每六个月参加运行值班至少一百五十小时。

不能同时满足前款规定条件的，核设施营运单位应当取消操作人员岗位授权。

第三十三条 取消岗位授权的操作人员拟重新参加运行值班的，核设施营运单位应当安排必要的补充培训、岗位实践等，经评估合格后方可重新授权。

第三十四条 操作人员应当遵守职业操守和行为规范，杜绝违规操作和弄虚作假，提高知识技能，严格尽职履责。

操作人员存在因饮酒、使用药物等可能影响履行岗位职责情形的，应当及时向所在核设施营运单位报告。核设施营运单位应当根据情况确定该操作人员是否可以参加运行值班。

第三十五条 国务院核安全监督管理部门对操作人员资格管理有关工作进行监督检查。监督检查主要围绕以下事项开展：

（一）培训大纲、培训计划、培训实施等培训管理情况；

（二）考评组织、考核试题、考核实施、考核结果等考核管理情况；

（三）人员配置、授权管理、运行值班等岗位管理情况。

监督检查主要通过文件审查、现场检查、记录确认或者谈话等方式进行，必要时可以抽查复验。

第三十六条　对国务院核安全监督管理部门依法进行的监督检查，被检查单位和人员应当予以配合，如实反映情况，提供必要资料，不得拒绝和阻挠。

第三十七条　操作人员有下列情形之一的，国务院核安全监督管理部门应当依法办理执照注销手续：

（一）因身体健康等原因无法继续满足执照申请条件的；

（二）执照依法被撤销、吊销的；

（三）法律、行政法规规定的应当注销执照的其他情形。

第五章　罚　　则

第三十八条　申请执照的人员隐瞒有关情况或者提供虚假材料的，国务院核安全监督管理部门依据《中华人民共和国行政许可法》的有关规定不予受理或者不予许可，并给予警告；被警告人员一年内不得再次申请。

第三十九条　申请执照的人员以欺骗、贿赂等不正当手段取得执照的，由国务院核安全监督管理部门依据《中华人民共和国行政许可法》的有关规定撤销其执照，三年内不得再次申请。

第四十条　操作人员有下列情形之一的，属于《中华人民共和国民用核设施安全监督管理条例》第二十一条第

三项规定的"违章操纵",国务院核安全监督管理部门应当依法予以处罚:

(一)操作人员不符合核安全法律法规和本规定的条件的;

(二)未按照规定程序操作导致后果的,或者虽未导致后果但在工作中未按照程序操作两次以上的;

(三)超出执照范围从事核设施操作工作的。

第四十一条 操作人员资格管理有关责任单位有下列情形之一的,由国务院核安全监督管理部门责令改正,给予警告,并可以处三万元以下的罚款:

(一)执照申请过程中存在弄虚作假,谎报有关资料、事实等行为的;

(二)未按有关规定对操作人员进行岗位授权或者取消岗位授权,或者隐瞒操作人员违章操作的。

第四十二条 核设施营运单位聘用未取得《操作员执照》或者《高级操作员执照》的人员从事核设施操作工作的,依据《中华人民共和国核安全法》的相关规定予以处罚。

对国务院核安全监督管理部门或者其他有关部门依法进行的监督检查,企业集团或者核设施营运单位拒绝、阻挠的,依据《中华人民共和国核安全法》的相关规定予以处罚。

第四十三条 操作人员考核工作人员有下列情形之一的,由国务院核安全监督管理部门、国务院能源主管部门按照职责分工,依据国家有关专业技术人员资格考试违纪违规处理规定,予以处理:

（一）以不正当手段协助他人取得考核资格或者取得执照的；

（二）泄露考务实施工作中应当保密的信息的；

（三）在评阅卷工作中，擅自更改评分标准或者不按评分标准进行评卷的；

（四）指使或者纵容他人作弊，或者参与考场内外串通作弊的；

（五）其他严重违纪违规行为。

第六章　附　　则

第四十四条　本规定中下列用语的含义：

（一）核设施控制系统，对于核动力厂和研究堆，是指影响反应堆反应性或者功率水平，或者影响专设安全设施状态的控制设备和装置；对于后处理设施，是指影响核设施物理、化学或者核过程的控制设备和装置。

（二）身体健康，是指体能、感知、表达和情绪等各方面能够满足从事核设施操作工作需要，不存在可能影响履行职责的健康问题，包括但不限于神经系统、心血管系统、内分泌系统、听觉、视觉、精神疾病或者缺陷。健康检查的具体判定由具备条件的医疗机构按照国家有关医学标准实施。

第四十五条　本规定自 2021 年 7 月 1 日起施行。1993 年 12 月 31 日国家核安全局发布的《核电厂操纵人员执照颁发和管理程序》同时废止。

核设施的安全监督

(1995年6月14日国家核安全局发布 自1995年10月1日起施行)

第一章 总 则

第一条 根据《中华人民共和国民用核设施安全监督管理条例》(以下简称《条例》)第二十五条的规定,制定本实施细则。

第二条 核安全监督的目的是通过检查核安全管理要求和许可证件规定条件的履行情况,督促纠正不符合核安全管理要求和许可证件规定条件的事项,必要时可采取强制性措施,以保障核设施的安全。

第三条 本实施细则适用于对核设施在选址、设计、建造、调试、运行和退役各阶段与核安全有关的全部物项和活动(以下简称核设施物项与活动)的核安全监督。

第四条 核安全监督的依据是:

(一)国家核安全法规:

(1)《中华人民共和国民用核设施安全监督管理条例》及其实施细则;

(2)《中华人民共和国核材料管制条例》及其实施

细则；

（3）《中华人民共和国核电厂核事故应急管理条例》；

（4）《核电厂厂址选择安全规定》；

（5）《核电厂设计安全规定》；

（6）《核电厂运行安全规定》；

（7）《核电厂质量保证安全规定》；

（8）《核电厂放射性废物管理安全规定》；

（9）《民用核承压设备安全监督管理规定》及其实施细则；

（10）《研究堆设计安全规定》；

（11）《研究堆运行安全规定》；

（12）《民用核燃料循环设施安全规定》；

（13）国家核安全局发布的其他核安全法规。

（二）国家的与原子能、辐射防护、环境保护、公安、卫生和交通等有关的其他法律与法规。

（三）核设施环境影响报告批准书。

（四）核设施许可证件规定条件。

（五）国家核安全局审查认可或批准的文件：

（1）核设施安全分析报告及其安全评价报告；

（2）核设施质量保证大纲；

（3）核设施调试大纲；

（4）核事故应急计划；

（5）其他认可或批准的文件。

（六）国家核安全部门发布的其他有关指令和文件。

第五条 国家核安全部门的监督并不减轻核设施营运单位及有关单位对核设施所承担的核安全责任。

第二章 核安全监督职责

第六条 核安全监督由国家核安全局及其地区监督站组织实施。

第七条 国家核安全局在核安全监督工作中负领导责任，其具体职责为：

（一）负责培训、考核核安全监督员，并授予核安全监督员证（核安全监督员应具备的条件见附录A）；

（二）组织编制全国核设施的年度检查计划，批准地区监督站辖区内核设施的年度检查计划；

（三）组织编制核设施监督项目表、监督检查大纲、检查程序等监督文件；

（四）负责组织由局实施的例行核安全检查和非例行核安全检查；

（五）负责组织对重大不符合项和核安全相关事件等进行评价，并对核设施的安全状况进行综合评价；

（六）监督操纵人员资格的考核工作；

（七）负责建立核设施运行状态数据库、事件库，并进行经验反馈的分析研究；

（八）采取或授权采取执法行动。

第八条 地区监督站作为国家核安全局的派出机构，

负责派驻区核设施的核安全监督。其具体职责为：

（一）编制和实施辖区内核设施的年度检查计划；

（二）负责向核设施现场派遣并管理核安全检查组和核安全监督员；

（三）负责日常核安全检查，组织由站实施的或参加由局实施的例行核安全检查和非例行核安全检查；

（四）检查与督促营运单位执行报告制度；

（五）参与检查操纵人员资格的考核工作；

（六）评价或参与评价不符合项、核安全相关事件及核设施的安全状况；

（七）处理违反核安全管理要求和许可证件规定条件的事项，对重大事项，及时向国家核安全局报告，并提出采取执法行动的建议，在国家核安全局授权时采取执法行动。

第九条 现场核安全监督员是核安全监督的执行人员，其具体职责为：

（一）向核设施营运单位及有关单位和人员宣传国家核安全政策和法规，并监督其执行法规和贯彻核安全文化的情况；

（二）参加日常、例行和非例行核安全检查工作；

（三）监督已批准的不符合项处理程序的实施，并向地区监督站提出评价意见的建议；

（四）检查与核实核设施营运单位及有关单位遵守核安全管理要求和许可证件规定条件的情况，及时报地区监督站；

（五）有权要求营运单位停止明显违反核安全管理要求

和许可证件规定条件的行为以及紧急危及核安全的活动，并必须立即报地区监督站和国家核安全局追认核准。

第十条 执行专项任务的核安全检查组、核安全监督员及受国家核安全局或地区监督站委托的人员（以下简称受委托人员）应在依法授权的范围内进行工作。

第十一条 核安全监督员和受委托人员必须遵守营运单位及有关单位的保卫、保密和辐射防护等方面的规定，并保证未经营运单位和/或有关单位同意，不得将保密资料泄漏给任何第三方。

第三章 核安全检查

第十二条 核安全检查连续贯彻于核设施选址、设计、建造、调试、运行和退役的全过程和所有重要活动。

第十三条 核安全检查的目的是核实和监视营运单位及有关单位的核设施物项和活动是否满足核安全管理要求和许可证件规定的条件，督促营运单位及有关单位及时纠正缺陷和异常状态，以确保核设施选址、设计、建造、调试、运行和退役符合批准的文件和有关要求。

第十四条 核安全检查的范围主要是许可证件规定条件中所规定的范围，以及在审批许可证过程中确定需要检查的范围。

第十五条 核安全检查可以分为日常的、例行的和非例行（特殊）的检查。非例行的检查可以是事先通知或事先不通知的。事先通知的检查一般在检查前一个月通知营运单位和/或有关单位,以便做好准备和安排。

第十六条 核安全检查由核安全检查组、核安全监督员或受委托人员进行。核安全检查的主要方法为:

(一)文件检查:对执行程序、试验程序、质量保证记录、试验结果和数据、运行维修记录以及缺陷和异常事件记录等作检查;

(二)现场观察:在现场直接观察核设施物项或活动是否按有关规定和文件实施;

(三)座谈和采访:召开营运单位及有关单位的领导、质保和质检人员以及有关人员参加的座谈会,或向他们专门采访,以了解情况;

(四)测量或试验:必要时,可进行测量或试验,例如,尺寸测量、照相、录相及在营运单位协同下进行取样、放射性检测和无损探伤等。但这种测量、取样或试验并不代替营运单位和/或有关单位应做的测量和试验,也不减轻营运单位和/或有关单位的责任。

第十七条 日常核安全检查是由现场核安全监督员所作的检查。现场核安全监督员应对影响核安全的重要活动、物项和记录进行检查,并做好检查记录。

第十八条 例行核安全检查是核安全检查组或核安全监督员根据国家核安全局制定的检查大纲,对营运单位在核设施选址、设计、建造、调试、运行、退役各阶段的安全重要活动所进行的有计划的核安全检查。例行核安全检查的程序如下：

（一）准备工作：国家核安全局（或地区监督站）在检查开始前一个月将检查的目的、要求和日期通知营运单位及有关单位。营运单位应在检查开始前十五天反馈意见，并做好接受检查的准备。

（二）检查前会议：在检查开始时召开会议，宣布检查的具体目的，提出有关单位应配合的工作内容，并确定检查日程表。

（三）检查的实施：例行核安全检查的实施应按确定的检查项目、程序和检查表格进行。

（四）检查后会议：在检查后会议上通告检查初步结果和要求。营运单位及有关单位可对检查初步结果陈述意见。

（五）检查报告：核安全检查组或核安全监督员在检查工作结束后以规定的格式写出检查报告，主要包括检查项目、经过、结果、评价以及对应采取的强制性措施或修改许可证件规定条件的建议等内容。检查报告经国家核安全局或地区监督站批准后通报营运单位及有关单位。

（六）后续行动：通常由地区监督站对营运单位执行核安全检查报告的要求进行跟踪、核实，如有必要的，可对营运单位和/或有关单位所作的纠正措施提出书面意见。

第十九条 非例行核安全检查是国家核安全局或地区监督站根据工作需要进行的检查，是对意外的、非计划的或异常的情况或事件的响应。非例行核安全检查应根据检查项目具体情况，参照例行核安全检查的程序实施。

第四章 对营运单位及有关单位的要求

第二十条 根据《条例》第七、十六和十七条的规定，营运单位及有关单位应积极主动地按如下要求接受和配合核安全检查：

（一）在接受核安全检查时，必须如实地反映情况，根据检查要求提供或出示有关的工作程序、质保程序、文件和记录、数据和图纸，以及含有建造质量、测试结果、运行情况和维修经过等信息的各种资料；

（二）当国家核安全局认为必要时，营运单位应对调试和运行期间的试验项目予以演示；

（三）应保证核安全监督人员在执行任务时能自由地、迅速地进入核设施和有关生产场所的任何地区。只有当营运单位及有关单位能证明这种进入对安全有威胁时，才能对这种进入要求提出限制；

（四）应在不危及核安全的前提下，保证核安全监督人员在执行任务时能自由地、及时地接触有关人员；

（五）应为执行核安全检查的人员提供必要的条件，充分配合、协助做好核安全检查工作。

第二十一条 国家核安全局可根据工作需要，在核设施建造、调试和运行阶段选定控制点和见证试验项目。营运单位应按国家核安全局的要求提供有关资料，并发出通知。

第二十二条 营运单位应向地区监督站定期报告核设施的活动计划、进度、变更和核安全状况。

第二十三条 营运单位必须执行核设施营运单位报告制度。报告制度包括：

（一）定期报告；

（二）重要活动通知；

（三）建造阶段事件报告；

（四）运行阶段事件报告；

（五）核事故应急报告。

上述报告或通告的报告准则和要求见本细则附件。

第二十四条 营运单位及有关单位内的质量保证、安全防护等部门有权直接向地区监督站或国家核安全局反映问题。他们的职权应受到尊重和保护。

第二十五条 营运单位及有关单位有权检举核安全监督人员的渎职违法行为。

第五章 执 法

第二十六条 根据《条例》第十八条的规定，为了保证现场工作人员、公众和环境辐射防护的需要，国家核安全局有权依法要求营运单位及有关单位消除有关核设施物项和活动中任何不安全因素。

第二十七条 根据《条例》第十八、二十一和二十三条的规定，国家核安全局将按下列各款发布强制性命令：

（一）在核设施选址、设计、建造、调试、运行和退役过程中对轻微违反核安全管理要求或许可证件规定条件，对不报或谎报事实真相，对无故拒绝核安全检查，对无照上岗操作，国家核安全局向营运单位及有关单位发出警告。

（二）在核设施选址、设计、建造、调试、运行和退役过程中对严重违反核安全管理要求或许可证件规定条件的营运单位及有关单位，国家核安全局可责令限期改进或停业整顿；对调试、运行和退役过程中发生可能使现场工作人员和公众面临放射性危害，或者核设施与核安全有关的重要物项严重损坏无法修复，国家核安全局可责令停业整顿或停工；对未经批准从事核设施建造、运行、迁移、转让和退役的营运单位及有关单位，国家核安全局可责令停工。

（三）对拒绝执行强制性命令或严重违章操作致使核设施损坏、功能失常造成长期不合格或严重不合格，或发生对现场工作人员、公众和环境造成不适当的辐射危害和工业危害的，国家核安全局可中止或吊销营运单位核安全许可证件。

第二十八条 被处罚单位或个人对处罚不服时，按照《条例》第二十二条的规定办理。但是，在现场工作人员和公众面临严重超剂量辐射危害和环境可能受到严重污染的情况下，必须采取先执行后申诉的原则。

第二十九条 国家核安全局采取的强制性命令应以书面形式通知核设施营运单位及有关单位。在非常情况下由地区监督站执行，事后补发通知。

第三十条 对于不服从管理、违反规章制度或者强令他人违章作业，因而发生核事故，造成严重后果，构成犯罪的，将依法追究刑事责任。

第六章 附 则

第三十一条 本实施细则中下列用语的定义为：

核安全监督

核安全监督包括检查和处理、处罚、强制性命令，简称检查和执法。

核安全检查

国家核安全局、地区监督站、核安全检查组、核安全监督员、或受委托人员对营运单位及有关单位的物项与活动所进行的核实和监视。

核安全管理要求

国家、国家核安全局和其他政府部门发布的与核安全有关的法律、条例、规定和实施细则所规定的要求。

国家核安全部门

国家核安全局及其地区监督站系统称国家核安全部门。

第三十二条 本实施细则由国家核安全局解释、修改和制定相应的附件和附录。其附件与本实施细则具有同等的法律效力，其附录为参考文件。

第三十三条 本实施细则自一九九五年十月一日起施

行，一九八八年四月十四日国家核安全局发布的《中华人民共和国民用核设施安全监督管理条例实施细则之二-核电厂的安全监督》及其相应的附件同时废止。

附录 A

核安全监督员应具备的条件

为保证核安全监督的质量，核安全监督员应具备的主要条件是：

（一）具有大学以上文化水平或同等学历；

（二）具有五年以上工程实践或三年以上核安全管理的经验，并能依法履行核安全监督工作及独立作出正确的判断和写出合格的报告；

（三）熟知国家核安全法规，模范地遵守国家的法律和规定；

（四）作风正派，办事公正，工作认真，态度谦虚。

国家核安全局根据工作需要，挑选具有上述条件的人员进行培训考核，考试合格者由国家核安全局发给"核安全监督员证"。

核电厂营运单位的应急准备和应急响应

(1998年5月12日国家核安全局批准发布
自发布之日起施行)

第一章 总 则

第一条 根据《核电厂核事故应急管理条例》的有关规定，制定本实施细则。

第二条 本实施细则适用于核电厂营运单位的应急准备和应急响应活动，以及国家核安全部门对这些活动的审评和监督。

第三条 对核电厂营运单位的应急准备和应急响应进行审评、监督的依据是：

（一）国家核安全法规。

（二）国家的与原子能、辐射防护、环境保护、公安、卫生和交通等有关的法律与法规。

（三）国家核安全部门审查认可或批准的文件以及发布的其他指令。

第四条 国家核安全部门的监督并不减轻核电厂营运单位对核电厂应急准备、应急响应所承担的责任。

第二章 应急计划及相关文件的制定与审评

第五条 在核电厂不同阶段对核电厂营运单位及有关单位应急准备和应急响应的要求：

（一）可行性研究阶段

在可行性研究报告中，应分析推荐厂址区域的人口特点、地理特征及其他环境特征和在核电厂整个预计寿期内执行应急计划的能力。

（二）设计阶段

在核电厂设计阶段，应对核电厂事故状态（包括严重事故）及其后果作出分析，对厂内的应急设施、应急设备和应急撤离路线作出安排。

在初步安全分析报告（PSAR）有关运行管理的章节中，应提出应急计划的初步方案，其内容包括应急计划的目的、依据的法规和适用范围，营运单位所设置的应急组织及其职责的框架，应急计划区范围的初步测算及其环境（人口、道路、交通等）概况，主要应急设施与设备的基本功能和位置，撤离路线。相关资料可引用PSAR的其他章节的有关内容。

（三）建造阶段

若新建核电厂厂址的邻近已有正在运行的核电厂，则新建核电厂营运单位应针对正在运行的核电厂在事故编制相应的应急准备程序并进行适宜的应急准备。如正在运行的核电厂发生意外事故影响场外时，新建核电厂营运单位应有效实施应急响应，以保证工作人员的安全。

（四）装料前阶段

营运单位的场内应急计划经主管部门审查后应作为独立文件，与最终安全分析报告一并上报国家核安全部门审批，并按本实施细则第六条第（二）款第6项的规定，进行装料前的应急演习。在运行开始前核电厂营运单位必须做好全部应急准备。

新建的核电厂只有在其场内和场外核事故应急计划被审查批准后，方可装料。

（五）运行阶段

在整个核电厂运行阶段，应急准备应做到常备不懈；应急状态下需要使用的设施、设备和通信系统等须妥为维护，处于随时可用状态。应定期进行核事故应急演习和对应急计划进行复审和修订。

在核电厂出现应急状态时，应有效实施应急响应，及时向国家核安全部门报告事故情况并与场外应急机构协调配合，以保证工作人员、公众和环境的安全。

（六）退役阶段

在核电厂退役报告中应有应急计划的内容，说明在退役期间可能出现的应急状态及其对策，考虑待退役的核电厂可能产生的辐射危害，规定营运单位负责控制这些危害的组织和应急设施。在退役期间一旦发生事故，应有效实施应急响应，以保证工作人员、公众和环境的安全。

第六条 应急计划及其实施程序的制定

（一）核电厂营运单位应制定场内应急计划和相应的实施程序。

应急计划应根据核电厂可能发生的事故（包括设计基准事故和严重事故）及其对厂内、外的辐射影响以及核电厂厂址周围的自然条件和设备经济特征等制定。

核电厂营运单位应根据其场内应急计划，编写相应的应急计划实施程序。实施程序清单应列入应急计划中。

（二）应急计划应包括下列主要内容：

1. 应急组织及其职责

应概述核电厂营运单位的运行组织和应急组织及其职责；应急组织负责制定应急计划和进行应急准备，统一指挥在应急状态下的应急响应，并负责与国家核安全部门及场外应急机构联系。

2. 应急状态、干预水平和应急行动水平

应描述各应急状态的基本特征和不同应急状态下拟采取的应急响应行动，提出各种应急防护措施下使用的干预水平。应根据核电厂的设计特征和厂址特征提出应急行动水平。在申请首次装料批准书时，提出初步制定的应急行动水平；在申请运行许可证时应提交修订后的应急行动水平供审评。

3. 应急设施和设备

列出应设置的主要应急响应所配置的设备等。主要的应急设施包括控制室、辅助控制点、应急指挥中心、应急技术支援中心应能获得核电厂的重要安全参数、厂内及其邻近地区的辐射状况，具有向国家核安全部门进行通信联络、实时在线传输核电厂重要安全参数的能力，以及与核电厂所在省（自治区、直辖市）场外应急机构进行通信联络的能力。

4. 应急响应行动和防护措施

应规定各应急状态下的通知（通知场内应急部门及人员，国家核安全部门，场外应急机构）与报告、启动应急组织、开展评价工作、采取纠正及补救行动和采取防护行动的决策及其实施的方法和程序。

5. 应急终止和恢复

应规定应急终止的条件、批准和发布程序，并概述应急终止后采取的行动、主要恢复措施和实施恢复活动的组织。

6. 应急能力的维持

为了维持营运单位的应急响应能力，需规定进行应急培训、应急演习和对应急准备的监查、检查等活动的内容。

应概述应急培训大纲，明确规定培训的对象、要求、类型、教材、设备、频度、教员和记录等内容。在首次装料前应对所有应急人员（包括应急指挥人员）进行一次和在运行寿期内每年至少进行一次与他们预计要完成的应急任务相适应的培训和考核。

应急演习包括厂内应急组织的单项演习（练习）、综合演习和与厂外应急机构的联合演习，练习可以是演习的一个组成部分。综合演习至少每2年一次；联合演习按有关规定进行；练习至少每年一次，对通信和数据传输的练习要求更高的频度。应制定演习计划，计划中包括专门为演习或练习设计的合理的事故情景。综合演习计划及其事故情景设计应事先提交国家核安全部门。

7. 场内、外应急计划的协调

场内应急计划应和场外应急计划相互补充和协调；应对可能的事故估计放射性物质释放的数量，并提供相应的实施公众防护措施的内容和方法。

（三）应急计划的格式和内容应按有关的规定进行编制。

第七条 营运单位的应急组织应根据应急演习和练习的结果、核电厂实际发生的事件或事故的经验、核安全法规要求的变更、设施和设备的变动以及技术的进步等，对应急计划和实施程序进行定期、不定期复审和修订。营运单位应至少每二年一次对应急计划进行修订，经修订后的应急计划必须报国家核安全部门备案。应急人员替代表内记录的各项内容如有变动应及时更新和报告。

第八条 国家核安全部门对营运单位申请核安全许可证件时提交的文件中关于应急准备、应急计划的有关内容进行的审评：

（一）对可行性研究报告中厂址部分的评价

确定该厂址对实施应急计划和应急措施的可行性，审查厂址周围的人口密度和分布（特别是可能影响采取应急措施的特殊人群组情况）及其在核电厂预计寿期内的变化，特殊的地理特征，周围经济、工业、农业、生态和环境特征。审评结论作为《核电厂厂址选择审查意见书》的内容之一。

（二）对应急计划初步方案的审评

审查初步安全分析报告中有关应急计划的初步方案的资料是否足够，是否满足本实施细则中第五条第（二）款的要求。评价应急设施的设计和设备配置的合理性，应急计划初步方案的适宜性，应急计划区范围和撤离路线的设计是否满足要求。

（三）对应急计划的审评

审查申请者提供的资料是否齐全，是否满足本实施细则第六条第（二）款和有关规定的要求。评价该计划是否能保证在事故情况下采取及时的和后续的适宜的防护措施，包括应急计划所考虑的事故范围是否正确，应急行动水平是否反映核电厂的具体情况，营运单位的场内应急计划与核电厂所在省（直辖市、自治区）政府的场外应急计划是否协调一致。

第三章 对应急准备和应急响应的监督

第九条 在核电厂运行期间，国家核安全部门对核电厂营运单位的应急准备状况执行应急响应的能力进行监督。监督的方式为日常的和例行的检查，检查的主要项目包括对应急组织、应急人员、程序、设施和物资以及对来自厂外的技术支援的检查，验证和检查是否符合有关核安全法规和应急计划的要求、是否做到常备不懈。

检查项目的主要内容如下：

（一）应急组织。检查营运单位的应急组织是否符合应急计划的要求，是否保持高效、快速的应急响应能力，检查与国家核安全部门、场外应急组织联系的组织、人员、条件及程序。

（二）应急状态分级和应急行动水平。检查营运单位的应急状态分级准则和应急水平以及有关人员对这些文件的熟悉情况。

（三）应急人员的应急响应能力。检查应急人员具有完成应急响应的能力和知识，包括检查重要岗位应急人员连续24小时的应急能力，应急人员花名册，应急人员及时获得通知的手段及程序，应急人员对自己在应急状态下职责及与其他应急人员的配合关系（包括与场外应急组织的人员的协调关系）的了解和所配备的应急设备和器材，应急人员的培训和再培训及其有效性等。

（四）应急设施和设备。各种重要应急设施、应急设备、通信系统和器材是否齐备及其维护状况，是否保持随时可启用的状态。

（五）应急实施程序。检查营运单位是否有完善的应急计划实施程序及其可操作性，是否符合最新情况。

（六）应急演习。检查营运单位制定和执行的应急演习计划，派核安全监督员现场监督在核电厂装料前和运行期间所进行的综合演习和联合演习，作出评价，并跟踪已发现的缺陷是否得到纠正。

（七）记录和报告制度。

（八）其他监督项目。

对应急准备的监督可以与其他核安全例行检查联合进行，也可以单独进行。

第十条 国家核安全部门对营运单位应急准备的核安全监督的方法及其对营运单位的要求等，执行核安全法规《中华人民共和国民用核设施安全监督管理条例实施细则之二——核设施的安全监督》。为保证与国家核安全部门通信联络的及时可靠，营运单位应向其提供必要的条件（包括通信器材）。

第十一条 在应急响应期间，国家核安全部门应对核电厂营运单位的响应活动和应急决策及其与场外应急组织的协调和提出的或采取的措施进行检查和评估，必要时进行干预；审查终止厂房应急状态及以上应急状态的条件。

在应急状态结束后，审查核电厂营运单位的后续行动和恢复活动，调查出现事故的原因和事故后果，评价营运单位对事故后果的分析，确定核电厂恢复运行、重新取证或退役。

第四章 记录和报告制度

第十二条 核电厂营运单位应做好运行状态下的应急

准备工作的年度计划,并对有关活动进行详细记录和存档工作。

根据国家核安全部门的要求提交应急准备工作的年度计划报告和上年度的总结报告。

(一)应急准备工作的年度计划报告的内容主要包括:

1. 应急培训和演习的计划与内容;

2. 应急设备的维护计划和预计的可能变更;

3. 有关应急文件的修订计划等。

(二)应急准备工作的年度总结报告内容主要包括:

1. 应急培训和演习内容、参加人员和取得的效果等;

2. 应急设施、设备、通信系统和各类应急器材的清单、状况、标定以及检查维修的结果。

(三)运行事件通告和报告,按核安全法规《中华人民共和国民用核设施安全监督管理条例实施细则之二附件———核电厂营运单位报告制度》执行。

第十三条 营运单位向国家核安全部门提交报告的时间为:

1. 每次综合演习和联合演习结束后一个月内;

2. 应急准备工作的年度计划和上年的总结报告在每年的第一季度末提交。

第十四条 核电厂应急状态下和应急终止后的记录和报告:

(一)应详细地记录应急期间的下列内容并存档:

1. 事故始发过程和演变过程;

2. 急期间的评价活动、监测结果、采取的补救措施、防护措施和执行的应急行动程序及时序等；

3. 事故释放的源项和后果。

（二）营运单位应在发生事故并进入应急待命或高于应急待命状态后 15 分钟内，向国家核安全部门发出应急通告，并在进入厂房应急或以上应急状态后 15 分钟向所在省（自治区、直辖市）应急指挥中心发出应急通告。

（三）营运单位应在核事故发生并进入厂房应急或高于厂房应急状态后的 45 分钟内向国家核安全部门以及所在省（自治区、直辖市）应急指挥中心发出应急报告；在应急初始报告发出后，每隔 1 小时向国家核安全部门和所在省（自治区、直辖市）应急指挥中心发一次后续报告；在事故源项或应急状态级别变更时，必须立即用电话传真方式向国家核安全部门报告。事故发生一段时间后若核电厂事故状态变化相对缓慢，可每隔 2~3 小时报告一次，直到应急状态终止。

（四）营运单位的应急指挥必须及时将终止应急状态的决定向国家核安全部门和终止厂房应急或高于厂房应急状态时应同时向所在省（自治区、直辖市）应急机构提交该报告。

上述报告的内容和格式按核安全法规《中华人民共和国民用核设施安全监督管理条例实施细则之二附件一——核电厂营运单位报告制度》执行。

营运单位对应急状态终止后的恢复措施所制定的详细

计划和因事故使核电厂安全重要物项不能执行其规定的安全功能时的重新起动计划，必须上报国家核安全部门审批。实施恢复计划和重新起动计划期间应进行详细记录，并向国家核安全部门报告。

第五章 执　法

第十五条　根据《中华人民共和国民用核设施安全监督管理条例》第三十八条、《中华人民共和国民用核设施安全监督管理条例》第二十一条的规定，有下列行为之一的，国家核安全部门可依其情节轻重，对营运单位给予警告、限期改进、停工或者停业整顿、吊销核安全许可证件的处罚：

（一）不按照本实施细则的规定制定的应急计划，拒绝承担核电厂应急准备义务的；

（二）玩忽职守，不能维持应急响应能力，使主要应急设施和（或）设备丧失功能的；

（三）不按照规定报告、通报核事故真实情况的；

（四）不按照规定执行已经国家核安全部门审批的应急响应计划的；

（五）核事故使核安全重要物项的安全性能达不到规定的核安全标准时，或其他安全功能受到了损坏，未加纠正并未经国家核安全部门的审查批准擅自重新启动核电厂的；

（六）其他违反本实施细则的。

第六章 附 则

第十六条 本实施细则中下列用语的定义为：

应急

需要立即采取某些超出正常工作程序的行动以避免事故发生或减轻事故后果的状态。有时又称为紧急状态。

应急计划区

为在事故时能及时、有效地采取保护公众的防护行动，事先在核电厂周围建立的、制定有应急计划并做好应急准备的区域。

场区

具有确定的边界、在核电厂管理人员有效控制下的核电厂所在领域。

应急行动水平

用作应急状态分级基础的核电厂起始条件，如预先确定的、该核电厂及厂址特有的、可观测的阈值或判据。

应急准备

为应付核事故或辐射应急而进行的准备工作，包括制订应急计划，建立应急组织，准备必要的应急设施、设备与物资，以及进行人员培训与演习等。

应急响应

为控制或减轻核事故或辐射应急状态的后果而采取的紧急行动。

应急（响应）计划

经过审批的，描述营运单位的应急响应能力、组织、设施和设备以及和外部应急机构的协调和相互支持关系的文件。该文件还必须有专门实施程序加以补充。

应急防护措施

应急状态下为避免或减少工作人员和公众所接受的剂量而采取的保护措施。

应急演习

为检验应急计划的有效性、应急准备的完善性、应急能力的适应性和应急人员的协同性所进行的一种模拟应急响应的实践活动。根据其涉及的内容和范围不同，可以分为单项演习（练习）、综合演习和联合演习等。

综合演习

场内、场外应急组织为提高应急能力、检查应急计划和程序的有效性，以及加强应急组织之间的协调配合，组织负有应急任务的全部或主要单位进行的演习。

联合演习

场内、场外应急组织，为提高应急响应能力，特别是协调配合能力，按统一的演习情景，组织所属应急组织的全部或主要单位联合进行的演习。

干预

任何旨在减少或避免不属于受控实践的、或因事故而失控的源所致的照射或照射可能性的行动。

第十七条 对核电厂以外的其他民用核设施的应急准

备和应急响应的监督管理，可以根据具体情况，参照本实施细则的有关规定执行。

第十八条 本实施细则由国家核安全局解释、补充和修改。

第十九条 本实施细则自发布之日起施行。

核与辐射安全监督检查人员证件管理办法

（2013 年 12 月 30 日环境保护部令第 24 号公布 自 2014 年 3 月 1 日起施行）

第一章 总 则

第一条 为加强核与辐射安全监督检查人员证件管理，规范核与辐射安全监督检查工作，根据《中华人民共和国放射性污染防治法》、《中华人民共和国民用核设施安全监督管理条例》和《放射性同位素与射线装置安全和防护条例》等有关法律法规，制定本办法。

第二条 本办法适用于核与辐射安全监督检查人员证件的申领、使用和管理。

第三条 核与辐射安全监督检查人员证件是核与辐射安全监督检查人员依法开展核与辐射安全监督检查资格和身份的证明，分为《核安全监督员证》和《辐射安全监督员证》。

《核安全监督员证》发放范围为环境保护部（国家核安全局）及其派出机构从事核安全监督检查工作的人员。

《辐射安全监督员证》发放范围为县级以上环境保护主管部门从事辐射安全监督检查工作的人员。

第四条 环境保护部（国家核安全局）负责全国核与辐射安全监督检查人员证件的管理工作。

省级环境保护主管部门负责本行政区域内《辐射安全监督员证》的管理工作。

第五条 核与辐射安全监督检查人员证件的样式、编码方式和制作要求由环境保护部（国家核安全局）统一制定。

第六条 持有《核安全监督员证》的人员有权进入核安全相关现场进行监督检查。持有《辐射安全监督员证》的人员有权进入辐射安全相关现场进行监督检查。

持有核与辐射安全监督检查人员证件的人员在进行核与辐射安全监督检查时，有权依法采取以下措施：

（一）向被监督检查单位的有关人员进行调查、了解情况；

（二）进入被监督检查单位进行现场调查或者核查；

（三）查阅、复制相关文件、记录以及其他有关资料；

（四）要求被监督检查单位提交有关情况说明或者后续处理报告；

（五）有关法律、行政法规和规章规定的其他措施。

核与辐射安全监督检查人员在执行监督检查任务时，

应当出示核与辐射安全监督检查人员证件。

第七条 环境保护部（国家核安全局）及其派出机构、省级环境保护主管部门的核与辐射安全监督检查人员资格培训，由环境保护部（国家核安全局）统一组织；其他核与辐射安全监督检查人员的资格培训，由省级环境保护主管部门组织。

资格培训的教学大纲由环境保护部（国家核安全局）统一编制。省级环境保护主管部门可以结合本地实际补充培训内容。

第二章　证件申领

第八条 环境保护部（国家核安全局）负责发放《核安全监督员证》和省级以上《辐射安全监督员证》。

省级环境保护主管部门依照本办法的规定，负责发放本行政区域内设区的市级、县级环境保护主管部门《辐射安全监督员证》。

第九条 经环境保护主管部门及其派出机构或者受委托从事核与辐射安全监督检查活动的单位推荐的工作人员，符合下列条件的，可以申请领取核与辐射安全监督检查人员证件：

（一）具备本办法第十条规定的教育背景和工作经验；

（二）满足本办法第十一条、第十二条规定的培训要求。

不具备本办法第十条、第十一条、第十二条规定的工作经验和培训要求，但具有本办法第十条规定的教育背景，经环境保护主管部门及其派出机构或者受委托从事核与辐射安全监督检查活动的单位人事部门批准到其单位工作，需要参加核与辐射安全监督检查的人员，可以申请领取临时核与辐射安全监督检查人员证件。

第十条 申请领取核与辐射安全监督检查人员证件的人员，应当具备下列教育背景和工作经验条件之一：

（一）具有理学、工学、医学等相关专业本科学历，且获得学士学位，并具有五年以上相关工作经验或者从事核与辐射安全监督检查工作三年以上；

（二）获得理学、工学、医学等相关专业硕士以上学位，并具有三年以上相关工作经验或者从事核与辐射安全监督检查工作两年以上。

不具备前款规定条件，但具有大专以上同等学历，并从事核与辐射安全监督检查工作十年以上的人员，也可以申请领取核与辐射安全监督检查人员证件。

第十一条 环境保护部（国家核安全局）及其派出机构人员申请领取《核安全监督员证》和《辐射安全监督员证》，应当参加环境保护部（国家核安全局）组织的初任业务培训并通过考核，并具备下列条件之一：

（一）取得注册核安全工程师执业资格；

（二）参加环境保护部（国家核安全局）组织的核与辐射安全监管中级或者高级培训并通过考核。

第十二条 申请领取省级《辐射安全监督员证》的人

员，应当具备下列条件之一：

（一）取得注册核安全工程师执业资格；

（二）参加环境保护部（国家核安全局）组织的省级辐射安全监管初级或者高级培训并通过考核；

申请领取省级以下《辐射安全监督员证》的培训要求，由省级环境保护主管部门规定。

第十三条 核与辐射安全监督检查人员证件每半年核发一次。

申请领取核与辐射安全监督检查人员证件的，应当由申领人员所在单位于每年的3月31日或者9月30日之前向发证部门提出书面申请；发证部门收到申请后进行审查，认为符合本办法规定的发证条件的，核发核与辐射安全监督检查人员证件。

省级环境保护主管部门核发省级以下《辐射安全监督员证》的情况，应当在核发后一个月内报环境保护部（国家核安全局）备案。

第三章　证件管理

第十四条 核与辐射安全监督检查人员证件应当载明人员姓名、证件编号、所属单位、使用区域、有效期、发证日期和发证部门等信息，并加盖发证部门的公章或者证件专用章。

禁止伪造、变造核与辐射安全监督检查人员证件。

第十五条 核与辐射安全监督检查人员证件持有人（以下简称"持证人"）应当按照证件载明的职责和区域范围从事核与辐射安全监督检查工作。

第十六条 持证人应当妥善保管核与辐射安全监督检查人员证件，不得涂改、损毁或者转借他人。

第十七条 核与辐射安全监督检查人员证件有效期为五年。临时核与辐射安全监督检查人员证件有效期为一年。

到期未换发的核与辐射安全监督检查人员证件，自行失效。

第十八条 核与辐射安全监督检查人员证件在有效期内发生遗失、污损或者残缺的，由持证人所在单位向发证部门申请补发新证。发证部门应当及时补发。

第十九条 持证人有下列情形之一的，可以由所在单位申请换发核与辐射安全监督检查人员证件：

（一）证件有效期届满的；

（二）持证人所在单位名称发生变化的；

（三）持证人从事核与辐射安全监督检查工作的区域范围发生变更的；

（四）其他应当换发核与辐射安全监督检查人员证件的情形。

因证件有效期届满申请换发核与辐射安全监督检查人员证件的持证人，应当按照发证部门的要求参加在岗培训。

申请换发核与辐射安全监督检查人员证件的程序适用本办法第十三条的规定。

换发核与辐射安全监督检查人员证件的，持证人应当将原证件交回所在单位。

第二十条 持证人有下列情形之一的，持证人所在单位应当向发证部门申请注销核与辐射安全监督检查人员证件：

（一）持证人退休的；

（二）持证人调离核与辐射安全监督检查工作岗位的；

（三）其他不适宜继续从事核与辐射安全监督检查工作的情形。

第四章 责任追究

第二十一条 持证人有下列行为之一的，由持证人所在单位给予批评教育，责令限期改正，并暂扣其核与辐射安全监督检查人员证件：

（一）涂改、转借核与辐射安全监督检查人员证件的；

（二）使用核与辐射安全监督检查人员证件从事与公务无关的活动的；

（三）其他违反核与辐射安全监督检查人员证件管理相关规定的行为。

对暂扣核与辐射安全监督检查人员证件的人员，发证部门应当对其重新进行资格培训。证件暂扣期间，不得从事核与辐射安全监督检查工作。

所在单位暂扣核与辐射安全监督检查人员证件的情况应当及时报发证部门备案。

第二十二条 持证人有下列行为之一的,由发证部门收回核与辐射安全监督检查人员证件的:

(一)受到刑事处罚、行政拘留或者记大过以上行政处分的;

(二)以欺诈、舞弊、贿赂等不正当手段获取核与辐射安全监督检查人员证件的;

(三)其他严重违反相关法律法规的行为。

第二十三条 持证人所在单位有下列行为之一的,由发证部门给予通报批评,责令限期改正:

(一)安排未取得核与辐射安全监督检查人员证件的人员从事核与辐射安全监督检查工作的;

(二)对持证人和核与辐射安全监督检查人员证件管理不善导致严重后果的;

(三)其他违反核与辐射安全监督检查人员证件管理相关规定的行为。

第二十四条 发证部门工作人员违反本办法的规定,滥用职权、徇私舞弊、玩忽职守,擅自发放或者越权发放核与辐射安全监督检查人员证件的,依法给予处分。

第五章 附 则

第二十五条 本办法由环境保护部(国家核安全局)负责解释。

第二十六条 本办法自2014年3月1日起施行。

核动力厂管理体系安全规定

(2020年12月31日生态环境部令第18号公布 自2021年3月1日起施行)

第一章 总 则

第一条 为了推进核安全治理体系和治理能力现代化，强化核动力厂安全责任，保护公众和从业人员的安全与健康，保护生态环境，根据《中华人民共和国核安全法》，制定本规定。

第二条 本规定适用于中华人民共和国领域及管辖的其他海域内的核动力厂管理体系的建立和实施，其他民用核设施可以参照本规定执行。

本规定所称核动力厂管理体系，是指为确保核动力厂安全而建立的组织机构、管理制度、资源和工作过程等。

第三条 核动力厂营运单位应当按照国家有关法律法规和本规定要求，建立和有效实施核动力厂管理体系，通过对所有安全相关工作过程（以下简称工作过程）、影响核安全和生态环境保护的要素进行有效管理，实现核安全和生态环境保护等目标。

对核动力厂控股的企业集团（以下简称企业集团）应

当在其职责范围内采取有效措施满足本规定的适用要求。

为核动力厂营运单位提供设备、工程和服务等的单位（以下简称相关单位）应当采取有效措施满足本规定的适用要求。

第四条 国务院核安全监督管理部门应当加强对核动力厂管理体系建立和实施情况的监督检查。

第五条 鼓励任何单位和个人对核动力厂的安全隐患、违规操作、弄虚作假及其他影响安全的违法行为，向国务院核安全监督管理部门举报。

国务院核安全监督管理部门应当及时处理举报并对举报人的信息予以保密。对实名举报的，应当反馈处理结果等情况；查证属实的，可以对举报人给予奖励。

严禁举报人所在单位对举报人进行任何形式的压制和打击报复。

第二章 安 全 责 任

第六条 核动力厂营运单位对核动力厂的核安全负全面责任，应当坚持安全第一、预防为主、责任明确、严格管理、纵深防御、全面保障的原则，在核动力厂建立并保持对放射性危害的有效防御，保障核安全，预防和应对核事故，安全利用核能，保护从业人员、公众和环境免受不当危害。

核动力厂营运单位应当承担以下核安全责任：

（一）遵守国家有关法律法规要求，建立健全安全责任制，组织制定相关管理大纲、规章制度和程序，确保安全相关工作的有效实施；

（二）确保核动力厂选址、设计、建造、运行和退役等满足核安全法律法规、标准、许可文件的规定和其他安全监管要求；

（三）加强从业人员辐射防护和职业照射监控，确保从业人员具备管理控制核与辐射风险的相关知识和能力；

（四）确保对核动力厂内所有放射性物质实施严格有效的管理控制，持续开展放射性流出物监测和场址周边辐射环境监测；

（五）确保为核动力厂选址、设计、建造、运行和退役等全寿期安全提供资源保障，包括放射性废物管理以及核动力厂退役或者停闭所需要的资源；

（六）组织制定和实施应急预案，建立应急处置队伍，开展应急预案演练，按照应急预案的要求进行应急响应，减轻事故后果，并及时采取有效措施进行生态环境修复。

第七条 企业集团应当加强核动力厂营运单位人员配置、核安全管理和财务保障，建立和实施有效的监督和考核制度。

第八条 核动力厂营运单位可以通过合同约定的方式将核动力厂管理体系的具体工作委托给相关单位承担；委托行为不转移核动力厂营运单位承担的核安全全面责任。

核动力厂营运单位应当严格审查相关单位的资质或者

能力，通过合同明确双方的权利、义务和责任，并对相关单位的活动进行有效管理，确保其满足本规定的要求。

第三章 安 全 领 导

第九条 核动力厂营运单位主要负责人应当在以下方面作出承诺：

（一）制定核安全和生态环境保护等方面的政策、目标和规划，建立清晰、协调、高效的安全决策机制和重大事项的安全审议机制；

（二）明确不同层级从业人员的安全责任、权利和义务，为履行安全责任、实现安全目标提供必要的资源保障和程序方法等支持，建立科学合理的绩效评价和奖惩制度；

（三）持续监督、评价核动力厂安全状况和管理体系运行情况，定期开展管理部门审查，促进全员参与安全管理，持续提升安全业绩，培育核安全文化；

（四）与国务院核安全监督管理部门建立沟通机制，执行核安全相关法律法规规定的报告制度，报告核动力厂管理体系运行情况。

第十条 核动力厂营运单位在安全生产、质量保证、职业健康等方面的政策、目标和规划应当与核安全和生态环境保护政策、目标和规划协调一致。核动力厂营运单位应当制定和有效实施核安全和生态环境保护政策、目标和规划的行动计划，并定期开展适宜性和符合性审查，及时纠正偏差。

第十一条 核动力厂营运单位主要负责人应当履行下列职责：

（一）指挥和调度管理体系的重大事项；

（二）保证安全决策机制和安全审议机制有效运作；

（三）协调解决工作过程之间的重大争议和冲突。

第十二条 核动力厂营运单位负责安全综合管理的部门，应当具有足够的资源、职权和组织独立性，并履行下列职责：

（一）管理、协调、监督、评价管理体系相关工作；

（二）制止并纠正违章指挥、强令冒险作业、违规操作等行为；

（三）发现重大安全隐患时，提出安全管理建议；

（四）对安全相关重大不符合项、事件和事故的处理情况进行跟踪评价；

（五）组织制定和实施管理体系评价计划，督促落实相关整改措施。

第十三条 核动力厂营运单位应当确定管理体系各工作过程的责任部门，责任部门履行下列职责：

（一）制定和实施所负责工作过程的管理大纲、规章制度和程序；

（二）对所负责的工作过程进行有效的管理控制；

（三）及时发现和纠正对安全不利的行为或者状态，实施经验反馈；

（四）向本单位安全综合管理部门报告安全状况和趋势，落实整改措施。

第十四条 核动力厂营运单位安全委员会等安全审议机构应当对重要安全事项进行审议，跟踪审议决议的落实情况，必要时开展风险分析和独立审查。

在核安全和生态环境保护等方面承担重要职责的本单位相关部门负责人、相关单位代表以及相关领域专家应当参加安全审议。

本条第一款规定的重要安全事项包括下列内容：

（一）安全许可申请文件以及重要许可事项的调整；

（二）核安全和生态环境保护等方面的绩效评价方法及改进措施；

（三）安全相关组织机构、职责分工和资源配置等方面的重大调整；

（四）可能影响安全的工作进度、资金等方面的管理制度和计划的重大调整；

（五）本单位内部和对相关单位的绩效评价方法及其重大调整；

（六）供应链管理相关重要事项和重要相关单位的变更；

（七）重大不符合项、重大事件和事故的调查结果及整改措施；

（八）核安全文化评估结果及改进措施；

（九）其他重要安全事项。

第四章　安　全　管　理

第十五条　核动力厂营运单位应当整合、实施、评价和持续改进管理体系，满足以下要求：

（一）综合考虑安全生产、质量保证、生态环境、安全保卫、职业健康，以及组织、人员、社会、进度、经费等要素及其相互影响；

（二）合理设置组织机构，确定承担决策、管理、执行和评价工作的部门职责、权限、接口关系和联络渠道等，有效管理内外部接口；

（三）按照管理体系的要求开展各项工作，及时发现和处理管理体系存在的问题，形成并保存相应证据；

（四）持续监测安全相关要素和工作过程的变化，识别和分析其对安全的影响和潜在风险，及时对管理体系作出适当调整。

第十六条　核动力厂营运单位应当对管理体系文件的策划、编制、审批、发布、分发、修改和使用等提出明确要求，确保其协调自洽、易于理解和便于实施，并有效传达至相关单位。

管理体系文件应当包括下列内容：

（一）管理体系总论，对管理体系进行综合描述与说明；

（二）工作过程的管理大纲和规章制度；

（三）对工作过程进行策划、实施和评价改进的流程、方法与要求。

核动力厂营运单位应当根据核安全和生态环境保护等管理需要，定期审查管理体系文件，及时进行评估和修订。

核动力厂营运单位管理体系文件应当报国务院核安全监督管理部门备案。

第十七条 核动力厂营运单位应当依据分类分级管理原则，综合考虑下列因素，确定核动力厂管理体系的各项要求：

（一）工作过程的安全重要性、复杂性和标准化程度；

（二）相关单位的安全重要性、经验、业绩和人员能力水平；

（三）工作过程实施不当可能造成的安全风险、后果和危害程度；

（四）核动力厂后续阶段检查维修的可行性；

（五）其他应当考虑的安全相关因素。

第十八条 核动力厂营运单位可以对管理体系的下列事项明确分级要求：

（一）管理大纲、规章制度和程序的适用范围、详细程度和审批权限；

（二）人员培训、资格考核、岗位授权的范围和要求；

（三）采购文件的类型、详细程度和可追溯性要求；

（四）对工作过程的管理控制、验证措施和要求；

（五）需要形成和保存的记录及其保存期限。

第十九条 核动力厂营运单位应当对其安全相关能力

和资源进行有效管理，在核动力厂选址、设计、建造、运行和退役全寿期以及应急响应期间具备下列能力：

（一）安全领导和安全管理能力；

（二）培育和建设核安全文化的能力；

（三）工作过程的质量保证能力；

（四）有规定数量的、合格的专业技术人员；

（五）安全评价、资源配置和财务能力；

（六）安全相关的技术支撑体系和持续改进能力；

（七）事故应急响应能力和损害赔偿能力。

第二十条 核动力厂营运单位应当采取下列措施，对从业人员进行有效管理，确保其安全有效开展工作：

（一）制定适当的用工政策、激励晋升机制、人员配备和培训计划，确保安全相关岗位从业人员的数量、能力等持续满足需要；

（二）制定和实施培训大纲，采用系统化培训方法开展安全相关知识技能和管理体系的培训，保证从业人员充分参与培训管理；

（三）按照国家有关法律法规的要求，结合岗位的安全重要性，明确资格考核和岗位授权等要求并有效实施。

第二十一条 核动力厂营运单位应当对财务资源进行有效管理，确定核动力厂全寿期财务资源需求，为有效维护核动力厂管理体系提供资金保障。

第二十二条 核动力厂营运单位应当确定安全相关工作场所、软硬件设施、支持保障服务等基础设施和工作条

件,并采取下列措施进行有效管理:

(一)提供适宜的工作环境、培训设施、防护装置和物品,定期开展职业健康检查,合理设置工作时间和劳动强度,保障从业人员健康和安全;

(二)明确场地管理和清洁要求,防止安全相关工作场所、设施设备、人员受到不必要的污染或者损伤;

(三)持续监测核动力厂周边环境,有效防范自然或者人为因素对基础设施和核动力厂安全造成的不利影响。

第二十三条 核动力厂营运单位应当采取下列措施,有效管理安全相关知识和信息,为工作实施、经验反馈和知识传承提供支持:

(一)开展知识管理,系统收集、处理、维护和使用安全相关知识和信息,满足岗位及其人员的更迭需要,防止重要知识、信息和经验遗失;

(二)开展信息化建设,利用先进信息技术为知识和信息管理提供安全可靠的平台和工具,采取有效措施保证网络和信息安全;

(三)对用于核动力厂设计、安全分析计算和数据管理的安全重要计算机软件进行验证和确认,对安全重要控制系统软件及其数据进行验证和定期检查,对安全重要软件及其数据进行异地异质备份。

第二十四条 核动力厂营运单位应当采取下列措施,有效管理安全重要物项和其他对核安全有潜在影响的物项:

(一)对安全重要物项进行标识并建立台账,提供适宜的贮存条件、防护措施、运输和装卸设备，防止其错用、损坏、老化、变质、性能下降或者丢失；

（二）对核动力厂系统、部件和构筑物制定定期试验、在役检查、维修等规程并严格执行，确保其可用性和可靠性；

（三）根据安全重要性、使用情况、保质期、交货期、供应链不确定性等因素，适当确定核动力厂备品备件的库存清单和数量并确保其持续满足使用要求；

（四）定期或者在使用前标定或者校准检查、测量、试验设备和装置，确保其具有合适的量程、灵敏度、准确度和精密度；

（五）确定放射性物质、危险化学品和特种设备等有害或者高风险物质资产清单，对其进行有效管理和定期检查，确保其安全贮存、装卸、运输或者使用。

第二十五条　核动力厂营运单位应当采取下列措施，对技术更新和物项替代进行有效管理，防范核动力厂长期运行中因物项老化或者技术过时引起的安全风险：

（一）对已淘汰或者无后续供应物项制定和实施适当的管理策略，评价替换物项，确保其满足安全功能要求；

（二）使用经验证的新技术、新物项取代老旧技术和物项，通过技术改进不断提升安全水平。

第二十六条　核动力厂营运单位应当确定实现安全目标、满足安全要求、交付合格物项或者服务所需要的工作过程，明确工作过程的控制要求，确保工作过程之间的一致性和连续性。

工作过程的控制要求包括下列事项：

（一）在核安全和生态环境保护等方面的适用要求；

（二）存在的危害和风险以及必要时的预防和缓解措施；

（三）工作过程管理、实施和评价验证的责任与接口关系；

（四）工作过程的输入输出、接口及其相互影响和作用；

（五）具体工作内容、流程、控制验证方法和要求；

（六）需要编制、收集和保存的文件和记录要求。

第二十七条　核动力厂营运单位应当根据安全重要性、功能属性和应用范围等因素，对工作过程进行分类管理。

核动力厂营运单位应当对工作过程进行策划、实施、评价和持续改进，识别和提供所需要的资源，确定影响工作过程实施的条件和要求，明确验收准则。

工作过程应当由合格的人员依据相关管理体系文件，使用合格的材料和设备，在适宜的环境条件下实施。特殊工艺过程应当在首次使用前进行验证。

第二十八条　核动力厂营运单位应当采取下列措施对供应链进行有效管理：

（一）采购文件应当充分体现物项或者服务需求，以及物项或者服务在核安全和生态环境保护等方面的要求；

（二）对相关单位进行评价，建立、维护和持续优化合格供应商清单，识别和应对供应链潜在风险，保障供应链安全、可靠、稳定；

（三）对相关单位工作进行验证，监控相关单位的外包行为，对相关单位提交的物项或者服务进行验收，对安全相关商品级物项进行关键性能验证；

（四）对民用核安全设备设计、制造、安装和无损检验单位及其相关活动进行有效管理；

（五）对采用工程总承包模式的核动力厂工程建设项目，要求工程总承包单位建立和有效实施满足本规定要求的工程建设项目的管理制度，并对管理制度的执行情况进行监督检查。

第二十九条 核动力厂营运单位应当按照工作过程的内在逻辑和档案分类要求，有效管理安全相关记录和文档资料，确保档案完整、有效、系统、规范。对记录和文档的编码、收集、归档、索引、修改、复制、转录、借阅、储存和销毁等进行严格控制，保证记录和文档资料安全、完整、持续可读并能追溯涉及的物项或者活动。

第五章　核安全文化

第三十条 核动力厂营运单位应当将核安全文化融入生产、经营、科研和管理等各环节，在制定目标政策、设置机构、分配资源、制定计划、安排进度和控制成本时，始终坚持安全第一的原则，科学规范地开展各项工作。

核动力厂营运单位的决策机构和管理部门应当通过承诺、决策和行为示范等，不断强化法治意识、责任意识、风险意识和诚信意识，持续培育和建设核安全文化。

第三十一条　核动力厂营运单位应当组织开展核安全文化教育培训，制定安全重要岗位的行为准则，明确风险管理要求，及时识别、沟通和有效管控与工作及工作环境有关的风险；设置纵深防御体系，分析技术、人员和组织之间的相互作用和对安全的影响，利用实体屏障、组织管理和防止人为失误等措施，有效防范各类安全威胁。

第三十二条　核动力厂营运单位应当建立核安全经验反馈体系，鼓励从业人员报告安全隐患和管理体系缺陷，对所报告事项、建造和运行事件及经验、行业良好实践和科技进步等信息进行及时筛选、评价和反馈，持续改进和提升安全管理水平。

第三十三条　核动力厂营运单位应当明确违规操作和弄虚作假防控要求与措施，发现相关行为的，及时依法依规处理；审查验证为核动力厂物项或者服务提供检测的机构资质、合格证明文件或者记录等，保证其真实、完整、可追溯。

第三十四条　核动力厂营运单位应当制定与政府相关部门、所有者、投资方、用户、从业人员、供应方、公众、社团组织、国际机构等相关方的沟通策略、计划和要求，妥善处理危机与冲突；依法开展信息公开和公众参与，就涉及公众利益的重大事项征求相关方意见，保障相关方的知情权、参与权和监督权。

第三十五条　核动力厂营运单位应当定期组织开展核安全文化评估，评价本单位的核安全文化状态，促进核安全文化持续改进。

第六章 评价改进

第三十六条 核动力厂营运单位应当开展管理体系日常监督检查,通过巡查、活动观察、会议、工作指导、意见征集等形式,检查管理体系各工作过程的执行情况和存在的问题,并及时整改。

第三十七条 核动力厂营运单位应当持续监测核动力厂安全状态,定期分析评价安全性能指标的变化趋势,调查、分析异常和不良趋势的原因并加以改进。

第三十八条 核动力厂营运单位应当定期组织开展自我评估,并在国务院核安全监督管理部门例行核安全监督检查前对管理体系进行自查,对照监管要求和行业标杆查找问题,持续推动安全业绩提升和管理体系改进。

第三十九条 核动力厂营运单位应当确定核动力厂全寿期不同阶段技术评价的项目、时机、范围、要求和预期结果,通过检查、试验、审查、应急演练、定期安全评价等方式,对安全重要物项和活动进行审查验证,合理可行地加以改进。

第四十条 核动力厂营运单位应当定期组织开展管理体系内部监查,对重要的相关单位适时组织开展外部监查,必要时开展同行评估,系统评价管理体系各要素和工作过程的充分性、符合性和有效性,实施必要的管理改进。

第四十一条 核动力厂营运单位应当定期开展管理部

门审查，全面审议管理体系运行情况、安全业绩和核安全文化现状与问题、政策目标和规划实现情况、内外部环境的重大变化及其机遇和挑战等重大事项，确定管理体系的适宜性和有效性，对管理体系实施必要的调整和改进。

第四十二条 核动力厂营运单位应当及时发现在核安全和生态环境保护等方面的不符合、事件或者事故，并按照相关要求进行报告、审查和处理。

第四十三条 核动力厂营运单位应当及时纠正所有安全相关隐患、缺陷和问题，建立清单及信息库并对其进行动态管理；对重要不符合项、事件或者事故以及其他对安全有重要影响的缺陷，应当分析根本原因，制定和实施纠正措施，并建立跟踪系统，确保每项纠正措施得到落实。

第七章 罚 则

第四十四条 企业集团存在下列情形之一的，由国务院核安全监督管理部门责令限期整改，并对其主要负责人进行约谈，约谈结果应当向社会公开：

（一）未为核动力厂营运单位人员配置、核安全管理和财务保障提供支持和便利的；

（二）未建立合理有效的监督和考核制度，未督促核动力厂营运单位依据本规定履行安全责任的。

第四十五条 核动力厂营运单位存在下列情形之一的，由国务院核安全监督管理部门责令限期整改，并对其主要负责人进行约谈，约谈结果应当向社会公开：

（一）未按照本规定要求对管理体系进行整合、实施、评价或者持续改进的；

（二）未按照本规定要求制定或者实施核安全和生态环境保护等方面的政策、目标和规划的；

（三）未按照本规定要求建立或者实施清晰、协调、高效的安全决策机制、重大事项的安全审议机制的；

（四）未按照本规定要求为履行核安全责任提供足够的能力和资源保障的；

（五）未按照本规定要求对供应链进行有效管理的；

（六）未按照本规定要求组织开展核安全文化评估的；

（七）其他在管理体系建立和实施中存在工作推进不力、问题突出的情形的。

第四十六条 核动力厂营运单位和相关单位在管理体系的建立和实施过程中存在违法行为的，依据《中华人民共和国核安全法》等法律法规予以处罚。

第八章 附　　则

第四十七条 本规定中下列用语的含义：

（一）核安全文化，是指各有关组织和个人以"安全第一"为根本方针，以维护公众健康和生态环境安全为最终目标，达成共识并付诸实践的价值观、行为准则和特性的总和。

（二）供应链，是指为核动力厂提供材料、零部件、设备、计算机软件、工程和服务等的供应网络，通常涉及核动力厂工程总承包单位、设计单位、制造单位、工程勘探和建设施工单位、技术服务单位、各级供应商和经销商等。

第四十八条 本规定自 2021 年 3 月 1 日起施行。

附件：管理体系总论框架

附件

管理体系总论框架

核安全承诺（主要负责人签字）

一、前言

（一）目的与适用范围

（二）企业简介

（三）术语和定义

（四）编制依据

二、管理体系

（一）管理体系合规性说明

（二）管理体系总要求

（三）管理体系结构说明

（四）管理体系文件

（五）分类分级管理

三、管理职责

（一）安全责任

（二）安全领导和承诺

（三）政策、目标和规划

（四）组织机构和职责

（五）核安全文化

四、资源管理

（一）资源策划和提供

（二）人力资源管理

（三）财务资源管理

（四）基础设施和工作环境

（五）知识和信息管理

（六）物质资产管理

（七）技术更新和物项替代

五、过程实施

（一）过程实施的一般要求

（二）核心工作过程

（三）通用管理过程

（四）支持保障过程

六、评价改进

（一）日常监督

（二）安全状态监测

（三）自我评估

（四）独立评价

（五）管理部门审查

（六）纠正措施

七、管理体系文件清单

八、参考文件

放射性固体废物贮存和处置许可管理办法

(2013 年 12 月 30 日环境保护部令第 25 号公布 根据 2019 年 8 月 22 日《生态环境部关于废止、修改部分规章的决定》修订)

第一章 总 则

第一条 为加强放射性固体废物贮存和处置活动的监督管理，规范放射性固体废物贮存和处置许可，根据《中华人民共和国放射性污染防治法》和《放射性废物安全管理条例》，制定本办法。

第二条 本办法适用于放射性固体废物贮存和处置许可证的申请和审批管理。

第三条 在中华人民共和国境内专门从事放射性固体废物贮存、处置活动的单位，应当依照本办法规定取得放射性固体废物贮存许可证（以下简称"贮存许可证"）或者放射性固体废物处置许可证（以下简称"处置许可证"），并按照许可证规定的种类、范围和规模从事放射性固体废物贮存或者处置活动。

同时从事放射性固体废物贮存和处置活动的单位，应当分别取得贮存许可证和处置许可证。

核设施营运单位利用与核设施配套建设的贮存设施，贮存本单位产生的放射性固体废物的，不需要申请领取贮存许可证；贮存其他单位产生的放射性固体废物的，应当依照本办法的规定申请领取贮存许可证。

第四条 贮存许可证和处置许可证，由国务院环境保护主管部门审批、颁发。

第五条 持有贮存许可证或者处置许可证的单位（以下简称"持证单位"）应当依法承担其所贮存或者处置的放射性固体废物的安全责任。

第六条 从事放射性固体废物贮存或者处置活动的人员，应当通过有关放射性废物管理、辐射防护或者环境监测专业知识的培训和考核。

第二章 许可证申请

第七条 申请从事放射性固体废物贮存活动的单位，应当具备下列条件：

（一）有法人资格；

（二）有能保证贮存设施安全运行的组织机构，包括负责贮存设施运行、安全防护（含辐射监测）和质量保证等部门；

（三）有三名以上放射性废物管理、辐射防护、环境监测方面的专业技术人员，其中至少有一名注册核安全工程师；

（四）有符合国家有关放射性污染防治标准和国务院环境保护主管部门规定的放射性固体废物接收、贮存设施和场所。同时从事放射性废物处理活动的，还应当具有符合国家有关放射性污染防治标准和国务院环境保护主管部门规定的处理设施；

（五）有符合国家有关放射性污染防治标准和国务院环境保护主管部门规定的放射性检测、辐射防护和环境监测设备；

（六）建立记录档案制度，记录所贮存的放射性固体废物的来源、数量、特征、贮存位置、清洁解控或者送交处置等相关信息；

（七）有健全的管理制度以及符合核安全监督管理要求的质量保证体系，包括贮存操作规程、质量保证大纲、贮存设施运行监测计划、辐射监测计划、应急预案等。

第八条 申请领取贮存许可证的单位，应当向国务院环境保护主管部门提出书面申请，填写放射性固体废物贮存许可证申请表，并提交下列材料：

（一）企业法人营业执照正、副本的复印件，或者事业单位法人证书正、副本的复印件，以及法定代表人身份证的复印件；

（二）放射性检测、辐射防护和环境监测设备清单；

（三）放射性固体废物贮存管理制度证明文件，包括贮存操作规程、质量保证大纲及程序文件清单、辐射监测计划、贮存设施运行监测计划、应急预案、记录档案管理文件等；

（四）满足本办法第七条规定的其他证明材料。

第九条 申请从事低、中水平放射性固体废物处置活动的单位，应当具备下列条件：

（一）有国有或者国有控股的企业法人资格，有不少于三千万元的注册资金；

（二）有能保证处置设施安全运行的组织机构，包括负责处置设施运行、安全防护（含辐射监测）和质量保证等部门；

（三）有十名以上放射性废物管理、辐射防护、环境监测方面的专业技术人员，其中注册核安全工程师不少于三名；

（四）有符合国家有关放射性污染防治标准和国务院环境保护主管部门规定的放射性固体废物接收、处置设施和场所；

（五）有符合国家有关放射性污染防治标准和国务院环境保护主管部门规定的放射性检测、辐射防护和环境监测设备，以及必要的辐射防护器材；

（六）有能保证其处置活动持续进行直至安全监护期满的财务担保；

（七）建立记录档案制度和相应的信息管理系统，能记录和管理所处置的放射性固体废物的来源、数量、特征、处置位置等与处置活动有关的信息；

（八）有健全的管理制度以及符合核安全监督管理要求的质量保证体系，包括处置操作规程、质量保证大纲、处置设施运行监测计划、辐射监测计划和应急预案等。

第十条 申请从事高水平放射性固体废物处置和 α 放射性固体废物处置活动的单位，除满足本办法第九条第（二）项、第（四）项、第（五）项、第（六）项、第（七）项和第（八）项规定的条件外，还应当具备下列条件：

（一）有国有或者国有控股的企业法人资格，有不低于一亿元的注册资金；

（二）有二十名以上放射性废物管理、辐射防护、环境监测方面的专业技术人员，其中注册核安全工程师不少于五名。

第十一条 申请领取处置许可证的单位，应当向国务院环境保护主管部门提出书面申请，填写放射性固体废物处置许可证申请表，并提交下列材料：

（一）企业法人营业执照正、副本复印件，法定代表人身份证复印件；

（二）从事放射性固体废物处置管理和操作人员的培训和考核证明，注册核安全工程师证书复印件；

（三）放射性检测、辐射防护和环境监测设备清单；

（四）财务担保证明；

（五）放射性固体废物处置管理制度证明文件，包括处置操作规程、质量保证大纲及程序文件清单、处置设施运行监测计划、辐射监测计划、应急预案、记录档案管理文件、信息管理系统证明文件等；

（六）满足本办法第九条、第十条规定的其他证明材料。

第三章 许可证审批

第十二条 国务院环境保护主管部门应当自受理许可证申请之日起二十个工作日内完成审查，对符合条件的颁发许可证，予以公告；对不符合条件的，书面通知申请单位并说明理由。

国务院环境保护主管部门在审查过程中，应当组织专家进行技术评审，并征求国务院其他有关部门意见。技术评审所需时间不包括在审批期限内，并应当书面告知申请单位。

第十三条 贮存许可证和处置许可证应当载明下列内容：

（一）单位名称、地址和法定代表人；

（二）准予从事的活动种类、范围和规模；

（三）有效期限；

（四）发证机关、发证日期和证书编号。

前款所指准予从事活动的种类和范围，是指贮存或者处置废放射源，低、中、高水平放射性固体废物或者 α 放射性固体废物；规模是指贮存、处置放射性固体废物空间的容积。

第十四条 贮存许可证和处置许可证的有效期为十年。

许可证有效期届满，从事放射性固体废物贮存或者处置活动的单位需要继续从事贮存或者处置活动的，应当于许可证有效期届满九十日前，向国务院环境保护主管部门提出延续申请，并提交下列材料：

（一）许可证延续申请文件；

（二）许可证有效期内的贮存或者处置活动总结报告；

（三）辐射监测报告；

（四）国务院环境保护主管部门要求的其他材料。

国务院环境保护主管部门应当在许可证有效期届满前完成审查，对符合条件的准予延续；对不符合条件的，书面通知申请单位并说明理由。

第十五条 持证单位名称、地址、法定代表人发生变更的，应当自变更登记之日起二十日内，向国务院环境保护主管部门申请办理许可证变更手续，并提交下列材料：

（一）许可证变更申请文件；

（二）变更后的企业法人营业执照正、副本复印件，或者事业单位法人证书正、副本的复印件，以及法定代表人身份证复印件；

（三）国务院环境保护主管部门要求的其他材料。

国务院环境保护主管部门核实后，换发许可证。

第十六条 许可证载明的活动种类、范围、规模发生变更，或者许可证有效期满未获延续的，应当按照本办法第七条、第九条、第十条的规定，重新申请领取许可证。

第十七条 持证单位因故遗失许可证的,应当及时在所在地省级报刊上刊登遗失公告,公告期为三十日。持证单位应当于公告期满后的一个月内持公告到国务院环境保护主管部门申请补发许可证。

第十八条 持证单位应当按照国家有关放射性污染防治标准和国务院环境保护主管部门的规定,在许可证规定的种类、范围和规模内从事放射性固体废物贮存或者处置活动。

禁止伪造、变造、转让许可证。禁止无许可证从事放射性固体废物贮存或者处置活动。

第十九条 贮存许可证持证单位应当如实完整地记录所收贮放射性固体废物来源、数量、特征、贮存位置、清洁解控或者送交处置等相关信息。

贮存许可证持证单位应当于每年 3 月 31 日前,向国务院环境保护主管部门提交上一年度贮存活动总结报告,包括废物贮存、清洁解控、送交处置、辐射监测等内容。

第二十条 处置许可证持证单位应当如实完整地记录所处置放射性固体废物的来源、数量、特征、处置位置等与处置活动有关的信息。放射性固体废物处置档案记录应当永久保存。

处置许可证持证单位应当于每年 3 月 31 日前,向国务院环境保护主管部门提交上一年度处置活动总结报告,包括废物接收、处置设施运行、辐射监测等内容。

第四章 法律责任

第二十一条 放射性固体废物贮存、处置许可审批部门及其工作人员违反本办法的规定，有下列行为之一的，对直接负责的主管人员和其他直接责任人员，依法给予处分；构成犯罪的，依法移送司法机关追究刑事责任：

（一）违反本办法规定核发贮存许可证或者处置许可证的；

（二）在许可证审批及监督管理过程中，索取、收受他人财物或者谋取其他利益的；

（三）发现有违反本办法的行为而不依法予以查处的；

（四）有其他徇私舞弊、滥用职权、玩忽职守行为的。

第二十二条 未取得相应许可证擅自从事放射性固体废物贮存、处置活动，或者未按照许可证规定的活动种类、范围、规模、期限从事放射性固体废物贮存、处置活动的，依照《放射性废物安全管理条例》第三十八条的规定处罚。

第二十三条 有下列行为之一的，由国务院环境保护部门责令限期改正，处三万元以下罚款，涉嫌构成犯罪的，依法移送司法机关追究刑事责任：

（一）伪造、变造、转让许可证的；

（二）未按本办法的规定及时申请变更许可证的。

第二十四条 对违反本办法其他规定的，按照《中华人民共和国放射性污染防治法》、《放射性废物安全管理条例》及其他相关法律法规的规定进行处罚。

第五章　附　　则

第二十五条　本办法规定的贮存许可证申请表、处置许可证申请表、贮存许可证和处置许可证样式等文件格式由国务院环境保护主管部门统一制定并公布。

第二十六条　本办法由国务院环境保护主管部门负责解释。

第二十七条　本办法自2014年3月1日起施行。

核材料管制条例实施细则

（1990年9月25日国家核安全局、能源部、国防科学技术工业委员会发布　自发布之日起施行）

第一章　总　　则

第一条　根据《中华人民共和国核材料管制条例》（以下简称《条例》）第二十三条规定制定本实施细则。

第二条　本实施细则适用于核材料许可证的申请、审查、核准、颁发和核材料的帐务衡算管理及实物保护。本实施细则所涉及的核材料管制的范围,按《条例》第二条办理。

第二章 核材料管制办公室职责

第三条 能源部委托中国核工业总公司负责全国核材料的管制,下设核材料管制办公室(以下简称"办公室"),具体负责核材料管制工作。

第四条 核材料管制办公室的具体职责是:

(一)根据《条例》和本实施细则,拟订核材料管制的规章制度和技术规范;

(二)按照《条例》规定,接受核材料许可证的申请,负责办理发放核材料许可证;

(三)实施全国核材料管制,负责建立全国核材料帐务系统和检查许可证持有者的核材料帐务衡算管理及实物保护和保密工作。核材料帐务与衡算的具体格式另行规定;

(四)向国家核安全局和国防科工委分别提交民用和军用核材料的季度报告(包括转让、盘存、帐务)及年度衡算报告;

(五)在发生核材料被盗、破坏、丢失、非法转让和非法使用事件时,及时采取措施,并迅速将情况通报国家核安全局、国防科工委、公安部及其它有关部门。

第三章 核材料许可证持有单位的责任

第五条 根据《条例》第十六条的规定，核材料许可证持有单位法人代表对所持有的核材料负有全面安全责任。

第六条 核材料许可证持有单位必须设立负责机构或指定专人负责贯彻执行《条例》和本实施细则，其具体职责是：

（一）制定本单位核材料衡算管理和实物保护的规章制度并负责实施；

（二）按"办公室"的规定，上报核材料的转让、定期盘存和帐务衡算报告；

（三）对核材料帐务衡算管理人员和实物保护人员进行业务培训及考核。

第七条 核材料许可证持有单位在核材料发生被盗、破坏、丢失、非法转让和非法使用事件时，必须迅速采取措施，并立即报告当地公安部门、"办公室"、以及上级领导部门，并写出事故报告。

第四章 核材料许可证的申请、审查和颁发

第八条 为保证核材料合法利用和安全，根据《条例》第三条规定，国家对核材料实行许可证管理制度。

第九条 申请核材料许可证的单位必须提前六个月提

交核材料许可证申请报告。

已经持有核材料的单位，应在本实施细则颁布后一年内办完许可证手续。

第十条 申请核材料许可证必须提交的文件：

（一）核材料许可证申请报告（格式见附件一）；

（二）核材料帐目与衡算管理实施计划（格式见附件二）；

（三）核材料实物保护与保密实施计划（格式见附件三）；

（四）其他必要的支持性文件。

上述文件送"办公室"前必须经其上级主管部门审核。

第十一条 "办公室"接受许可证申请文件后，提出审查意见，经国家核安全局或国防科工委核准后，办理许可证发放手续。

第十二条 核材料许可证的有效期、更改和中止的规定：

（一）核材料许可证的有效期在许可证中规定，逾期自行失效，需要延长许可证有效期的，必须在期满之前九十天内提出申请；

（二）许可证申请中所涉及的核材料品种、数量、用途范围以及管制实施计划有变化时，许可证持有单位应按规定格式（见附件四）向"办公室"提交许可证更改申请，"办公室"审查后，提出答复意见，并报国家核安全局或国防科工委备案；

（三）许可证申请中所涉及的核材料品种、数量、用途范围以及管制实施计划有重大变化或更改时，"办公室"有权通知许可证持有单位重新办理许可证；

（四）许可证持有单位要求终止许可证时，应在完成核材料清理工作后，向"办公室"提交许可证终止申请报告（格式见附件五），由"办公室"审查核实注销许可证，并报国家核安全局或国防科工委备案。

第五章 核材料帐务管理

第十三条 全国核材料帐务系统的范围：

（一）凡属《条例》第二条所列管理范围内的核材料都要列入本帐务系统；

（二）铀矿石及其初级产品（即核纯铀化合物之前的产品）、已移交给军队的核制品、以及免于登记的核材料不属于本帐务系统。

第十四条 国内核材料转移必须符合下列规定：

（一）调出单位应核实接收单位许可证，填写"核材料交接报告"报"办公室"；

（二）一次或多次转让累计数量达到和超过《条例》第九条所列限额者，接收单位也必须持有核材料许可证；

（三）调入与调出双方对核材料数量有争议时，"办公室"有权作出核材料衡算帐目的仲裁决定，必要时委托第三方作出技术鉴定，其仲裁费用由败诉方支付。

第十五条 核材料出入境必须符合下列规定：

（一）事先填写《核材料出入境报告》报"办公室"；

（二）核材料出境前，调出单位负责押运核材料至出境口岸货场。核材料入境后,接受单位负责从入境口岸货场接收核材料。经办核材料出入境的单位负责办理海关验收手续,双方安全责任以口岸货场为界线;

(三)核材料出境口岸交接之后或入境口岸交接之前的运输安全责任,按国际有关规定处理。

第十六条 持有核材料数量小于《条例》第九条所列限额的单位应遵守下列规定:

(一)不需要办理核材料许可证,但必须办理核材料登记手续,在调入或再转让核材料时,填写"核材料交接报告"报"办公室";

(二)核材料的持有者对所持有的核材料负全面安全责任,应采取管理措施,保证核材料的安全,防止核材料被盗、破坏与丢失;

(三)遵守国家有关放射性物质的防护、安全处置与安全运输有关规定;

(四)每年年末向"办公室"提出本年度有关核材料库存情况的报告,说明核材料的去向及剩余量,并接受监督、检查、指导。

第十七条 对不致危害国家和人民群众安全的少量核材料制品(或含有少量核材料的制品),按《条例》第九条规定可免于登记,免于登记的核材料制品的品种和数量限额由"办公室"另行规定,免于登记的核材料制品的生产单位必须向"办公室"填写该部分"核材料交接报告",报告其销售品种与数量。

第六章 核材料衡算

第十八条 根据《条例》第十一条规定,许可证持有单位必须建立核材料衡算制度,在持有核材料期间,进行衡算工作。

第十九条 属下列情况的核材料,经测量和入帐后,其衡算工作即可终止:

(一)已经在反应堆中消耗的;

(二)已经按规定手续转让到另一单位的;

(三)已经作为废气、废液排放,或者作为废物进行了处置,不再回收的。但临时存放仍可进行回收的物料除外。

第二十条 许可证持有单位,根据各自的特点,把核设施划分成材料平衡区,按核材料分类进行衡算,每个平衡区要有完整的帐目,实行独立的材料衡算。

第二十一条 许可证持有单位应建立核材料的实物盘存制度,其基本要求是:

(一)每年至少进行一次全面、严格的实物盘存。对钚-239、铀-233 及铀-235 丰度大于 20% 的浓缩铀等核材料,每年至少进行两次实物盘存;

(二)规定记录和报告的截止日期,在规定时间内(一般在年底)进行盘存;

(三)制定实物盘存计划和工作程序,对盘存过程进行监督;

（四）为保证盘存准确可靠，必须做到：

1. 按核材料的种类及物理化学形态进行分类盘存；

2. 盘存中所有项目的核材料数量必须是测量值；

3. 对设备中核材料的实物盘存和待回收物料，必须制定严格的措施，保证盘存质量；

4. 排放或处置废气、废液、废物时必须测量其中的核材料含量。

第二十二条　许可证持有单位应建立原始记录与报告制度，其基本要求是：

（一）核材料帐目的原始记录要求清楚、正确、系统和完整，至少保存五年；

（二）帐目管理要系统、准确、及时，各单位按其特点，建立统计记录格式、统计程序和内部审计制度，要有专职的核材料统计人员具体负责统计工作；

（三）许可证持有单位按照本实施细则第四条之（三）规定，向办公室提交核材料帐目与衡算报告。

第二十三条　许可证持有单位应建立核材料衡算测量系统，其基本要求是：

（一）测量系统要完整、可靠，测量的准确程度要达到附表一的要求；

（二）提供有关核材料收发、库存、损失及材料平衡情况的准确数据，进行误差分析并做出可靠评价；

（三）提出本单位材料衡算测量方案，其主要内容包括：使用的标准物质与标准源、取样和制样、仪器校正、测量方法、数据和资料的记录要求、统计处理和误差评价等。测量方案及测量方案的修改都要报"办公室"备案；

（四）测量人员必须严格遵守分析测量操作规程，努力提高测量人员技术水平，建立技术培训和定期考核制度，考核不合格者不得参加测量工作。

第二十四条 核材料衡算的方法及评价

（一）核材料衡算应采用闭合平衡方法，其基本公式如下：

不平衡差（MUF）= 期初存量+调入量−期末存量−调出量−已知损失量；

（二）当不衡差（MUF）大于其标准误差的 2 倍时，就认为材料未达到闭合平衡，有可能存在核材料的丢失、盗窃或非法转移。此时，许可证持有单位必须向"办公室"报告，并要求找出不平衡的原因和制定下一步改进的措施。"办公室"有权追查，并视情况作出处理意见；

（三）各衡算单位必须标定测量系统的误差，并计算不平衡差的实际测量误差，当结果超过附表一限值标准时，衡算单位必须改进分析测量系统。附表一限值标准的实施日期在许可证文件中规定。

第七章 核材料实物保护

第二十五条 根据《条例》第十二条规定，持有核材料的单位必须有保护核材料的措施，建立安全防范系统。

根据核材料的质量、数量及危害性程度,划分为三个保护等级(附表二),实行分级管理。保护等级以下的核材料也应严格管理。

第二十六条 固定场所核材料保护的基本要求:

(一)接触核材料的人员必须经过审查,不适宜的人员要及时调整;

(二)建立核材料实物保护制度、定期检查措施的落实情况,消除隐患,堵塞漏洞,确保安全;

(三)建立专职或义务消防组织,制定防火制度,配备相应的装备器材,完善灭火措施;

(四)核材料实物保护措施应报当地公安部门并与其商定紧急情况处置方案。

第二十七条 固定场所的警卫和守护:

(一)一级核材料部位设武装警卫,出入人员使用专门证件,严格控制非本单位工作人员进入,确因工作需要进入者,须经单位主管领导批准,履行登记手续,并由本单位人员陪同,库房实行"双人双锁"制度;

(二)二级核材料部位设武装警卫,或固定专人昼夜看守。出入人员使用专门证件;

(三)三级核材料部位设专人看守,或将核材料存入安全装置内;

(四)警卫人员必须经过严格训练,配备必要的装备、器材,一旦发现破坏、抢劫、盗窃行为,应迅速干预制止,及时报告。

第二十八条 固定场所的实体屏障：

（一）一级核材料的场所至少要建立两道完整、可靠的实体屏障，储存一级核材料必须有保险库或保险柜；

（二）二级核材料的场所要建立两道实体屏障，其中必须有一道是完整可靠的。储存二级核材料必须有坚固的库房或柜；

（三）三级核材料的场所必须建立一道完整、可靠的实体屏障。

第二十九条 固定场所的技术防范设施：

（一）一级核材料的场所、部位应装设报警、监视等技术防范装置组成的安全防范系统；

（二）二级核材料的场所，其重要部位应装设报警或监视等技术防范装置；

（三）无论采用哪一种技术防范措施，都应使之对非法侵入行为发出快速警报。

第三十条 核材料运输保卫必须符合下列规定：

（一）托运单位负责运输保卫，应会同运输、产品、安防和保卫等有关部门制定运输保卫方案，一级及二级核材料运输保卫措施必须向当地公安机关报告；

（二）除主管运输部门另有规定之外，核材料的运输必须有专人押运；

（三）一级核材料的运输必须派武装押运；

（四）对参加运输人员和保卫人员要进行安全保卫教育，提出明确的保卫要求，途中不准会客和私人通讯；

（五）运输工具要严格检查，严禁带故障起运，严禁非运输人员搭乘；

（六）运输路线、时间、始发和到达地点不得向无关人员泄漏；申报运输计划、填报货运单据一律使用核材料代号。

第三十一条 核材料运输押运人员职责

（一）起运前认真核对产品件数、编号、封记，检查装载是否符合安全保卫要求，办理交接手续；

（二）途中检查产品包装和加固等安全状况；

（三）停车、中转、交接时组织警卫守护；

（四）途中发生破坏、偷盗、抢劫核材料的事故或案件，要妥善保护现场，并迅速向当地公安机关及上级领导部门报告，协助有关部门追查处理。

第八章 附 则

第三十二条 核材料许可证持有单位必须交纳许可证工本费和许可证管理费，费用标准另定。

第三十三条 本实施细则发布单位负责解释。

第三十四条 本实施细则自发布之日起施行。

民用核安全设备设计制造安装和无损检验监督管理规定（HAF601）

（2007年12月28日国家环境保护总局、国防科学技术工业委员会令第43号公布 根据2019年8月22日《生态环境部关于废止、修改部分规章的决定》修订）

第一章 总 则

第一条 为了加强对民用核安全设备设计、制造、安装和无损检验活动的监督管理，根据《民用核安全设备监督管理条例》，制定本规定。

第二条 从事民用核安全设备设计、制造、安装和无损检验活动的单位，应当遵守本规定。

运离民用核设施现场进行民用核安全设备维修活动的，应当遵守民用核安全设备制造活动的有关规定。

第三条 民用核安全设备目录由国务院核安全监管部门商国务院有关部门分批制定并发布。

第四条 从事民用核安全设备设计、制造、安装和无损检验活动的单位，应当取得民用核安全设备设计、制造、安装和无损检验许可证，并按照许可证规定的种类、范围和条件从事民用核安全设备设计、制造、安装和无损检验活动。

第五条 民用核设施营运单位,应当对民用核安全设备设计、制造、安装和无损检验活动进行质量管理和过程控制,做好监造和验收工作;对在役的民用核安全设备进行检查、试验、检验和维修,并对民用核安全设备的使用和运行安全承担全面责任。

第六条 国务院核安全监管部门对民用核安全设备设计、制造、安装和无损检验活动实施监督管理。

第二章 许 可

第七条 申请领取民用核安全设备设计、制造或者安装许可证的单位,应当按照拟从事的活动种类、设备类别和核安全级别向国务院核安全监管部门提出申请。

申请领取民用核安全设备无损检验许可证的单位,应当按照无损检验方法向国务院核安全监管部门提出申请。无损检验方法包括射线检验(RT)、超声检验(UT)、磁粉检验(MT)、涡流检验(ET)、渗透检验(PT)、泄漏检验(LT)、目视检验(VT)等。

第八条 申请领取民用核安全设备设计、制造、安装或者无损检验许可证的单位,应当具备下列条件:

(一)具有法人资格;

(二)有与拟从事活动相关或者相近的工作业绩,并且满 5 年以上；

（三）有与拟从事活动相适应的、经考核合格的专业技术人员，其中从事民用核安全设备焊接和无损检验活动的专业技术人员应当取得相应的资格证书；

（四）有与拟从事活动相适应的工作场所、设施和装备；

（五）有健全的管理制度和完善的质量保证体系，以及符合核安全监督管理规定的质量保证大纲。

对申请领取不同设备类别和核安全级别的民用核安全设备设计、制造、安装或者无损检验许可证的单位的具体技术要求，由国务院核安全监管部门规定。

申请领取民用核安全设备制造或者安装许可证的单位，应当根据其申请的设备类别、核安全级别、活动范围、制造和安装工艺、材料牌号、结构型式等制作具有代表性的模拟件。模拟件制作的具体要求由国务院核安全监管部门规定。

同时申请领取民用核安全设备设计和制造许可证的单位，应当在模拟件制作过程中，完成相应的鉴定试验。

第九条 申请领取民用核安全设备设计、制造、安装或者无损检验许可证的单位，应当提交申请书和符合第八条规定条件的证明文件，具有法人资格的证明文件除外。

申请领取民用核安全设备制造或者安装许可证的单位，还应当提交模拟件制作方案和质量计划等材料。

同时申请领取民用核安全设备设计和制造许可证的单位，还应当提交鉴定试验大纲和必要的相关文件。

第十条 国务院核安全监管部门对提交的申请文件进行形式审查，符合条件的，应当予以受理。

第十一条 国务院核安全监管部门在审查过程中，应当组织专家进行技术评审，并征求国务院核行业主管部门和其他有关部门的意见。技术评审方式包括文件审查、审评对话和现场检查等。

对需要进行模拟件制作活动的，技术评审还应当包括对模拟件制作活动方案、质量计划等材料的审查，以及制作过程中的现场监督见证等。

国务院核安全监管部门应当自受理之日起45个工作日内完成审查，对符合条件的，颁发许可证，予以公告；对不符合条件的，书面通知申请单位并说明理由。

依据第一款、第二款规定组织进行技术评审的时间，不计算在第三款规定的期限内。

第十二条 取得民用核安全设备设计、制造、安装或者无损检验许可证的单位，可以从事相同活动种类、相同设备类别、相同设备品种及范围内的较低核安全级别的相关活动，但许可证特别注明的除外。

第十三条 民用核安全设备设计、制造、安装和无损检验许可证应当包括下列主要内容：

（一）单位名称、住所和法定代表人；

（二）准予从事的活动种类和范围；

（三）有效期限；

（四）发证机关、发证日期和证书编号。

第十四条 禁止无许可证或者不按照许可证规定的活动种类和范围从事民用核安全设备设计、制造、安装和无损检验活动。

禁止委托未取得相应许可证的单位进行民用核安全设备设计、制造、安装和无损检验活动。

禁止伪造、变造、转让许可证。

第十五条 民用核安全设备设计、制造、安装和无损检验许可证有效期限为5年。

第十六条 民用核安全设备设计、制造、安装和无损检验单位有下列情形之一的,应当于许可证有效期届满6个月前,向国务院核安全监管部门提出延续申请,并提交延续申请书和延续申请文件:

(一)持证期间有相应的民用核安全设备设计、制造、安装或者无损检验活动业绩,并拟在许可证有效期届满后继续从事相关活动的;

(二)正在从事民用核安全设备设计、制造、安装或者无损检验活动,且在许可证有效期届满时尚不能结束的。

持证期间无民用核安全设备设计、制造、安装和无损检验活动业绩的,应当按照本章规定的程序重新申请领取许可证。

第十七条 对民用核安全设备设计、制造、安装和无损检验单位提出的许可证延续申请,国务院核安全监管部门应当在许可证有效期届满前作出是否准予延续的决定;逾期未作决定的,视为准予延续。

第十八条 民用核安全设备设计、制造、安装和无损检验单位变更单位名称、住所或者法定代表人的，应当自变更登记之日起 20 日内，向国务院核安全监管部门申请办理许可证变更手续，并提交变更申请、变更说明和相关变更证明材料。

国务院核安全监管部门应当对申请变更的情况进行核实。情况属实的，换发许可证。变更后的许可证有效期适用原许可证的有效期。

第十九条 民用核安全设备设计、制造、安装和无损检验单位变更许可证规定的活动种类或者范围的，应当向国务院核安全监管部门重新提出申请。

第三章 质量管理与控制

第二十条 民用核安全设备设计、制造、安装和无损检验单位，应当提高核安全意识，建立并有效实施质量保证体系，确保民用核安全设备的质量和可靠性，并接受民用核设施营运单位的检查。

第二十一条 民用核安全设备设计、制造、安装和无损检验单位应当根据其质量保证大纲和民用核设施营运单位的要求，在民用核安全设备设计、制造、安装和无损检验活动开始前，编制项目质量保证分大纲。项目质量保证分大纲应当适用、完整、接口关系明确，并经民用核设施营运单位审查认可。

民用核安全设备制造和安装单位应当根据具体活动编制相应的质量计划，并经民用核设施营运单位审查认可。

民用核安全设备设计、制造、安装和无损检验单位应当按照项目质量保证分大纲的要求，对所有过程进行控制，并对发现的问题进行处理和纠正。

第二十二条 民用核安全设备设计单位在设计活动开始前，应当组织相关设计人员对民用核设施营运单位提出的设计要求进行消化、分析，充分掌握设计输入要求，并予以明确；确定设计接口控制措施、设计验证方式和内容以及设计变更控制措施。

设计单位在设计的各个阶段，应当按照确定的设计验证方式对其设计进行设计验证。设计验证人员应当具有一定的设计经验、校核能力以及相对独立性。

设计单位在设计活动中，对设计变更应当采取与原设计相当的控制措施。

在设计工作完成后，设计单位应当为该设计的使用单位提供必要的设计服务。

第二十三条 民用核安全设备制造、安装单位在活动开始前，应当组织相关人员对设计提出的技术要求进行消化、分析，编制制造、安装过程执行文件，并严格执行。

制造、安装单位应当根据确定的特种工艺，完成必要的工艺试验和工艺评定。

制造、安装单位应当严格执行经民用核设施营运单位审查认可的质量计划。

制造、安装单位应当对民用核安全设备的制造、安装质量进行检验。未经检验或者经检验不合格的，不得交付验收。

第二十四条　民用核安全设备无损检验单位应当对所承担的具体检验项目，结合检验对象的结构型式、材料特性等，编制无损检验规程，并严格执行。

无损检验单位应当客观、准确地出具无损检验结果报告。

无损检验工作应当由民用核安全设备无损检验Ⅱ级或者Ⅱ级以上无损检验人员为主操作。无损检验结果报告应当由Ⅱ级或者Ⅱ级以上无损检验人员编制、审核，并履行相关审批手续。

第二十五条　民用核安全设备设计、制造、安装和无损检验单位，不得将国务院核安全监管部门确定的关键工艺环节分包给其他单位。

关键工艺清单由国务院核安全监管部门制定。

第二十六条　民用核设施营运单位对民用核安全设备的安全运行负全面责任。在民用核安全设备设计、制造、安装和无损检验活动开始前，民用核设施营运单位应当对民用核安全设备设计、制造、安装和无损检验单位编制的项目质量保证分大纲进行审查认可。

在民用核安全设备设计、制造、安装和无损检验活动中，民用核设施营运单位应当采取驻厂监造或者见证等方式对过程进行监督，并做好验收工作。有下列情形之一的，不得验收通过：

（一）不能按照质量保证要求证明质量受控的；

（二）出现重大质量问题未处理完毕的。

第二十七条 民用核安全设备制造、安装、无损检验单位和民用核设施营运单位，应当聘用取得民用核安全设备焊工、焊接操作工和无损检验人员资格证书的人员进行民用核安全设备焊接和无损检验活动。

民用核安全设备焊工、焊接操作工和无损检验人员，应当严格按照操作规程进行民用核安全设备焊接和无损检验活动。

第四章 报告与备案

第二十八条 民用核安全设备设计单位，应当在设计活动开始 30 日前，将下列文件报国务院核安全监管部门备案：

（一）项目设计质量保证分大纲和程序清单；

（二）设计内容和设计进度计划；

（三）设计遵循的标准和规范目录清单，设计中使用的计算机软件清单；

（四）设计验证活动清单。

第二十九条 民用核安全设备制造、安装单位，应当在制造、安装活动开始 30 日前，将下列文件报国务院核安全监管部门备案：

（一）项目制造、安装质量保证分大纲和大纲程序清单；

（二）制造、安装技术规格书；

（三）分包项目清单；

（四）制造、安装质量计划。

第三十条 民用核安全设备无损检验单位，应当在无损检验活动开始15日前，将下列文件报国务院核安全监管部门备案：

（一）项目无损检验质量保证分大纲和大纲程序清单；

（二）无损检验活动内容和进度计划；

（三）无损检验遵循的标准、规范、目录清单和验收准则。

第三十一条 民用核安全设备设计单位，应当在每季度开始7个工作日内，向国务院核安全监管部门提交上一季度活动情况报告，主要内容包括：

（一）已完成的设计活动清单，以及下一季度计划开始和拟完成的设计活动清单；

（二）设计变更清单；

（三）设计验证完成清单。

第三十二条 民用核安全设备制造、安装单位，应当在每季度开始7个工作日内，向国务院核安全监管部门提交上一季度活动情况报告，主要内容包括：

（一）已完成的制造、安装活动清单，以及下一季度计划开始和拟完成的活动清单；

（二）已完成的制造、安装质量计划清单；

（三）制造、安装活动不符合项统计表。

第三十三条 民用核安全设备无损检验单位，应当在完成无损检验 10 个工作日内，向国务院核安全监管部门报告无损检验内容和检验结果。

第三十四条 民用核安全设备设计、制造、安装和无损检验单位，应当按照下列规定向国务院核安全监管部门报告：

（一）开展涉及核安全的重要会议、论证等活动的，提前 7 个工作日报告；

（二）出现重大质量问题的，在 24 小时内报告；

（三）因影响民用核安全设备质量和核安全而导致民用核设施营运单位发出停工指令的，在 3 个工作日内通报。

第三十五条 民用核安全设备设计、制造、安装和无损检验单位，应当对所从事的民用核安全设备设计、制造、安装和无损检验活动进行年度评估，并于每年 4 月 1 日前向国务院核安全监管部门提交上一年度的评估报告。

评估报告应当包括下列内容：

（一）本单位工作场所、设施、装备和人员等变动情况；

（二）质量保证体系实施情况；

（三）重大质量问题处理情况；

（四）民用核设施营运单位提出的整改要求落实情况；

（五）国务院核安全监管部门及其派出机构提出的整改要求落实情况。

第五章 监督检查

第三十六条 国务院核安全监管部门及其派出机构有

权对民用核安全设备设计、制造、安装和无损检验活动进行监督检查。

被检查单位应当对国务院核安全监管部门及其派出机构进行的监督检查给予配合,如实反映情况,提供必要的资料,不得拒绝和阻碍。对于监督检查中提出的整改要求,被检查单位应当认真落实。

第三十七条　民用核安全设备监督检查的依据是:

(一)《民用核安全设备监督管理条例》以及其他核安全监督管理规定;

(二)民用核安全设备设计、制造、安装或者无损检验许可证的条件和范围;

(三)民用核安全设备国家标准、行业标准和经国务院核安全监管部门认可的标准;

(四)经国务院核安全监管部门审查认可的质量保证大纲及大纲程序。

第三十八条　民用核安全设备监督检查人员应当具备下列条件:

(一)具有大专以上文化程度或者同等学力;

(二)在民用核安全设备方面具有五年以上工程实践或者三年以上核安全管理经验,掌握有关的专业知识,具备良好的沟通能力,能独立做出正确的判断;

(三)熟知相关法律、行政法规和核安全监督管理规定;

(四)作风正派,办事公正,工作认真,态度端正。

第三十九条　民用核安全设备监督检查的内容包括:

（一）许可证条件遵守情况；

（二）相关人员的资格；

（三）质量保证大纲的实施情况；

（四）采用的技术标准及有关技术文件的符合性；

（五）民用核安全设备设计、制造、安装或者无损检验活动重要过程的实施情况；

（六）重大质量问题的调查和处理，以及整改要求的落实情况；

（七）民用核安全设备设计、制造、安装或者无损检验活动的验收和鉴定；

（八）营运单位的监造情况；

（九）其他必要的监督内容。

第四十条 国务院核安全监管部门及其派出机构，接到民用核安全设备设计、制造、安装和无损检验单位依据本规定报送的文件后，应当制定相应的监督计划并书面通知报送单位。民用核安全设备设计、制造、安装和无损检验单位应当根据监督计划的要求，做好接受监督检查的准备。

民用核安全设备设计、制造、安装和无损检验单位，应当根据相关活动的实际进度，在监督计划确定的活动实施 10 个工作日前，书面通知国务院核安全监管部门及其派出机构。

第四十一条 民用核安全设备监督检查分为例行检查和非例行检查。非例行检查可以不预先通知。

监督检查分为综合性检查、专项检查和检查点检查，主要通过现场检查、文件检查、记录确认或者对话等方式进行：

（一）综合性检查：包括质量保证检查和技术检查，质量保证检查主要检查质量保证大纲是否得到有效实施。技术检查主要抽查民用核安全设备的设计、制造、安装和无损检验过程是否符合标准、规范和相关技术文件的要求。

（二）专项检查：指当发生问题或者认为可能有问题时，由国务院核安全监管部门及其派出机构对被检查单位进行的专项任务检查。主要包括对某一技术方面或者质量保证大纲某一要素的实施情况所进行的检查，以及核实提出的整改要求落实情况。

（三）检查点检查：指对检查点进行的现场实施情况检查。

必要时，国务院核安全监管部门及其派出机构可以进行独立验证，验证方式包括计算复核和检验验证。

国务院核安全监管部门及其派出机构，在对民用核安全设备设计、制造、安装和无损检验单位进行综合性检查或者检查点检查时，应当对民用核设施营运单位监造人员的能力和监造实施情况进行检查。

第四十二条 国务院核安全监管部门及其派出机构实施监督检查时，应当对每次检查的内容、发现的问题以及处理情况做出记录，并由监督检查人员和被检查单位的有关负责人签字确认。确有必要时，应当保留客观证据。

被检查单位的有关负责人拒绝签字的,监督检查人员应当将有关情况记录在案。

国务院核安全监管部门及其派出机构应当将每次监督检查的情况以及相应的管理要求形成监督检查报告,并发送被检查单位以及相关单位。

被检查单位应当针对监督检查中提出的问题,采取相应的整改措施,并将整改报告上报国务院核安全监管部门及其派出机构。国务院核安全监管部门及其派出机构应当对整改报告进行审查,并在后续的监督检查中对被整改要求的落实情况进行跟踪验证。

第四十三条 民用核安全设备监督检查人员在进行监督检查时,有权采取下列措施:

(一)向被检查单位的法定代表人和其他有关人员调查、了解情况;

(二)进入被检查单位进行现场调查或者核查;

(三)查阅、复制相关文件、记录以及其他有关资料;

(四)要求被检查单位提交有关情况说明或者后续处理报告。

民用核安全设备监督检查人员在监督检查时,对于违反核安全监督管理规定、许可证条件和范围以及民用核安全设备标准而导致核安全隐患或者出现质量问题的行为,应当立即予以制止,并立即上报国务院核安全监管部门及其派出机构。

国务院核安全监管部门及其派出机构对有证据表明可

能存在重大质量问题的民用核安全设备或者其主要部件，有权予以暂时封存。民用核安全设备或者其主要部件被暂时封存的，应当完成后续处理，并由国务院核安全监管部门及其派出机构验证符合要求后，方可启封。

在进行监督检查时，民用核安全设备监督检查人员不得少于两人，并出示证件。监督检查人员应当为被检查单位保守技术秘密和业务秘密；不得滥用职权侵犯企业的合法权益，或者利用职务上的便利索取、收受财物；不得从事或者参与民用核安全设备经营活动。

第四十四条 国务院核安全监管部门及其派出机构对民用核安全设备设计、制造、安装和无损检验活动实施的监督检查不减轻也不转移被检查单位对所从事的相关活动应当承担的责任。

第六章 法律责任

第四十五条 民用核安全设备设计、制造、安装和无损检验单位有下列行为之一的，由国务院核安全监管部门限期改正；逾期不改正的，处1万元以上3万元以下的罚款：

（一）在民用核安全设备无损检验活动开始前，未按规定将有关文件报国务院核安全监管部门备案的；

（二）未按规定向国务院核安全监管部门报告上一季度民用核安全设备设计、制造、安装或者无损检验情况的；

（三）在民用核安全设备无损检验活动完成后，未向国务院核安全监管部门报告无损检验内容和检验结果的；

（四）开展涉及核安全的重要会议、论证等活动，出现重大质量问题，或者因影响民用核安全设备质量和核安全而导致民用核设施营运单位发出停工指令，未向国务院核安全监管部门报告的。

第四十六条 民用核安全设备设计、制造、安装和无损检验单位以及民用核设施营运单位，有其他违反本规定行为的，依据《民用核安全设备监督管理条例》及其他相关法律法规进行处罚。

第七章 附 则

第四十七条 申请领取民用核安全设备制造或者安装许可证的单位，拟自行对其制造或者安装的民用核安全设备进行无损检验活动的，不需要单独申请领取无损检验许可证。

第四十八条 本规定中有关术语的含义如下：

（一）模拟件：指国务院核安全监管部门在审查民用核安全设备制造、安装许可证申请时，要求有关申请单位针对申请的目标产品，按照1∶1或者适当比例制作的与目标产品在材料、结构型式、性能特点等方面相同或者相近的制品。该制品必须经历与目标产品或者样机一致的制作工序以及检验、鉴定试验过程等。

（二）鉴定试验：指在设计过程中，为了保证设计满足预先设定的设计性能指标而对模拟件（或者样机）实施的实物验证试验。鉴定试验包括功能试验、抗震试验和环境试验（包括老化试验和设计基准事故工况试验）等。

（三）检查点：指国务院核安全监管部门及其派出机构，根据民用核安全设备设计、制造、安装和无损检验单位报送文件，所选择的需检查的某一工作过程或者工作节点。根据检查方式的不同，检查点一般分记录确认点（R点）、现场见证点（W点）、停工待检点（H点）等三类。

第四十九条 本规定自2008年1月1日起施行。1992年3月4日国家核安全局、机械电子工业部、能源部发布的《民用核承压设备安全监督管理规定（HAF601）》同时废止。

附件一：民用核安全设备许可证申请书、申请活动范围表和申请文件的格式及内容（一式二份，同时提交电子版文件）（略）

附件二：民用核安全设备许可证格式与内容（略）

附件三：民用核安全设备许可证延续申请书、申请活动范围表和申请文件的格式及内容（一式二份，同时提交电子版文件）（略）

民用核安全设备无损检验人员资格管理规定

（2019年6月13日生态环境部令第6号公布 自2020年1月1日起施行）

第一章 总 则

第一条 为了加强民用核安全设备无损检验人员（以下简称无损检验人员）的资格管理，保证民用核安全设备质量，根据《中华人民共和国核安全法》和《民用核安全设备监督管理条例》，制定本规定。

第二条 本规定适用于无损检验人员的资格考核和管理工作。

无损检验人员的资格等级分为Ⅰ级（初级）、Ⅱ级（中级）和Ⅲ级（高级）。

第三条 从事民用核安全设备无损检验活动（以下简称无损检验活动）的人员应当依据本规定取得资格证书。

第四条 国务院核安全监管部门负责无损检验人员的资格管理，统一组织资格考核，颁发资格证书，对无损检验人员资格及相关资格考核活动进行监督检查。

第五条 民用核安全设备制造、安装、无损检验单位和民用核设施营运单位（以下简称聘用单位）应当聘用取得资格证书的人员开展无损检验活动,对无损检验人员进行岗位管理。

第六条 本规定所称的无损检验方法是指无损检验活动中的超声检验(UT)、射线检验(RT)、涡流检验(ET)、泄漏检验(LT)、渗透检验(PT)、磁粉检验(MT)、目视检验(VT)以及国务院核安全监管部门认可的其他无损检验方法。

第二章 证书申请与颁发

第七条 Ⅰ级无损检验人员在Ⅱ级或者Ⅲ级无损检验人员的监督指导下方可承担下列工作:

(一)安装和使用仪器设备;

(二)按照无损检验规程进行无损检验操作;

(三)记录检验数据。

第八条 Ⅱ级无损检验人员承担下列工作:

(一)根据确定的工艺,编制无损检验规程;

(二)调整和校验仪器设备,实施无损检验活动;

(三)依据标准、规范和无损检验规程,评价检验结果;

(四)编制无损检验结果报告;

(五)监督和指导Ⅰ级无损检验人员;

(六)本规定第七条所列工作。

第九条 Ⅲ级无损检验人员承担下列工作:

(一)确定无损检验技术和工艺;

（二）制定特殊的无损检验工艺；

（三）对无损检验结果进行评定；

（四）编制验收准则；

（五）审核无损检验规程和结果报告；

（六）本规定第八条所列工作。

第十条 申请Ⅰ级资格考核的人员应当具备下列条件：

（一）身体健康，裸视或者矫正视力达到4.8及以上，辨色视力正常；

（二）大专及以上学历，工作满1年，或者中等职业教育、高中学历，工作满2年。

第十一条 申请Ⅱ级资格考核的人员应当具备下列条件：

（一）身体健康，裸视或者矫正视力达到4.8及以上，辨色视力正常；

（二）持有拟申请方法Ⅰ级资格证书满2年且业绩良好，或者持有特种设备相应方法Ⅱ级资格证书满1年且业绩良好，或者持有特种设备相应方法Ⅲ级资格证书。

第十二条 申请Ⅲ级资格考核的人员应当具备下列条件：

（一）身体健康，裸视或者矫正视力达到4.8及以上，辨色视力正常；

（二）持有超声检验（UT）、射线检验（RT）、涡流检验（ET）中1种及以上方法的Ⅱ级资格证书；

（三）持有泄漏检验（LT）、渗透检验（PT）、磁粉检验（MT）、目视检验（VT）中1种及以上方法的Ⅱ级资格证书；

（四）持有拟申请方法Ⅱ级资格证书满 5 年且业绩良好，或者持有特种设备相应方法Ⅲ级资格证书满 2 年且业绩良好。

第十三条 有下列情形之一的人员，申请Ⅱ级或者Ⅲ级资格考核的，其有关工作年限在本规定第十一条或者第十二条有关规定基础上延长 2 年：

（一）脱离无损检验工作 1 年以上的；

（二）违反无损检验操作规程或者标准规范，未造成严重后果的。

第十四条 有下列情形之一的人员，不得申请民用核安全设备无损检验人员资格考核：

（一）被吊销资格证书的人员，自证书吊销之日起未满 3 年的；

（二）依照本规定被给予不得申请资格考核的处理期限未满的。

第十五条 国务院核安全监管部门制定考试计划，组织承担考核工作的单位（以下简称考核单位）实施资格考核。

考核单位负责管理检验设备、仪器，维护试块和试件，实施具体考试工作，出具考试结果报告。

第十六条 申请人员由聘用单位组织报名参加资格考核，并提交下列材料：

（一）申请表；

（二）学历证明；

（三）二级及以上医院出具的视力检查结果；

（四）相关资格证书。

第十七条 国务院核安全监管部门对申请材料进行审核，自收到材料之日起 5 个工作日内确认申请人员考试资格。

第十八条 Ⅰ级和Ⅱ级的资格考核包括理论考试和操作考试。Ⅲ级的资格考核包括理论考试、操作考试和综合答辩。

资格考核按不同的检验方法和级别进行。

第十九条 Ⅰ级和Ⅱ级的理论考试主要考查申请人员对核设施系统基本知识、核安全设备及质量保证相关知识、核安全文化和无损检验基础知识的理解和掌握程度，以及将有关无损检验技术应用于民用核安全设备的能力。

Ⅲ级的理论考试除包括前款规定的考查内容外，还应当考查申请人员对无损检验新技术、特殊工艺和相关标准规范的理解和应用能力。

第二十条 操作考试主要考查申请人员正确应用无损检验仪器设备进行操作，出具检验结果并对结果进行评价的能力。

第二十一条 综合答辩主要考查申请人员对民用核安全设备无损检验理论、方法和实践操作等方面的综合应用能力。

第二十二条 所有考试成绩均达到合格标准视为资格考核合格。

考试成绩未达到合格标准的，可在考试结束日的次日起 1 年内至多补考两次，补考仍未合格的，视为本次考核不合格。

第二十三条 国务院核安全监管部门收到考核单位的

考试结果报告之日起 20 个工作日内完成审查，作出是否授予资格的决定。

资格证书由国务院核安全监管部门自授予资格决定之日起 10 个工作日内向合格的人员颁发。

第二十四条 资格证书包括下列主要内容：

（一）人员姓名、身份证号及聘用单位；

（二）方法和级别；

（三）有效期限；

（四）证书编号。

第二十五条 资格证书的有效期限为 5 年。

第二十六条 资格证书有效期届满拟继续从事无损检验活动的人员，应当在证书有效期届满 6 个月前，由聘用单位组织向国务院核安全监管部门提出延续申请，并提交下列材料：

（一）申请表；

（二）二级及以上医院出具的视力检查结果；

（三）资格证书有效期内从事无损检验活动的工作记录和业绩情况。

第二十七条 对资格证书有效期内无损检验活动工作记录和业绩良好的，由国务院核安全监管部门作出准予延续的决定，资格证书有效期延续 5 年。对资格证书有效期内从事无损检验活动不符合国务院核安全监管部门有关工作记录和业绩管理要求的，不予延续，需要重新申领资格证书。

第二十八条 已取得国外相关资格证书的境外单位无

损检验人员，需经国务院核安全监管部门核准后，方可在中华人民共和国境内从事无损检验活动。

第二十九条 申请核准的境外单位无损检验人员，应当由聘用单位组织提交下列材料：

（一）持有的资格证书；

（二）相关核安全设备无损检验活动业绩；

（三）未发生过责任事故、重大技术失误的书面说明材料；

（四）境内无损检验活动需求材料。

第三章 监督管理

第三十条 聘用单位应当对申请人员相关申请材料进行核实，确保材料真实、准确，没有隐瞒。

第三十一条 聘用单位应当对本单位无损检验人员进行培训和岗位管理，保证其按照民用核安全设备标准和技术要求从事无损检验活动。

鼓励聘用单位对Ⅱ级和Ⅲ级无损检验人员在职称评定、薪酬待遇、荣誉激励等方面给予政策倾斜。

第三十二条 无损检验人员应当按照无损检验规程进行无损检验活动，遵守从业操守，提高知识技能，严格尽职履责。无损检验人员对其出具的无损检验结果负责。

第三十三条 无损检验结果报告的编制和审核应当由取得相应资格证书的无损检验人员承担，并经其聘用单位批准后方为有效。

第三十四条　无损检验人员超出资格证书范围从事无损检验活动的，其检验结果无效。

第三十五条　无损检验人员一般应当固定在一个单位执业，确需在两个单位执业的，应当报国务院核安全监管部门备案。

无损检验人员变更聘用单位的，应当由其聘用单位向国务院核安全监管部门提出资格证书变更申请，经审查同意后更换新的资格证书。变更后的资格证书有效期适用原资格证书有效期，原资格证书失效。

第三十六条　任何单位和个人不得伪造、变造或者买卖资格证书。

第三十七条　考核单位应当建立健全考核管理制度，配备与拟从事的资格考核活动相适应的考核场所、档案室、检验设备和仪器，具有相应的专业技术人员和管理人员。

考核工作人员应当严格按照考核管理规定实施资格考核，保证考核的公正公平。

第三十八条　考核单位应当建立并管理无损检验人员考试档案。考试档案的保存期限为10年。

第三十九条　无损检验人员资格管理中相关违法信息由国务院核安全监管部门记入社会诚信档案，及时向社会公开。

第四十条　对国务院核安全监管部门依法进行的监督检查，被检查单位和人员应当予以配合，如实反映情况，提供必要资料，不得拒绝和阻碍。

第四章　法律责任

第四十一条　无损检验人员违反相关法律法规和国家相关规定的，由国务院核安全监管部门根据情节严重程度依法分类予以处罚。

第四十二条　申请人员隐瞒有关情况或者提供虚假材料的，国务院核安全监管部门不予受理或者不予许可，并给予警告；申请人员1年内不得再次申请资格考核。

第四十三条　无损检验人员以欺骗、贿赂等不正当手段取得资格证书的，由国务院核安全监管部门撤销其资格证书，3年内不得再次申请资格考核；构成犯罪的，依法追究刑事责任。

第四十四条　无损检验人员违反无损检验规程导致无损检验结果报告严重错误的，依据《民用核安全设备监督管理条例》的相关规定，由国务院核安全监管部门吊销其资格证书。

第四十五条　伪造、变造或者买卖资格证书的，依据《中华人民共和国治安管理处罚法》的相关规定予以处罚；构成犯罪的，依法追究刑事责任。

第四十六条　聘用单位聘用未取得相应资格证书的无损检验人员从事无损检验活动的，依据《中华人民共和国核安全法》的相关规定，由国务院核安全监管部门责令改正，处10万元以上50万元以下的罚款；拒不改正的，暂扣或者吊销许可证,对直接负责的主管人员和其他直接责任人员处 2 万元以上 10 万元以下的罚款。

第四十七条 考核工作人员有下列行为之一的,由国务院核安全监管部门依据有关法律法规和国家相关规定予以处理:

(一) 以不正当手段协助他人取得考试资格或者取得相应证书的;

(二) 泄露考务实施工作中应当保密的信息的;

(三) 在评阅卷工作中,擅自更改评分标准或者不按评分标准进行评卷的;

(四) 指使或者纵容他人作弊,或者参与考场内外串通作弊的;

(五) 其他严重违纪违规行为。

第五章 附 则

第四十八条 资格考核的具体内容和评定标准由国务院核安全监管部门制定发布。

第四十九条 考核单位不得开展影响资格考核公平、公正的培训活动,不得收取考试费用。

第五十条 本规定自 2020 年 1 月 1 日起施行。2007 年 12 月 28 日原国家环境保护总局和国防科学技术工业委员会联合发布的《民用核安全设备无损检验人员资格管理规定》(国家环境保护总局令第 44 号) 同时废止。

民用核安全设备焊接人员资格管理规定

(2019年6月12日生态环境部令第5号公布 自2020年1月1日起施行)

第一章 总 则

第一条 为了加强民用核安全设备焊接人员（以下简称焊接人员）的资格管理，保证民用核安全设备质量，根据《中华人民共和国核安全法》和《民用核安全设备监督管理条例》，制定本规定。

第二条 本规定适用于焊接人员的资格考核和管理工作。

第三条 从事民用核安全设备焊接活动（以下简称焊接活动）的人员应当依据本规定取得资格证书。

第四条 国务院核安全监管部门负责焊接人员的资格管理，统一组织资格考核，颁发资格证书，对焊接人员资格及相关资格考核活动进行监督检查。

第五条 民用核安全设备制造、安装单位和民用核设施营运单位（以下简称聘用单位）应当聘用取得资格证书的人员开展焊接活动，对焊接人员进行岗位管理。

第六条 本规定所称的焊接人员是指从事民用核安全设备焊接操作的焊工、焊接操作工；焊接方法是指焊接活动中的电弧焊（包括焊条电弧焊、钨极惰性气体保护电弧焊、熔化极气体保护电弧焊、埋弧焊等）和高能束焊（包括电子束焊、激光焊等）以及国务院核安全监管部门认可的其他焊接方法。

第二章　证书申请与颁发

第七条　申请《民用核安全设备焊接人员资格证》资格考核的人员应当具备下列条件：

（一）身体健康，裸视或者矫正视力达到4.8及以上，辨色视力正常；

（二）中等职业教育或者高中及以上学历，工作满1年；

（三）熟练的焊接操作技能。

第八条　有下列情形之一的人员，不得申请《民用核安全设备焊接人员资格证》资格考核：

（一）被吊销资格证书的人员，自证书吊销之日起未满3年的；

（二）依照本规定被给予不得申请资格考核处理的期限未满的。

第九条　国务院核安全监管部门制定考试计划，组织承担考核工作的单位（以下简称考核单位）实施资格考核。

考核单位负责编制考试用焊接工艺规程，实施具体考试工作，检验考试试件，出具考试结果报告。

第十条　申请人员由聘用单位组织报名参加资格考核，

并提交下列材料：

（一）申请表；

（二）学历证明；

（三）二级及以上医院出具的视力检查结果。

第十一条 国务院核安全监管部门对提交的材料进行审核，自收到材料之日起5个工作日内确认申请人员考试资格。

第十二条 首次参加资格考核的申请人员应当通过理论考试和相应焊接方法的操作考试。参加增加焊接方法资格考核的申请人员只需要进行相应焊接方法的操作考试。

理论考试主要考查申请人员对核设施系统基本知识，核安全设备及质量保证相关知识，核安全文化，焊接工艺、设备、材料等焊接基本知识的理解和掌握程度。

操作考试主要考查申请人员按照焊接工艺规程及过程质量控制要求熟练地焊接规定的试件并获得合格焊接接头的能力。

第十三条 所有考试成绩均达到合格标准视为资格考核合格。

考试成绩未达到合格标准的，可在考试结束日的次日起1年内至多补考两次，补考仍未合格的，视为本次考核不合格。

第十四条 国务院核安全监管部门收到考核单位的考试结果报告之日起20个工作日内完成审查，作出是否授予资格的决定。

资格证书由国务院核安全监管部门自授予资格决定之

日起10个工作日内向合格的人员颁发。

第十五条 资格证书包括下列主要内容：

（一）人员姓名、身份证号及聘用单位；

（二）焊接方法；

（三）有效期限；

（四）证书编号。

第十六条 资格证书的有效期限为5年。

第十七条 资格证书有效期届满拟继续从事焊接活动的人员，应当在证书有效期届满6个月前，由聘用单位组织向国务院核安全监管部门提出延续申请，并提交下列材料：

（一）申请表；

（二）二级及以上医院出具的视力检查结果；

（三）资格证书有效期内从事焊接活动的工作记录和业绩情况。

第十八条 对资格证书有效期内焊接活动工作记录和业绩良好的，由国务院核安全监管部门作出准予延续的决定，资格证书有效期延续5年。对资格证书有效期内从事焊接活动不符合国务院核安全监管部门有关工作记录和业绩管理要求的，不予延续，需要重新申领资格证书。

第十九条 已取得国外相关资格证书的境外单位焊接人员，需经国务院核安全监管部门核准后，方可在中华人民共和国境内从事焊接活动。

第二十条 申请核准的境外单位焊接人员，应当由聘用单位组织提交下列材料：

（一）持有的资格证书；

（二）相关核安全设备焊接活动业绩；

（三）未发生过责任事故、重大技术失误的书面说明材料；

（四）境内焊接活动需求材料。

第三章 监督管理

第二十一条 聘用单位应当对申请人员相关申请材料进行核实，确保材料真实、准确，没有隐瞒。

第二十二条 聘用单位应当对本单位焊接人员进行培训和岗位管理，按照民用核安全设备标准和技术要求实施焊接人员技能评定，合格后进行授权，并做好焊接人员连续操作记录管理。

第二十三条 焊接人员应当按照焊接工艺规程开展焊接活动，遵守从业操守，提高知识技能，严格尽职履责。

第二十四条 焊接人员一般应当固定在一个单位执业，确需在两个单位执业的，应当报国务院核安全监管部门备案。

焊接人员变更聘用单位的，应当由其聘用单位向国务院核安全监管部门提出资格证书变更申请，经审查同意后更换新的资格证书。变更后的资格证书有效期适用原资格证书有效期，原资格证书失效。

第二十五条 任何单位和个人不得伪造、变造或者买卖资格证书。

第二十六条 考核单位应当建立健全考核管理制度,配备与拟从事的资格考核活动相适应的考核场所、档案室、焊接设备和仪器,具有相应的专业技术人员和管理人员。

考核工作人员应当严格按照考核管理规定实施资格考核,保证考核的公正公平。

第二十七条 考核单位应当建立并管理焊接人员考试档案。考试档案的保存期限为10年。

第二十八条 焊接人员资格管理中相关违法信息由国务院核安全监管部门记入社会诚信档案,及时向社会公开。

第二十九条 对国务院核安全监管部门依法进行的监督检查,被检查单位和人员应当予以配合,如实反映情况,提供必要资料,不得拒绝和阻碍。

第四章 法律责任

第三十条 焊接人员违反相关法律法规和国家相关规定的,由国务院核安全监管部门根据情节严重程度依法分类予以处罚。

第三十一条 申请人员隐瞒有关情况或者提供虚假材料的,国务院核安全监管部门不予受理或者不予许可,并给予警告;申请人员1年内不得再次申请资格考核。

第三十二条 焊接人员以欺骗、贿赂等不正当手段取得资格证书的,由国务院核安全监管部门撤销其资格证书,3年内不得再次申请资格考核;构成犯罪的,依法追究刑事责任。

第三十三条 焊接人员违反焊接工艺规程导致严重焊接质量问题的，依据《民用核安全设备监督管理条例》的相关规定，由国务院核安全监管部门吊销其资格证书。

第三十四条 伪造、变造或者买卖资格证书的，依据《中华人民共和国治安管理处罚法》的相关规定予以处罚；构成犯罪的，依法追究刑事责任。

第三十五条 聘用单位聘用未取得相应资格证书的焊接人员从事焊接活动的，依据《中华人民共和国核安全法》的相关规定，由国务院核安全监管部门责令改正，处 10 万元以上 50 万元以下的罚款；拒不改正的，暂扣或者吊销许可证，对直接负责的主管人员和其他直接责任人员处 2 万元以上 10 万元以下的罚款。

第三十六条 考核工作人员有下列行为之一的，由国务院核安全监管部门依据有关法律法规和国家相关规定予以处理：

（一）以不正当手段协助他人取得考试资格或者取得相应证书的；

（二）泄露考务实施工作中应当保密的信息的；

（三）在评阅卷工作中，擅自更改评分标准或者不按评分标准进行评卷的；

（四）指使或者纵容他人作弊，或者参与考场内外串通作弊的；

（五）其他严重违纪违规行为。

第五章 附 则

第三十七条 资格考核的具体内容和评定标准由国务院核安全监管部门制定发布。

第三十八条 考核单位不得开展影响资格考核公平、公正的培训活动，不得收取考试费用。

第三十九条 本规定自2020年1月1日起施行。2007年12月28日原国家环境保护总局发布的《民用核安全设备焊工焊接操作工资格管理规定》（国家环境保护总局令第45号）同时废止。

进口民用核安全设备监督管理规定（HAF604）

（2007年12月28日国家环境保护总局令第46号公布 根据2019年8月22日《生态环境部关于废止、修改部分规章的决定》修订）

第一章 总 则

第一条 为了加强对进口民用核安全设备的监督管理，根据《民用核安全设备监督管理条例》，制定本规定。

第二条　本规定适用于为中华人民共和国境内民用核设施进行民用核安全设备设计、制造、安装和无损检验活动的境外单位（以下简称"境外单位"）的注册登记管理以及进口民用核安全设备的安全检验。

第三条　国务院核安全监管部门负责对境外单位进行注册登记管理，并对其从事的民用核安全设备设计、制造、安装和无损检验活动实施监督检查。

国务院核安全监管部门及其所属的检验机构依法对进口民用核安全设备进行安全检验。

第四条　民用核设施营运单位，应当在民用核安全设备的对外贸易合同中，明确约定下列主要内容：

（一）境外单位应当配合国务院核安全监管部门的监督检查；

（二）有关进口民用核安全设备监造、装运前检验、监装和验收等方面的要求；

（三）进口民用核安全设备的技术条件和安全检验的相关事项。

第二章　境外单位的注册登记

第五条　境外单位应当事先到国务院核安全监管部门申请注册登记。

拟从事民用核安全设备设计、制造或者安装活动的，应当按照活动种类（设计、制造、安装）、设备类别和核安全级别提出申请。

拟从事民用核安全设备无损检验活动的，应当按照无损检验方法提出申请。无损检验方法包括：射线检验（RT）、超声检验（UT）、磁粉检验（MT）、涡流检验（ET）、渗透检验（PT）、泄漏检验（LT）、目视检验（VT）等。

第六条 申请注册登记的境外单位，应当符合《民用核安全设备监督管理条例》第三十一条规定的条件，主要包括：

（一）遵守中华人民共和国法律、行政法规的规定；

（二）为所在国家（地区）合法设立的经营企业；

（三）具有与拟从事活动相关的工作业绩，并且满 5 年以上；

（四）具有与拟从事活动相适应的工作场所、设施和装备，以及经考核合格的专业技术人员；

（五）具有与拟从事活动相适应的质量保证体系；

（六）已取得所在国核安全监管部门规定的相应资质；

（七）使用的民用核安全设备设计、制造、安装和无损检验技术是成熟的或者经过验证的；

（八）采用中华人民共和国的民用核安全设备国家标准、行业标准或者国务院核安全监管部门认可的标准。

第七条 申请注册登记的，应当提交下列申请材料：

（一）境外单位注册登记申请书；

（二）经营企业在所在国家（地区）合法设立的证明材料；

（三）已取得所在国核安全监管部门规定资质的证明材料，或者已取得其他相关资质的证明材料；

（四）从事核设施核安全设备活动业绩的说明材料；

（五）与拟从事的民用核安全设备活动相关的能力说明材料，包括人员配备、厂房、装备、技术能力以及标准规范执行能力等；

（六）相应的质量保证大纲或者质量管理手册；

（七）国务院核安全监管部门要求提交的其他材料。

申请单位提交的上述材料应当为中文或者中英文对照文本。

第八条 国务院核安全监管部门收到注册登记申请后，应当对提交的申请材料进行形式审查，符合条件的，予以受理。

第九条 国务院核安全监管部门应当在受理申请后45个工作日内完成审查，对符合条件的，准予注册登记，颁发《中华人民共和国民用核安全设备活动境外单位注册登记确认书》，并予以公告；对不符合条件的，书面通知申请单位，并说明理由。

在审查过程中，国务院核安全监管部门可以组织专家进行技术评审，必要时可以派员到境外申请单位进行现场核查。技术评审和现场核查所需时间不计算在前款规定的期限内。

第十条 注册登记确认书分为四类：

（一）中华人民共和国民用核安全设备境外设计单位注

册登记确认书；

（二）中华人民共和国民用核安全设备境外制造单位注册登记确认书；

（三）中华人民共和国民用核安全设备境外安装单位注册登记确认书；

（四）中华人民共和国民用核安全设备境外无损检验单位注册登记确认书。

第十一条 注册登记确认书应当载明下列内容：

（一）单位名称、所在国家（地区）、住所和法定代表人；

（二）准予注册登记的活动种类和范围；

（三）注册登记的有效期限；

（四）注册登记确认书编号；

（五）注册登记确认书发证机关和发证日期。

第十二条 国务院核安全监管部门在完成境外单位注册登记后，应当将注册登记情况抄送国务院核行业主管部门和其他有关部门。

国务院核安全监管部门应当定期公布境外单位的注册登记情况。

第十三条 注册登记确认书有效期限为5年。

注册登记确认书有效期届满，境外单位需要继续从事相关活动的，应当于注册登记确认书有效期届满6个月前，重新向国务院核安全监管部门提出注册登记申请。

第十四条 经注册登记的境外单位，变更单位的名称、所在国家（地区）、住所或者法定代表人的，应当自其在所在国家（地区）变更登记之日起 30 日内，向国务院核安全监管部门提交下列材料，申请办理注册登记确认书变更手续：

（一）注册登记变更申请书；

（二）变更情况说明及相关证明材料；

（三）国务院核安全监管部门要求提交的其他材料。

国务院核安全监管部门应当对境外单位注册登记确认书变更情况进行核实。情况属实的，准予办理注册登记确认书变更手续。变更后的注册登记确认书有效期适用原注册登记确认书的有效期。

第十五条 变更注册登记的活动种类或者范围的，应当向国务院核安全监管部门重新提出申请。

第十六条 禁止无注册登记确认书或者不按照注册登记确认书规定的活动种类和范围从事民用核安全设备设计、制造、安装和无损检验活动。

禁止境外单位委托未取得民用核安全设备相关许可证的境内单位或者未取得注册登记确认书的境外单位，为中华人民共和国境内民用核设施进行民用核安全设备设计、制造、安装和无损检验活动。

禁止伪造、变造、转让注册登记确认书。

第十七条 经注册登记的境外单位，为中华人民共和国境内民用核设施进行民用核安全设备设计、制造、安装和无损检验活动时，应当遵守中华人民共和国相关的法律、行政法规和核安全监督管理规定,并对其从事的相应活动质量负责。

第三章 国务院核安全监管部门的监督检查

第十八条 经注册登记的境外单位,为境内民用核设施进行民用核安全设备设计、制造、安装和无损检验活动时,应当接受国务院核安全监管部门及其派出机构的监督检查,如实反映情况,并提供必要资料。

第十九条 民用核设施营运单位,应当自对外贸易合同生效之日起20个工作日内,向国务院核安全监管部门及其派出机构提交书面报告。书面报告的内容应当包括合同的有关质量与技术条款、合同的技术附件、交付日期、总体进度等。

营运单位应当在相关民用核安全设备设计、制造、安装和无损检验活动开始1个月前,向国务院核安全监管部门及其派出机构提交书面报告。书面报告的内容应当包括相关民用核安全设备设计、制造、安装和无损检验活动的内容、进度安排、质量计划以及营运单位监造计划。

第二十条 国务院核安全监管部门及其派出机构,应当根据民用核设施营运单位按照本规定提交的相关报告,确定需要监督检查的内容,制定相应的监督检查计划,并书面通知营运单位。

营运单位应当在监督检查计划中确定的检查点开工2个月前,书面通知国务院核安全监管部门及其派出机构。

第二十一条 国务院核安全监管部门及其派出机构，在对境外单位从事的民用核安全设备设计、制造、安装和无损检验活动进行监督检查时，有权采取下列措施：

（一）向相关单位的法定代表人和其他有关人员了解情况；

（二）进入相关单位进行现场检查；

（三）查阅、复制相关文件、记录以及其他有关资料；

（四）对发现的质量问题或者缺陷，责成民用核设施营运单位调查处理，并提交有关情况说明及后续处理报告。

国务院核安全监管部门及其派出机构在进行监督检查时，营运单位应当派员在现场配合。

第二十二条 国务院核安全监管部门及其派出机构在进行监督检查时，应当对检查内容、发现问题及处理情况作出记录，并由监督检查人员、民用核设施营运单位人员和被监督检查单位有关负责人签字确认。

被监督检查单位有关负责人拒绝签字的，监督检查人员应当将有关情况记录在案。

第四章 民用核设施营运单位的监造、装运前检验、监装和验收

第二十三条 民用核设施营运单位应当对进口民用核安全设备进行监造、装运前检验、监装，并对进口民用核安全设备质量进行验收。

第二十四条 民用核设施营运单位应当配备足够数量并具备相应专业知识和业务能力的监造、装运前检验、监装和验收人员。

第二十五条 民用核设施营运单位应当制定监造、装运前检验、监装和验收计划，编制相应的检查要求。

负责监造、装运前检验、监装和验收的人员，应当执行监造、装运前检验、监装和验收计划以及检查要求。

第二十六条 民用核设施营运单位应当对进口民用核安全设备设计活动的质量进行验证。

第二十七条 民用核设施营运单位应当对进口民用核安全设备无损检验活动的质量进行验证。

前款规定的验证，可以采取现场见证、文件审查等方式进行。必要时，可以进行抽查复验。

第二十八条 民用核设施营运单位应当对经注册登记的境外单位的质量保证大纲或者质量管理手册的实施情况进行监查。

第二十九条 民用核设施营运单位的相关人员，应当对检查、验证或者监查的内容、发现的问题以及处理情况作出记录。发现有不符合合同或者有关规定的，营运单位应当及时处理，并将相关情况报国务院核安全监管部门备案。

第五章 进口民用核安全设备的安全检验

第三十条 国务院核安全监管部门及其所属的检验机

构依法对进口民用核安全设备进行安全检验。安全检验可以采取独立检验或者验证的方式。

未经安全检验或者经安全检验不合格的进口民用核安全设备，不得在中华人民共和国境内的民用核设施上运行使用。

第三十一条 进口民用核安全设备安全检验的依据主要包括：

（一）中华人民共和国法律、行政法规和核安全监督管理规定；

（二）民用核安全设备国家标准、行业标准或者境外单位注册登记申请时经国务院核安全监管部门认可的标准；

（三）对外贸易合同；

（四）相关设备技术规格书。

第三十二条 从事进口民用核安全设备安全检验的人员，应当熟悉相关法律法规、标准及有关技术文件，并具备相应的检验技能。

第三十三条 进口民用核安全设备到达口岸前，民用核设施营运单位应当向国务院核安全监管部门及其所属的检验机构报检，并提供下列材料：

（一）进口民用核安全设备报检申请表；

（二）装箱清单；

（三）产品质量合格证书。

营运单位提交的上述材料应当为中文或者英文。

第三十四条 国务院核安全监管部门及其所属的检验

机构应当审查民用核设施营运单位按照本规定提交的报检材料。必要时，可以对到岸设备进行检查。

对符合要求的，签发《进口民用核安全设备口岸检查放行单》。营运单位持《进口民用核安全设备口岸检查放行单》依照有关法律法规的规定到相关机构办理商检手续。

对不符合要求的，国务院核安全监管部门及其所属的检验机构应当书面通知营运单位，并说明理由。

第三十五条 民用核设施营运单位应当在进口民用核安全设备计划开箱检查 20 个工作日前，向国务院核安全监管部门及其所属的检验机构申报，并提交下列材料：

（一）进口民用核安全设备装配总图、出厂检验试验报告等产品竣工文件；

（二）营运单位监造、装运前检验和监装以及验收结果报告；

（三）国务院核安全监管部门监督检查发现问题的处理和关闭情况报告；

（四）进口民用核安全设备活动不符合项情况，以及较大和重大不符合项记录；

（五）国务院核安全监管部门要求提交的其他材料。

营运单位提交的上述材料应当为中文或者英文。

国务院核安全监管部门及其所属的检验机构应当对上述开箱检查申报材料进行审查，并派安全检验人员在开箱检查前到达现场进行见证。

安全检验人员未到场前，营运单位不得进行开箱检查。

第三十六条 开箱检查后，国务院核安全监管部门及其所属的检验机构应当在 20 个工作日内，出具开箱检查报告。

经检查不合格的，国务院核安全监管部门及其所属的检验机构应当在报告中说明不合格的原因，民用核设施营运单位不得进行安装调试活动。

第三十七条 国务院核安全监管部门及其所属的检验机构应当对安装和装料前调试阶段涉及安全性能的试验进行检查。

民用核设施营运单位应当在进口民用核安全设备涉及安全性能的试验开始 30 个工作日前，通知国务院核安全监管及其所属的检验机构。国务院核安全监管部门及其所属的检验机构应当进行必要的选点见证，并制作见证记录。

国务院核安全监管部门及其所属的检验机构应当在进口民用核安全设备涉及安全性能的全部试验结束之日起 30 个工作日内，出具检查报告。

第三十八条 国务院核安全监管部门及其所属的检验机构应当在完成文件记录检查、开箱检查、安装和装料前调试阶段涉及安全性能的试验检查后，出具安全检验报告。

对安全检验不合格的，民用核设施营运单位不得运行使用。

第三十九条 进口民用核安全设备监督检查人员和安全检验人员，应当为被检查的单位保守技术秘密和业务秘密；不得滥用职权侵犯企业的合法权益，或者利用职务上的便利索取、收受财物；不得从事或者参与民用核安全设备经营活动。

第四十条　国务院核安全监管部门及其所属的检验机构的安全检验不减轻也不转移境外单位和民用核设施营运单位的相关责任。

第六章　法律责任

第四十一条　国务院核安全监管部门及其派出机构、所属的检验机构和有关工作人员有下列行为之一的，对直接负责的主管人员和其他直接责任人员，依法给予处分；构成犯罪的，依法追究刑事责任：

（一）对符合本规定的注册登记申请，不予受理或者注册登记的；

（二）发现违反本规定的行为不予查处，或者接到举报后不依法处理的；

（三）泄露被检查单位的技术秘密或者业务秘密的；

（四）滥用职权侵犯企业的合法权益，或者利用职务上的便利索取、收受财物的；

（五）从事或者参与民用核安全设备经营活动的；

（六）在进口民用核安全设备监督管理工作中有其他违法行为的。

第四十二条　境外单位有下列行为之一的，国务院核安全监管部门可以根据情节轻重，暂扣或者收回注册登记确认书：

（一）违反中华人民共和国相关的法律、行政法规和核安全监督管理规定的；

（二）不按照注册登记确认书规定的活动种类和范围从事民用核安全设备设计、制造、安装和无损检验活动的；

（三）变更单位的名称、所在国家（地区）、住所或者法定代表人，未按规定办理注册登记确认书变更手续的；

（四）涂改、转让注册登记确认书及其他弄虚作假行为的。

第七章　附　　则

第四十三条　申请民用核安全设备制造、安装活动注册登记的境外单位，拟自行对其制造、安装的民用核安全设备进行无损检验活动的，不需要单独申请无损检验活动注册登记。

第四十四条　民用核设施营运单位委托民用核安全设备成套供应商、民用核设施核岛建造总承包商或者民用核安全设备持证单位采购设备的，由被委托的采购单位承担本规定中规定的营运单位的相关责任。但营运单位应当对进口民用核安全设备的使用和运行安全承担全面责任。

第四十五条　本规定中有关术语的含义如下：

安全检验：是指在境外单位检验合格，以及民用核设施营运单位监造、装运前检验和监装合格的前提下，对进口民用核安全设备安全性能进行的检查或者验证，包括活动过程中形成的相关文件记录检查、开箱检查、以及安装和装料前调试阶段涉及安全性能的试验检查三个阶段。

第四十六条 本规定自 2008 年 1 月 1 日起施行。

附件：

一、中华人民共和国民用核安全机械设备境外设计单位注册登记申请书（略）

二、中华人民共和国民用核安全电气设备境外设计单位注册登记申请书（略）

三、中华人民共和国民用核安全机械设备境外制造单位注册登记申请书（略）

四、中华人民共和国民用核安全电气设备境外制造单位注册登记申请书（略）

五、中华人民共和国民用核安全设备境外安装单位注册登记申请书（略）

六、中华人民共和国民用核安全设备境外无损检验单位注册登记申请书（略）

七、民用核安全设备活动境外单位注册登记变更申请书（略）

八、民用核安全设备活动境外单位注册登记确认书（略）

九、进口民用核安全设备报检申请表（略）

十、进口民用核安全设备口岸检查放行单（略）

放射性物品道路运输管理规定

(2010年10月27日交通运输部发布 根据2016年9月2日《交通运输部关于修改〈放射性物品道路运输管理规定〉的决定》第一次修正 根据2023年11月10日《交通运输部关于修改〈放射性物品道路运输管理规定〉的决定》第二次修正)

第一章 总 则

第一条 为了规范放射性物品道路运输活动,保障人民生命财产安全,保护环境,根据《道路运输条例》和《放射性物品运输安全管理条例》,制定本规定。

第二条 从事放射性物品道路运输活动的,应当遵守本规定。

第三条 本规定所称放射性物品,是指含有放射性核素,并且其活度和比活度均高于国家规定的豁免值的物品。

本规定所称放射性物品道路运输专用车辆(以下简称专用车辆),是指满足特定技术条件和要求,用于放射性物品道路运输的载货汽车。

本规定所称放射性物品道路运输,是指使用专用车辆通过道路运输放射性物品的作业过程。

第四条 根据放射性物品的特性及其对人体健康和环境的潜在危害程度,将放射性物品分为一类、二类和三类。

一类放射性物品,是指Ⅰ类放射源、高水平放射性废物、乏燃料等释放到环境后对人体健康和环境产生重大辐射影响的放射性物品。

二类放射性物品,是指Ⅱ类和Ⅲ类放射源、中等水平放射性废物等释放到环境后对人体健康和环境产生一般辐射影响的放射性物品。

三类放射性物品,是指Ⅳ类和Ⅴ类放射源、低水平放射性废物、放射性药品等释放到环境后对人体健康和环境产生较小辐射影响的放射性物品。

放射性物品的具体分类和名录,按照国务院核安全监管部门会同国务院公安、卫生、海关、交通运输、铁路、民航、核工业行业主管部门制定的放射性物品具体分类和名录执行。

第五条 从事放射性物品道路运输应当保障安全,依法运输,诚实信用。

第六条 国务院交通运输主管部门主管全国放射性物品道路运输管理工作。

县级以上地方人民政府交通运输主管部门(以下简称交通运输主管部门)负责本行政区域放射性物品道路运输管理工作。

第二章　运输资质许可

第七条 申请从事放射性物品道路运输经营的,应当具备下列条件:

(一)有符合要求的专用车辆和设备。

1. 专用车辆要求。

(1)专用车辆的技术要求应当符合《道路运输车辆技术管理规定》有关规定;

(2)车辆为企业自有,且数量为 5 辆以上;

(3)核定载质量在 1 吨及以下的车辆为厢式或者封闭货车;

(4)车辆配备满足在线监控要求,且具有行驶记录仪功能的卫星定位系统。

2. 设备要求。

(1)配备有效的通讯工具;

(2)配备必要的辐射防护用品和依法经定期检定合格的监测仪器。

(二)有符合要求的从业人员。

1. 专用车辆的驾驶人员取得相应机动车驾驶证,年龄不超过 60 周岁;

2. 从事放射性物品道路运输的驾驶人员、装卸管理人员、押运人员经所在地设区的市级人民政府交通运输主管部门考试合格,取得注明从业资格类别为"放射性物品道路运输"的道路运输从业资格证（以下简称道路运输从业资格证）；

3. 有具备辐射防护与相关安全知识的安全管理人员。

（三）有健全的安全生产管理制度。

1. 有关安全生产应急预案；

2. 从业人员、车辆、设备及停车场地安全管理制度；

3. 安全生产作业规程和辐射防护管理措施；

4. 安全生产监督检查和责任制度。

第八条 生产、销售、使用或者处置放射性物品的单位（含在放射性废物收贮过程中的从事放射性物品运输的省、自治区、直辖市城市放射性废物库营运单位），符合下列条件的，可以使用自备专用车辆从事为本单位服务的非经营性放射性物品道路运输活动：

（一）持有有关部门依法批准的生产、销售、使用、处置放射性物品的有效证明；

（二）有符合国家规定要求的放射性物品运输容器；

（三）有具备辐射防护与安全防护知识的专业技术人员；

（四）具备满足第七条规定条件的驾驶人员、专用车辆、设备和安全生产管理制度，但专用车辆的数量可以少于5辆。

第九条 国家鼓励技术力量雄厚、设备和运输条件好的生产、销售、使用或者处置放射性物品的单位按照第八条规定的条件申请从事非经营性放射性物品道路运输。

第十条 申请从事放射性物品道路运输经营的企业，应当向所在地设区的市级交通运输主管部门提出申请，并提交下列材料：

（一）《放射性物品道路运输经营申请表》，包括申请人基本信息、拟申请运输的放射性物品范围（类别或者品名）等内容。

（二）企业负责人身份证明及复印件，经办人身份证明及复印件和委托书。

（三）证明专用车辆、设备情况的材料，包括：

1. 未购置车辆的，应当提交拟投入车辆承诺书。内容包括拟购车辆数量、类型、技术等级、总质量、核定载质量、车轴数以及车辆外廓尺寸等有关情况；

2. 已购置车辆的，应当提供车辆行驶证、车辆技术等级评定结论及复印件等有关材料；

3. 对辐射防护用品、监测仪器等设备配置情况的说明材料。

（四）有关驾驶人员、装卸管理人员、押运人员的道路运输从业资格证及复印件，驾驶人员的驾驶证及复印件，安全管理人员的工作证明。

（五）企业经营方案及相关安全生产管理制度文本。

第十一条 申请从事非经营性放射性物品道路运输的单位，向所在地设区的市级交通运输主管部门提出申请时，除提交第十条第（三）项、第（五）项规定的材料外，还应当提交下列材料：

（一）《放射性物品道路运输申请表》，包括申请人基本信息、拟申请运输的放射性物品范围（类别或者品名）等内容；

（二）单位负责人身份证明及复印件，经办人身份证明及复印件和委托书；

（三）有关部门依法批准生产、销售、使用或者处置放射性物品的有效证明；

（四）放射性物品运输容器、监测仪器检测合格证明；

（五）对放射性物品运输需求的说明材料；

（六）有关驾驶人员的驾驶证、道路运输从业资格证及复印件；

（七）有关专业技术人员的工作证明，依法应当取得相关从业资格证件的，还应当提交有效的从业资格证件及复印件。

第十二条　设区的市级交通运输主管部门应当按照《道路运输条例》和《交通行政许可实施程序规定》以及本规定规范的程序实施行政许可。

决定准予许可的，应当向被许可人作出准予行政许可的书面决定，并在10日内向放射性物品道路运输经营申请人发放《道路运输经营许可证》，向非经营性放射性物品道路运输申请人颁发《放射性物品道路运输许可证》。决定不予许可的，应当书面通知申请人并说明理由。

第十三条　对申请时未购置专用车辆，但提交拟投入车辆承诺书的，被许可人应当自收到《道路运输经营许可证》或者《放射性物品道路运输许可证》之日起半年内落实拟投入车辆承诺书。做出许可决定的交通运输主管部门对被许可人落实拟投入车辆承诺书的落实情况进行核实，符合许可要求的，应当为专用车辆配发《道路运输证》。

对申请时已购置专用车辆，且按照第十条、第十一条规定提交了专用车辆有关材料的，做出许可决定的交通运输主管部门应当对专用车辆情况进行核实，符合许可要求的，应当在向被许可人颁发《道路运输经营许可证》或者《放射性物品道路运输许可证》的同时，为专用车辆配发《道路运输证》。

做出许可决定的交通运输主管部门应当在《道路运输证》有关栏目内注明允许运输放射性物品的范围（类别或者品名）。对从事非经营性放射性物品道路运输的，还应当在《道路运输证》上加盖"非经营性放射性物品道路运输专用章"。

第十四条 放射性物品道路运输企业或者单位终止放射性物品运输业务的，应当在终止之日 30 日前书面告知做出原许可决定的交通运输主管部门。属于经营性放射性物品道路运输业务的，做出原许可决定的交通运输主管部门应当在接到书面告知之日起 10 日内将放射性道路运输企业终止放射性物品运输业务的有关情况向社会公布。

放射性物品道路运输企业或者单位应当在终止放射性物品运输业务之日起 10 日内将相关许可证件缴回原发证机关。

第三章 专用车辆、设备管理

第十五条 放射性物品道路运输企业或者单位应当按照有关车辆及设备管理的标准和规定，维护、检测、使用和管理专用车辆和设备，确保专用车辆和设备技术状况良好。

第十六条 设区的市级交通运输主管部门应当按照《道路运输车辆技术管理规定》的规定定期对专用车辆是否符合第七条、第八条规定的许可条件进行审验，每年审验一次。

第十七条 设区的市级交通运输主管部门应当对监测仪器定期检定合格证明和专用车辆投保危险货物承运人责任险情况进行检查。检查可以结合专用车辆定期审验的频率一并进行。

第十八条 禁止使用报废的、擅自改装的、检测不合格的或者其他不符合国家规定要求的车辆、设备从事放射性物品道路运输活动。

第十九条 禁止专用车辆用于非放射性物品运输，但集装箱运输车（包括牵引车、挂车）、甩挂运输的牵引车以及运输放射性药品的专用车辆除外。

按照本条第一款规定使用专用车辆运输非放射性物品的，不得将放射性物品与非放射性物品混装。

第四章　放射性物品运输

第二十条 道路运输放射性物品的托运人（以下简称托运人）应当制定核与辐射事故应急方案，在放射性物品运输中采取有效的辐射防护和安全保卫措施，并对放射性物品运输中的核与辐射安全负责。

第二十一条 道路运输放射性物品的承运人（以下简称承运人）应当取得相应的放射性物品道路运输资质，并对承运事项是否符合本企业或者单位放射性物品运输资质许可的运输范围负责。

第二十二条 非经营性放射性物品道路运输单位应当按照《放射性物品运输安全管理条例》、《道路运输条例》和本规定的要求履行托运人和承运人的义务，并负相应责任。

非经营性放射性物品道路运输单位不得从事放射性物品道路运输经营活动。

第二十三条 承运人与托运人订立放射性物品道路运输合同前，应当查验、收存托运人提交的下列材料：

（一）运输说明书，包括放射性物品的品名、数量、物理化学形态、危害风险等内容；

（二）辐射监测报告，其中一类放射性物品的辐射监测报告由托运人委托有资质的辐射监测机构出具；二、三类放射性物品的辐射监测报告由托运人出具；

（三）核与辐射事故应急响应指南；

（四）装卸作业方法指南；

（五）安全防护指南。

托运人将本条第一款第（四）项、第（五）项要求的内容在运输说明书中一并作出说明的，可以不提交第（四）项、第（五）项要求的材料。

托运人提交材料不齐全的，或者托运的物品经监测不符合国家放射性物品运输安全标准的，承运人不得与托运人订立放射性物品道路运输合同。

第二十四条　一类放射性物品启运前，承运人应当向托运人查验国务院核安全监管部门关于核与辐射安全分析报告书的审批文件以及公安部门关于准予道路运输放射性物品的审批文件。

二、三类放射性物品启运前，承运人应当向托运人查验公安部门关于准予道路运输放射性物品的审批文件。

第二十五条　托运人应当按照《放射性物质安全运输规程》（GB 11806）等有关国家标准和规定，在放射性物品运输容器上设置警示标志。

第二十六条　专用车辆运输放射性物品过程中，应当悬挂符合国家标准《道路运输危险货物车辆标志》（GB 13392）要求的警示标志。

第二十七条　专用车辆不得违反国家有关规定超载、超限运输放射性物品。

第二十八条　在放射性物品道路运输过程中，除驾驶人员外，还应当在专用车辆上配备押运人员，确保放射性物品处于押运人员监管之下。运输一类放射性物品的，承运人必要时可以要求托运人随车提供技术指导。

第二十九条 驾驶人员、装卸管理人员和押运人员上岗时应当随身携带道路运输从业资格证，专用车辆驾驶人员还应当随车携带《道路运输证》。

第三十条 驾驶人员、装卸管理人员和押运人员应当按照托运人所提供的资料了解所运输的放射性物品的性质、危害特性、包装物或者容器的使用要求、装卸要求以及发生突发事件时的处置措施。

第三十一条 放射性物品运输中发生核与辐射事故的，承运人、托运人应当按照核与辐射事故应急响应指南的要求，结合本企业安全生产应急预案的有关内容，做好事故应急工作，并立即报告事故发生地的县级以上人民政府生态环境主管部门。

第三十二条 放射性物品道路运输企业或者单位应当聘用具有相应道路运输从业资格证的驾驶人员、装卸管理人员和押运人员，并定期对驾驶人员、装卸管理人员和押运人员进行运输安全生产和基本应急知识等方面的培训，确保驾驶人员、装卸管理人员和押运人员熟悉有关安全生产法规、标准以及相关操作规程等业务知识和技能。

放射性物品道路运输企业或者单位应当对驾驶人员、装卸管理人员和押运人员进行运输安全生产和基本应急知识等方面的考核；考核不合格的，不得从事相关工作。

第三十三条 放射性物品道路运输企业或者单位应当

按照国家职业病防治的有关规定，对驾驶人员、装卸管理人员和押运人员进行个人剂量监测，建立个人剂量档案和职业健康监护档案。

第三十四条 放射性物品道路运输企业或者单位应当投保危险货物承运人责任险。

第三十五条 放射性物品道路运输企业或者单位不得转让、出租、出借放射性物品道路运输许可证件。

第三十六条 交通运输主管部门应当督促放射性物品道路运输企业或者单位对专用车辆、设备及安全生产制度等安全条件建立相应的自检制度，并加强监督检查。

交通运输主管部门工作人员依法对放射性物品道路运输活动进行监督检查的，应当按照劳动保护规定配备必要的安全防护设备。

第五章 法律责任

第三十七条 拒绝、阻碍交通运输主管部门依法履行放射性物品运输安全监督检查，或者在接受监督检查时弄虚作假的，由交通运输主管部门责令改正，处1万元以上2万元以下的罚款；构成违反治安管理行为的，交由公安机关依法给予治安管理处罚；构成犯罪的，依法追究刑事责任。

第三十八条 违反本规定，未取得有关放射性物品道路运输资质许可，有下列情形之一的，由交通运输主管部门责令停止运输，违法所得超过 2 万元的，没收违法所得，处违法所得 2 倍以上 10 倍以下的罚款；没有违法所得或者违法所得不足 2 万元的，处 3 万元以上 10 万元以下的罚款。构成犯罪的，依法追究刑事责任：

（一）无资质许可擅自从事放射性物品道路运输的；

（二）使用失效、伪造、变造、被注销等无效放射性物品道路运输许可证件从事放射性物品道路运输的；

（三）超越资质许可事项，从事放射性物品道路运输的；

（四）非经营性放射性物品道路运输单位从事放射性物品道路运输经营的。

第三十九条 违反本规定，放射性物品道路运输企业或者单位擅自改装已取得《道路运输证》的专用车辆的，由交通运输主管部门责令改正，处 5000 元以上 2 万元以下的罚款。

第四十条 放射性物品道路运输活动中，由不符合本规定第七条、第八条规定条件的人员驾驶专用车辆的，由交通运输主管部门责令改正，处 200 元以上 2000 元以下的罚款；构成犯罪的，依法追究刑事责任。

第四十一条 违反本规定，放射性物品道路运输企业或者单位有下列行为之一，由交通运输主管部门责令限期投保；拒不投保的，由原许可的设区的市级交通运输主管部门吊销《道路运输经营许可证》或者《放射性物品道路运输许可证》，或者在许可证件上注销相应的许可范围：

（一）未投保危险货物承运人责任险的；

— 423 —

（二）投保的危险货物承运人责任险已过期，未继续投保的。

第四十二条 违反本规定，放射性物品道路运输企业或者单位非法转让、出租放射性物品道路运输许可证件的，由交通运输主管部门责令停止违法行为，收缴有关证件，处2000元以上1万元以下的罚款；有违法所得的，没收违法所得。

第四十三条 违反本规定，放射性物品道路运输企业或者单位已不具备许可要求的有关安全条件，存在重大运输安全隐患的，由交通运输主管部门依照《中华人民共和国安全生产法》的规定，给予罚款、停产停业整顿、吊销相关许可证件等处罚。

第四十四条 交通运输主管部门工作人员在实施道路运输监督检查过程中，发现放射性物品道路运输企业或者单位有违规情形，且按照《放射性物品运输安全管理条例》等有关法律法规的规定，应当由公安部门、核安全监管部门或者生态环境等部门处罚情形的，应当通报有关部门依法处理。

第六章 附 则

第四十五条 军用放射性物品道路运输不适用于本规定。

第四十六条 本规定自2011年1月1日起施行。

放射性物品运输安全许可管理办法

（2010年9月25日环境保护部令第11号公布 根据2019年8月22日《生态环境部关于废止、修改部分规章的决定》第一次修订 根据2021年1月4日《关于废止、修改部分生态环境规章和规范性文件的决定》第二次修订）

第一章 总 则

第一条 为了加强对放射性物品运输的安全管理，实施《放射性物品运输安全管理条例》规定的运输安全许可制度，制定本办法。

第二条 从事放射性物品运输和放射性物品运输容器设计、制造等活动，应当按照本办法的规定，办理有关许可和备案手续。

第三条 国家对放射性物品运输实施分类管理，根据放射性物品的特性及其对人体健康和环境的潜在危害程度，将放射性物品分为一类、二类和三类。

放射性物品的具体分类和名录，由国务院核安全监管部门按照《放射性物品运输安全管理条例》的规定，会同国务院公安、卫生、海关、交通运输、铁路、民航、核工业行业主管部门制定。

第二章 运输容器设计的批准与备案

第四条 一类放射性物品运输容器的设计,应当在首次用于制造前报国务院核安全监管部门审查批准。

二类放射性物品运输容器的设计,应当在首次用于制造前报国务院核安全监管部门备案。

第五条 放射性物品运输容器设计单位应当建立健全质量保证体系并有效实施,加强档案管理,如实记录放射性物品运输容器的设计和安全性能评价过程。

第六条 放射性物品运输容器的设计应当满足国家放射性物品运输安全标准。

设计单位应当通过试验验证,采用可靠、保守的分析论证,或者采取两者相结合的方式,对设计的放射性物品运输容器的安全性能进行评价。

第七条 申请领取一类放射性物品运输容器设计批准书的单位,应当符合下列条件:

(一) 具有法人资格;

(二) 具有与所从事设计活动相关或者相近的工作业绩;

(三) 具有与所从事设计活动相适应并经考核合格的专业技术人员;

(四) 具有健全的管理制度和完善的质量保证体系,以及符合国家有关核安全监督管理规定的质量保证大纲。

第八条 申请批准一类放射性物品运输容器的设计，设计单位应当向国务院核安全监管部门提出书面申请，并提交下列材料：

（一）设计总图及其设计说明书；

（二）设计安全评价报告书；

（三）符合国家有关核安全监督管理规定的质量保证大纲。

放射性物品运输容器设计安全评价报告书的标准格式和内容，由国务院核安全监管部门另行规定。

第九条 国务院核安全监管部门应当自受理一类放射性物品运输容器的设计批准申请之日起45个工作日内完成审查。对符合国家放射性物品运输安全标准的，颁发一类放射性物品运输容器设计批准书，并公告设计批准编号；对不符合国家放射性物品运输安全标准的，书面通知申请单位并说明理由。

国务院核安全监管部门在审查过程中，应当组织专家进行技术评审。技术评审方式包括文件审查、审评对话、现场见证等。

技术评审所需时间，不计算在本条第一款规定的期限内。

第十条 一类放射性物品运输容器设计批准书应当包括下列主要内容：

（一）设计单位名称、住所和法定代表人；

（二）运输容器类型和设计批准编号；

（三）放射性内容物特性；

（四）运输容器设计说明及适用的相关技术标准等；

（五）操作要求、运输方式、使用环境温度；

（六）有效期限；

（七）批准日期和批准书编号。

第十一条　一类放射性物品运输容器设计批准书有效期为5年。

设计批准书有效期届满，需要延续的，持证单位应当于设计批准书有效期届满6个月前，向国务院核安全监管部门提出书面延续申请，并提交下列材料：

（一）质量保证大纲实施效果的说明；

（二）设计依据标准如有变化，是否符合新标准的说明。

对于设计单位提出的批准书延续申请，国务院核安全监管部门应当在设计批准书有效期届满前作出是否准予延续的决定。

第十二条　设计单位修改已批准的一类放射性物品运输容器设计中有关安全内容的，应当按照原申请程序向国务院核安全监管部门重新申请领取设计批准书。

一类放射性物品运输容器设计单位变更单位名称、住所或者法定代表人的，应当自工商变更登记之日起20日内，向国务院核安全监管部门办理设计批准书变更手续，并提交变更申请、工商注册登记文件以及其他证明材料。

第十三条　为了控制放射性物品在运输过程中可能产生的弥散，放射性物品设计成特殊形式或者低弥散形式的，其防弥散的形式可视为放射性物品运输容器包容系统的组成部分。

特殊形式放射性物品和低弥散放射性物品的设计方案，应当符合国家放射性物品运输安全标准的有关要求，并报国务院核安全监管部门审查批准。

特殊形式放射性物品和低弥散放射性物品的设计单位，应当向国务院核安全监管部门提交其设计方案符合国家放射性物品运输安全标准有关要求的证明材料。

国务院核安全监管部门对符合国家放射性物品运输安全标准有关要求的，颁发相应的设计批准书，并公告设计批准编号；对不符合国家放射性物品运输安全标准有关要求的，书面通知申请单位并说明理由。

对于特殊形式放射性物品和低弥散放射性物品设计的延续、变更依据本办法第十一条和第十二条规定进行。

第十四条 二类放射性物品运输容器的设计单位应当按照国家放射性物品运输安全标准进行设计，并在首次用于制造 30 日前，将下列文件报国务院核安全监管部门备案：

（一）设计总图及其设计说明书；

（二）设计安全评价报告表。

国务院核安全监管部门应当定期公布已备案的二类放射性物品运输容器的设计备案编号。

第三章　运输容器制造的许可与备案

第十五条 从事一类放射性物品运输容器制造活动的

单位，应当向国务院核安全监管部门申请领取制造许可证。

从事二类放射性物品运输容器制造活动的单位，应当报国务院核安全监管部门备案。

第十六条 申请领取制造许可证的单位，应当具备下列条件：

（一）具有法人资格；

（二）有与所从事制造活动相关或者相近的工作业绩；

（三）有与所从事制造活动相适应的机械、焊接、材料和热处理、铸造和锻造等相关专业技术人员，以及取得焊工、焊接操作工或者无损检验资格证书的专业技术人员；

（四）有与所从事的制造活动相适应的生产条件和检测手段；

（五）有健全的管理制度、完善的质量保证体系和符合国家有关核安全监督管理规定的质量保证大纲。

第十七条 申请领取放射性物品运输容器制造许可证的单位，应当向国务院核安全监管部门提交申请书，并提交符合规定条件的证明文件。

第十八条 国务院核安全监管部门应当自受理申请之日起45个工作日内完成审查，对符合条件的，颁发制造许可证，并予以公告；对不符合条件的，书面通知申请单位并说明理由。

国务院核安全监管部门在审查过程中，应当组织专家进行技术评审。技术评审可以采取文件审查、审评对话和现场检查等方式。

技术评审所需时间，不计算在本条第一款规定的期限内。

第十九条 一类放射性物品运输容器制造许可证应当载明下列内容：

（一）制造单位名称、住所和法定代表人；

（二）许可制造的运输容器设计批准编号；

（三）有效期限；

（四）发证机关、发证日期和证书编号。

第二十条 一类放射性物品运输容器制造许可证有效期为5年。

制造许可证有效期届满，需要延续的，制造单位应当于制造许可证有效期届满6个月前，向国务院核安全监管部门提出书面延续申请，并提交下列材料：

（一）原制造许可证有效期内的制造活动情况；

（二）原制造许可证有效期内所制造运输容器的质量情况；

（三）原制造许可证有效期内变更情况的说明。

国务院核安全监管部门应当在制造许可证有效期届满前作出是否准予延续的决定。

第二十一条 一类放射性物品运输容器制造单位制造与原许可制造的设计批准编号不同的运输容器的，应当按照原申请程序向国务院核安全监管部门重新申请领取制造许可证。

一类放射性物品运输容器制造单位变更单位名称、住所或者法定代表人的，应当自工商变更登记之日起20日内，向国务院核安全监管部门办理制造许可证变更手续,并提交变更申请、工商注册登记文件以及其他证明材料。

第二十二条 禁止无制造许可证或者超出制造许可证规定范围从事一类放射性物品运输容器制造活动。

禁止委托未取得相应制造许可证的单位进行一类放射性物品运输容器制造活动。

禁止伪造、变造、转让制造许可证。

第二十三条 从事二类放射性物品运输容器制造活动的单位,应当在首次制造活动开始 30 日前,将下列材料报国务院核安全监管部门备案:

(一)所制造运输容器的设计备案编号;

(二)具备与从事制造活动相适应的专业技术人员、生产条件、检测手段的证明材料;

(三)具有健全管理制度的证明材料;

(四)质量保证大纲。

国务院核安全监管部门应当定期公布已备案的二类放射性物品运输容器制造单位。

第二十四条 使用境外单位制造的一类放射性物品运输容器的,应当在首次使用前报国务院核安全监管部门审查批准。

使用境外单位制造的二类放射性物品运输容器的,应当在首次使用前报国务院核安全监管部门备案。

第二十五条 申请使用境外单位制造的一类放射性物品运输容器的单位,应当向国务院核安全监管部门提出书面申请，并提交下列材料：

（一）设计单位所在国核安全监管部门颁发的设计批准文件的复印件；

（二）设计单位出具的设计安全评价报告书；

（三）制造单位相关业绩的证明材料；

（四）制造单位出具的质量合格证明；

（五）符合中华人民共和国法律、行政法规规定，以及国家放射性物品运输安全标准或者经国务院核安全监管部门认可的标准的说明材料。

第二十六条 国务院核安全监管部门应当自受理申请之日起 45 个工作日内完成审查，对符合国家放射性物品运输安全标准的，颁发使用批准书；对不符合国家放射性物品运输安全标准的，书面通知申请单位并说明理由。

在审查过程中，国务院核安全监管部门可以组织专家进行技术评审。技术评审所需时间不计算在前款规定的期限内。

第二十七条 境外单位制造的一类放射性物品运输容器使用批准书应当载明下列内容：

（一）使用单位名称、住所和法定代表人；

（二）设计单位名称、制造单位名称；

（三）原设计批准编号；

（四）操作要求、运输方式、使用环境温度；

（五）运输容器编码；

（六）有效期限；

（七）批准日期和批准书编号。

第二十八条　境外单位制造的一类放射性物品运输容器使用批准书有效期为 5 年。

使用批准书有效期届满，需要延续的，使用单位应当于使用批准书有效期届满 6 个月前，向国务院核安全监管部门提出书面延续申请，并提交下列材料：

（一）原使用批准书有效期内运输容器使用情况报告；

（二）原使用批准书有效期内质量保证大纲实施效果的说明；

（三）原使用批准书有效期内运输容器维护、维修和安全性能评价情况说明。

对于使用单位提出的批准书延续申请，国务院核安全监管部门应当在使用批准书有效期届满前作出是否准予延续的决定。

第二十九条　持有境外单位制造的一类放射性物品运输容器使用批准书的使用单位，变更单位名称、住所或者法定代表人的，应当自工商登记之日起 20 日内，向国务院核安全监管部门办理使用批准书变更手续，并提交变更申请、工商注册登记文件以及其他证明材料。

第三十条　使用境外单位制造的二类放射性物品运输容器的，应当在首次使用前将下列文件报国务院核安全监管部门备案：

（一）制造单位出具的质量合格证明；

（二）设计单位出具的设计安全评价报告表；

（三）符合中华人民共和国法律、行政法规规定，以及国家放射性物品运输安全标准或者经国务院核安全监管部门认可的标准的说明材料。

国务院核安全监管部门办理使用境外单位制造的二类放射性物品运输容器备案手续，应当同时为运输容器确定编码。

第四章　放射性物品运输批准与备案

第三十一条　托运一类放射性物品的，托运人应当编制放射性物品运输的核与辐射安全分析报告书，报国务院核安全监管部门审查批准。

一类放射性物品从境外运抵中华人民共和国境内，或者途经中华人民共和国境内运输的，托运人应当编制放射性物品运输的核与辐射安全分析报告书，报国务院核安全监管部门审查批准。

二类、三类放射性物品从境外运抵中华人民共和国境内，或者途经中华人民共和国境内运输的，托运人应当编制放射性物品运输的辐射监测报告，报国务院核安全监管部门备案。

第三十二条　托运人可以自行或者委托技术单位编制放射性物品运输的核与辐射安全分析报告书。

放射性物品运输的核与辐射安全分析报告书的格式和内容，由国务院核安全监管部门规定。

第三十三条　国务院核安全监管部门应当自受理放射性物品运输的核与辐射安全分析报告书之日起45个工作日

内完成审查,对符合国家放射性物品运输安全标准的,颁发核与辐射安全分析报告批准书;对不符合国家放射性物品运输安全标准的,书面通知申请单位并说明理由。

在审查过程中,国务院核安全监管部门可以组织专家进行技术评审。技术评审所需时间不计算在前款规定的期限内。

第三十四条 放射性物品运输的核与辐射安全分析报告批准书应当载明下列主要内容:

(一)托运人的名称、地址、法定代表人;

(二)运输放射性物品的品名、数量;

(三)运输容器设计批准编号、运输方式和运输方案;

(四)操作管理附加措施和规定;

(五)有效期限;

(六)批准日期和批准书编号。

第三十五条 一类放射性物品运输的核与辐射安全分析报告批准书有效期为5年。

核与辐射安全分析报告批准书有效期届满,需要延续的,托运人应当于核与辐射安全分析报告批准书有效期届满6个月前,向国务院核安全监管部门提出书面延续申请,并提交下列材料:

(一)原核与辐射安全分析报告批准书有效期内运输容器使用情况报告,包括维护、维修和安全性能评价情况说明;

(二)运输活动情况报告,包括运输方案、辐射防护措施和应急措施执行情况说明。

对于托运人提出的批准书延续申请，国务院核安全监管部门应当在核与辐射安全分析报告批准书有效期届满前作出是否准予延续的决定。

第三十六条 持有核与辐射安全分析报告批准书的单位，变更单位名称、地址或者法定代表人的，应当自工商变更登记之日起20日内，向国务院核安全监管部门办理核与辐射安全分析报告批准书变更手续，并提交变更申请、工商注册登记文件以及其他证明材料。

第三十七条 一类放射性物品启运前，托运人应当将下列材料报启运地的省、自治区、直辖市人民政府生态环境主管部门备案：

（一）一类放射性物品运输辐射监测备案表；

（二）辐射监测报告。

前款规定的辐射监测报告，在托运人委托有资质的辐射监测机构对拟托运一类放射性物品的表面污染和辐射水平实施监测后，由辐射监测机构出具。

收到备案材料的省、自治区、直辖市人民政府生态环境主管部门，应当在启运前将备案表通报放射性物品运输的途经地和抵达地的省、自治区、直辖市人民政府生态环境主管部门。

第三十八条 有下列情形之一，放射性物品运输容器无法完全符合国家放射性物品运输安全标准，需要通过特殊安排来提高运输安全水平的，托运人应当编制放射性物

品运输的核与辐射安全分析报告书,在运输前报经国务院核安全监管部门审查同意:

(一)因形状特异不适宜专门设计和制造运输容器的;

(二)只是一次性运输,专门设计和制造符合国家放射性物品运输安全标准的运输容器经济上明显不合理的。

第三十九条 一类放射性物品从境外运抵中华人民共和国境内,或者途经中华人民共和国境内运输的,托运人或者其委托代理人应当编制放射性物品运输的核与辐射安全分析报告书,报国务院核安全监管部门审查批准。审查批准程序依照本办法第三十三条的规定执行。

托运人获得国务院核安全监管部门颁发的核与辐射安全分析报告批准书后,方可将一类放射性物品运抵中华人民共和国境内或者途经中华人民共和国境内运输。

第四十条 二类、三类放射性物品从境外运抵中华人民共和国境内,或者途经中华人民共和国境内运输的,托运人应当委托有资质的单位监测,编制放射性物品运输的辐射监测报告,报国务院核安全监管部门备案。国务院核安全监管部门应当出具相应的放射性物品运输的辐射监测报告备案证明。

对于运输容器相同,放射性内容物相同,且半衰期小于60天的放射性物品,进口单位可以每半年办理一次辐射监测报告备案手续。

第四十一条 放射性物品从境外运抵中华人民共和国境内,或者途经中华人民共和国境内运输的,托运人、承运人或者其代理人向海关办理有关手续时，应当提交相关许可证件和国务院核安全监管部门颁发的放射性物品运输的核与辐射安全分析报告批准书或者放射性物品运输的辐射监测报告备案证明。

第四十二条 托运人应当委托具有放射性物品运输资质的承运人承运放射性物品。

自行运输本单位放射性物品的单位和在放射性废物收贮过程中的从事放射性物品运输的省、自治区、直辖市城市放射性废物库运营单位，应当取得非营业性道路危险货物运输资质。

第五章　附　　则

第四十三条 本办法下列用语的含义：

（一）特殊形式放射性物品：不弥散的固体放射性物品或者装有放射性物品的密封件。

（二）低弥散放射性物品：固体放射性物品，或者装在密封件里的固体放射性物品，其弥散性已受到限制且不呈粉末状。

（三）托运人：将托运货物提交运输的单位或者个人。

（四）承运人：使用任何运输手段承担放射性物质运输的单位或者个人。

第四十四条 本办法自2010年11月1日起施行。

附一：

一类放射性物品运输容器设计和核与辐射安全分析报告批准编号规则

其中：

第1-2位：国家或地区代码，CN代表中国。

第3位："/"，隔离符。

第4-6位：主管部门为该设计指定的设计批准编号或核与辐射安全分析报告批准编号，一类放射性物品运输容器设计批准编号范围为001-500。

第7位："/"，隔离符。

第8位：批准书类型：

AF：易裂变A型运输容器设计批准书

B（U）：B（U）型运输容器设计批准书

B（U）F：易裂变材料B（U）型运输容器设计批准书

B（M）：B（M）型运输容器设计批准书

B（M）F：易裂变材料B（M）型运输容器设计批准书

C：C型运输容器设计批准书

CF：易裂变材料C型运输容器设计批准书

IF：易裂变材料工业运输容器设计批准书

S：特殊形式放射性物品设计批准书

LD：低弥散放射性物品设计批准书

T：核与辐射安全分析报告批准书

X：特殊安排批准书

H：非易裂变物质或除六氟化铀以外的易裂变物质运输容器的设计批准书。

第9位："-"。

第10-11位：依据IAEA标准的版本，用年份后2位数字表示。如1996年版本，则填写96。

第12位："-"。

第13位：(NNSA-I)代表国务院核安全监管部门批准的一类放射性物品运输容器。

附二：

二类放射性物品运输容器设计备案编号规则

其中：

第1-2位：国家或地区代码，CN代表中国。

第3位："/"，隔离符。

第4-6位：主管部门为该设计指定的备案编号，备案编号>500

第7位："/"，隔离符。

第8位：运输容器类型，二类放射性物品运输容器类型有A，IP3等。

第9位："-"。

第 10-11 位：依据 IAEA 标准的版本，用年份后 2 位数字表示。如 1996 年版本，则填写 96。

第 12 位："-"。

第 13 位：(NNSA-II) 代表国务院核安全监管部门备案的二类放射性物品运输容器。

附三：一类放射性物品运输辐射监测备案表（略）

放射性物品运输安全监督管理办法

（2016 年 3 月 14 日环境保护部令第 38 号公布 自 2016 年 5 月 1 日起施行）

第一章 总 则

第一条 为加强对放射性物品运输安全的监督管理，依据《放射性物品运输安全管理条例》，制定本办法。

第二条 本办法适用于对放射性物品运输和放射性物品运输容器的设计、制造和使用过程的监督管理。

第三条 国务院核安全监管部门负责对全国放射性物品运输的核与辐射安全实施监督管理，具体职责为：

（一）负责对放射性物品运输容器的设计、制造和使用等进行监督检查；

（二）负责对放射性物品运输过程中的核与辐射事故应急给予支持和指导；

（三）负责对放射性物品运输安全监督管理人员进行辐射防护与安全防护知识培训。

第四条 省、自治区、直辖市环境保护主管部门负责对本行政区域内放射性物品运输的核与辐射安全实施监督管理，具体职责为：

（一）负责对本行政区域内放射性物品运输活动的监督检查；

（二）负责在本行政区域内放射性物品运输过程中的核与辐射事故的应急准备和应急响应工作；

（三）负责对本行政区域内放射性物品运输安全监督管理人员进行辐射防护与安全防护知识培训。

第五条 放射性物品运输单位和放射性物品运输容器的设计、制造和使用单位，应当对其活动负责，并配合国务院核安全监管部门和省、自治区、直辖市环境保护主管部门进行监督检查，如实反映情况，提供必要的资料。

第六条 监督检查人员应当依法实施监督检查，并为被检查者保守商业秘密。

第二章　放射性物品运输容器
设计活动的监督管理

第七条 放射性物品运输容器设计单位应当具备与设

计工作相适应的设计人员、工作场所和设计手段，按照放射性物品运输容器设计的相关规范和标准从事设计活动，并为其设计的放射性物品运输容器的制造和使用单位提供必要的技术支持。从事一类放射性物品运输容器设计的单位应当依法取得设计批准书。

放射性物品运输容器设计单位应当在设计阶段明确首次使用前对运输容器的结构、包容、屏蔽、传热和核临界安全功能进行检查的方法和要求。

第八条　放射性物品运输容器设计单位应当加强质量管理，建立健全质量保证体系，编制质量保证大纲并有效实施。

放射性物品运输容器设计单位对其所从事的放射性物品运输容器设计活动负责。

第九条　放射性物品运输容器设计单位应当通过试验验证或者分析论证等方式，对其设计的放射性物品运输容器的安全性能进行评价。

安全性能评价应当贯穿整个设计过程，保证放射性物品运输容器的设计满足所有的安全要求。

第十条　放射性物品运输容器设计单位应当按照国务院核安全监管部门规定的格式和内容编制设计安全评价文件。

设计安全评价文件应当包括结构评价、热评价、包容评价、屏蔽评价、临界评价、货包（放射性物品运输容器与其放射性内容物）操作规程、验收试验和维修大纲，以及运输容器的工程图纸等内容。

第十一条 放射性物品运输容器设计单位对其设计的放射性物品运输容器进行试验验证的，应当在验证开始前至少二十个工作日提请国务院核安全监管部门进行试验见证，并提交下列文件：

（一）初步设计说明书和计算报告；

（二）试验验证方式和试验大纲；

（三）试验验证计划。

国务院核安全监管部门应当及时组织对设计单位的试验验证过程进行见证，并做好相应的记录。

开展特殊形式和低弥散放射性物品设计试验验证的单位，应当依照本条第一款的规定提请试验见证。

第十二条 国务院核安全监管部门应当对放射性物品运输容器设计活动进行监督检查。

申请批准一类放射性物品运输容器的设计，国务院核安全监管部门原则上应当对该设计活动进行一次现场检查；对于二类、三类放射性物品运输容器的设计，国务院核安全监管部门应当结合试验见证情况进行现场抽查。

国务院核安全监管部门可以结合放射性物品运输容器的制造和使用情况，对放射性物品运输容器设计单位进行监督检查。

第十三条 国务院核安全监管部门对放射性物品运输容器设计单位进行监督检查时，应当检查质量保证大纲和试验验证的实施情况、人员配备、设计装备、设计文件、安全性能评价过程记录、以往监督检查发现问题的整改落实情况等。

第十四条 一类放射性物品运输容器设计批准书颁发前的监督检查中，发现放射性物品运输容器设计单位的设计活动不符合法律法规要求的，国务院核安全监管部门应当暂缓或者不予颁发设计批准书。

监督检查中发现经批准的一类放射性物品运输容器设计确有重大设计安全缺陷的，国务院核安全监管部门应当责令停止该型号运输容器的制造或者使用，撤销一类放射性物品运输容器设计批准书。

第三章 放射性物品运输容器制造活动的监督管理

第十五条 放射性物品运输容器制造单位应当具备与制造活动相适应的专业技术人员、生产条件和检测手段，采用经设计单位确认的设计图纸和文件。一类放射性物品运输容器制造单位应当依法取得一类放射性物品运输容器制造许可证后，方可开展制造活动。

放射性物品运输容器制造单位应当在制造活动开始前，依据设计提出的技术要求编制制造过程工艺文件，并严格执行；采用特种工艺的，应当进行必要的工艺试验或者工艺评定。

第十六条 放射性物品运输容器制造单位应当加强质

量管理，建立健全质量保证体系，编制质量保证大纲并有效实施。

放射性物品运输容器制造单位对其所从事的放射性物品运输容器制造质量负责。

第十七条 放射性物品运输容器制造单位应当按照设计要求和有关标准，对放射性物品运输容器的零部件和整体容器进行质量检验，编制质量检验报告。未经质量检验或者经检验不合格的放射性物品运输容器，不得交付使用。

第十八条 一类、二类放射性物品运输容器制造单位，应当按照本办法规定的编码规则，对其制造的一类、二类放射性物品运输容器进行统一编码。

一类、二类放射性物品运输容器制造单位，应当于每年1月31日前将上一年度制造的运输容器的编码清单报国务院核安全监管部门备案。

三类放射性物品运输容器制造单位，应当于每年1月31日前将上一年度制造的运输容器的型号及其数量、设计总图报国务院核安全监管部门备案。

第十九条 一类放射性物品运输容器制造单位应当在每次制造活动开始前至少三十日，向国务院核安全监管部门提交制造质量计划。国务院核安全监管部门应当根据制造活动的特点选取检查点并通知制造单位。

一类放射性物品运输容器制造单位应当根据制造活动的实际进度，在国务院核安全监管部门选取的检查点制造活动开始前，至少提前十个工作日书面报告国务院核安全监管部门。

第二十条 国务院核安全监管部门应当对放射性物品运输容器的制造过程进行监督检查。

对一类放射性物品运输容器的制造活动应当至少组织一次现场检查；对二类放射性物品运输容器的制造，应当对制造过程进行不定期抽查；对三类放射性物品运输容器的制造，应当根据每年的备案情况进行不定期抽查。

第二十一条 国务院核安全监管部门对放射性物品运输容器制造单位进行现场监督检查时，应当检查以下内容：

（一）一类放射性物品运输容器制造单位遵守制造许可证的情况；

（二）质量保证体系的运行情况；

（三）人员资格情况；

（四）生产条件和检测手段与所从事制造活动的适应情况；

（五）编制的工艺文件与采用的技术标准以及有关技术文件的符合情况；

（六）工艺过程的实施情况以及零部件采购过程中的质量保证情况；

（七）制造过程记录；

（八）重大质量问题的调查和处理，以及整改要求的落实情况等。

第二十二条 国务院核安全监管部门在监督检查中，发现一类放射性物品运输容器制造单位有不符合制造许可证规定情形的，由国务院核安全监管部门责令限期整改。

监督检查中发现放射性物品运输容器制造确有重大质量问题或者违背设计要求的，由国务院核安全监管部门责令停止该型号运输容器的制造或者使用。

第二十三条 一类放射性物品运输容器的使用单位在采购境外单位制造的运输容器时，应当在对外贸易合同中明确运输容器的设计、制造符合我国放射性物品运输安全法律法规要求，以及境外单位配合国务院核安全监管部门监督检查的义务。

采购境外单位制造的一类放射性物品运输容器的使用单位，应当在相应制造活动开始前至少三个月通知国务院核安全监管部门，并配合国务院核安全监管部门对境外单位一类放射性物品运输容器制造活动实施监督检查。

采购境外单位制造的一类放射性物品运输容器成品的使用单位，应当在使用批准书申请时提交相应的文件，证明该容器质量满足设计要求。

第四章 放射性物品运输活动的监督管理

第二十四条 托运人对放射性物品运输的核与辐射安全和应急工作负责，对拟托运物品的合法性负责，并依法履行各项行政审批手续。托运一类放射性物品的托运人应当依法取得核与辐射安全分析报告批复后方可从事运输活动。托运人应当对直接从事放射性物品运输的工作人员进行运输安全和应急响应知识的培训和考核,并建立职业健康档案。

承运人应当对直接从事放射性物品运输的工作人员进行运输安全和应急响应知识的培训和考核,并建立职业健康档案。对托运人提交的有关资料,承运人应当进行查验、收存,并配合托运人做好运输过程中的安全保卫和核与辐射事故应急工作。

放射性物品运输应当有明确并且具备核与辐射安全法律法规规定条件的接收人。接收人应当对所接收的放射性物品进行核对验收,发现异常应当及时通报托运人和承运人。

第二十五条 托运人应当根据拟托运放射性物品的潜在危害建立健全应急响应体系,针对具体运输活动编制应急响应指南,并在托运前提交承运人。

托运人应当会同承运人定期开展相应的应急演习。

第二十六条 托运人应当对每个放射性物品运输容器在制造完成后、首次使用前进行详细检查,确保放射性物品运输容器的包容、屏蔽、传热、核临界安全功能符合设计要求。

第二十七条 托运人应当按照运输容器的特点,制定每次启运前检查或者试验程序,并按照程序进行检查。检查时应当核实内容物符合性,并对运输容器的吊装设备、密封性能、温度、压力等进行检测和检查,确保货包的热和压力已达到平衡、稳定状态,密闭性能完好。

对装有易裂变材料的放射性物品运输容器，还应当检查中子毒物和其他临界控制措施是否符合要求。

每次检查或者试验应当由获得托运人授权的操作人员进行，并制作书面记录。

检查不符合要求的，不得启运。

第二十八条 托运一类放射性物品的，托运人应当委托有资质的辐射监测机构在启运前对其表面污染和辐射水平实施监测，辐射监测机构应当出具辐射监测报告。

托运二类、三类放射性物品的，托运人应当对其表面污染和辐射水平实施监测，并编制辐射监测报告，存档备查。

监测结果不符合国家放射性物品运输安全标准的，不得托运。

第二十九条 托运人应当根据放射性物品运输安全标准，限制单个运输工具上放射性物品货包的数量。

承运人应当按照托运人的要求运输货包。放射性物品运输和中途贮存期间，承运人应当妥善堆放，采取必要的隔离措施，并严格执行辐射防护和监测要求。

第三十条 托运人和承运人应当采取措施，确保货包和运输工具外表面的非固定污染不超过放射性物品运输安全标准的要求。

在运输途中货包受损、发生泄漏或者有泄漏可能的，托运人和承运人应当立即采取措施保护现场，限制非专业人员接近，并由具备辐射防护与安全防护知识的专业技术人员按放射性物品运输安全标准要求评定货包的污染程度和辐射水平，消除或者减轻货包泄漏、损坏造成的后果。

经评定，货包泄漏量超过放射性物品运输安全标准要求的，托运人和承运人应当立即报告事故发生地的县级以上环境保护主管部门，并在环境保护主管部门监督下将货包移至临时场所。货包完成修理和去污之后，方可向外发送。

第三十一条 放射性物品运输中发生核与辐射安全事故时，托运人和承运人应当根据核与辐射事故应急响应指南的要求，做好事故应急工作，并立即报告事故发生地的县级以上环境保护主管部门。相关部门应当按照应急预案做好事故应急响应工作。

第三十二条 一类放射性物品启运前，托运人应当将放射性物品运输的核与辐射安全分析报告批准书、辐射监测报告，报启运地的省、自治区、直辖市环境保护主管部门备案。

启运地的省、自治区、直辖市环境保护主管部门收到托运人的备案材料后，应当将一类放射性物品运输辐射监测备案表及时通报途经地和抵达地的省、自治区、直辖市环境保护主管部门。

第三十三条 对一类放射性物品的运输，启运地的省、自治区、直辖市环境保护主管部门应当在启运前对放射性物品运输托运人的运输准备情况进行监督检查。

对运输频次比较高、运输活动比较集中的地区，可以根据实际情况制定监督检查计划，原则上检查频次每月不少于一次；对二类放射性物品的运输，可以根据实际情况开展抽查，原则上检查频次每季度不少于一次；对三类放射性物品的运输，可以根据实际情况实施抽查，原则上检查频次每年不少于一次。

途经地和抵达地的省、自治区、直辖市环境保护主管部门不得中途拦截检查；发生特殊情况的除外。

第三十四条 省、自治区、直辖市环境保护主管部门应当根据运输货包的类别和数量，按照放射性物品运输安全标准对本行政区域内放射性物品运输货包的表面污染和辐射水平开展启运前的监督性监测。监督性监测不得收取费用。

辐射监测机构和托运人应当妥善保存原始记录和监测报告，并配合省、自治区、直辖市环境保护主管部门进行监督性监测。

第三十五条 放射性物品从境外运抵中华人民共和国境内，或者途经中华人民共和国境内运输的，应当根据放射性物品的分类，分别按照法律法规规定的一类、二类、三类放射性物品运输的核与辐射安全监督管理要求进行运输。

第三十六条 放射性物品运输容器使用单位应当按照放射性物品运输安全标准和设计要求制定容器的维修和维护程序，严格按照程序进行维修和维护，并建立维修、维护和保养档案。放射性物品运输容器达到设计使用年限，或者发现放射性物品运输容器存在安全隐患的，应当停止使用，进行处理。

第三十七条 一类放射性物品运输容器使用单位应当

对其使用的一类放射性物品运输容器每两年进行一次安全性能评价。安全性能评价应当在两年使用期届满前至少三个月进行，并在使用期届满前至少两个月编制定期安全性能评价报告。

定期安全性能评价报告，应当包括运输容器的运行历史和现状、检查和检修及发现问题的处理情况、定期检查和试验等内容。使用单位应当做好接受监督检查的准备。必要时，国务院核安全监管部门可以根据运输容器使用特点和使用情况，选取检查点并组织现场检查。

一类放射性物品运输容器使用单位应当于两年使用期届满前至少三十日，将安全性能评价结果报国务院核安全监管部门备案。

第三十八条 放射性物品启运前的监督检查包括以下内容：

（一）运输容器及放射性内容物：检查运输容器的日常维修和维护记录、定期安全性能评价记录（限一类放射性物品运输容器）、编码（限一类、二类放射性物品运输容器）等，确保运输容器及内容物均符合设计的要求；

（二）托运人启运前辐射监测情况，以及随车辐射监测设备的配备；

（三）表面污染和辐射水平；

（四）标记、标志和标牌是否符合要求；

（五）运输说明书，包括特殊的装卸作业要求、安全防护指南、放射性物品的品名、数量、物理化学形态、危害风险以及必要的运输路线的指示等；

（六）核与辐射事故应急响应指南；

（七）核与辐射安全分析报告批准书、运输容器设计批准书等相关证书的持有情况；

（八）直接从事放射性物品运输的工作人员的运输安全、辐射防护和应急响应知识的培训和考核情况；

（九）直接从事放射性物品运输的工作人员的辐射防护管理情况。

对一类、二类放射性物品运输的监督检查，还应当包括卫星定位系统的配备情况。

对重要敏感的放射性物品运输活动，国务院核安全监管部门应当根据核与辐射安全分析报告及其批复的要求加强监督检查。

第三十九条 国务院核安全监管部门和省、自治区、直辖市环境保护主管部门在监督检查中发现放射性物品运输活动有不符合国家放射性物品运输安全标准情形的，应当责令限期整改；发现放射性物品运输活动可能对人体健康和环境造成核与辐射危害的，应当责令停止运输。

第五章　附　　则

第四十条 本办法自 2016 年 5 月 1 日起施行。

附

放射性物品运输容器统一编码规则

1.1 一类、二类放射性物品运输容器编码规则

其中：

第1-2位：国家或地区代码，CN代表中国。

第3位："/"，隔离符。

第4-6位：主管部门为该设计指定的设计批准编号或备案编号。

第7位："/"，隔离符。

第8位：批准书类型或容器类型：

一类放射性物品运输容器设计批准书类型：

AF：易裂变A型运输容器设计批准书

B（U）：B（U）型运输容器设计批准书

B（U）F：易裂变材料B（U）型运输容器设计批准书

B（M）：B（M）型运输容器设计批准书

B（M）F：易裂变材料B（M）型运输容器设计批准书

C：C型运输容器设计批准书

CF：易裂变材料C型运输容器设计批准书

IF：易裂变材料工业运输容器设计批准书

H：非易裂变物质或除六氟化铀以外的易裂变物质运输容器的设计批准书。

二类放射性物品运输容器类型有A，IP3等。

第9位："-"。

第 10-11 位：依据 IAEA 标准的版本，用年份后 2 位数字表示。如 1996 年版本，则填写 96。

第 12 位："-"。

第 13 位：(NNSA) 作为一位，代表国务院核安全监管部门批准的一类放射性物品运输容器和备案的二类放射性物品运输容器。

一类、二类运输容器编码规则，应当在国务院核安全监管部门设计批准或备案编号的基础上增加制造单位名称（用代码表示，按照申请的顺序从 001 开始，以此类推，100 代表境外单位制造）和流水号（No.01、No.02、No.03…依次类推）。

1.2 一类、二类放射性物品运输容器编码卡格式

1. 字体均为宋体，应当为刻印，不得手写。
2. 编码卡材料要适合存档和长期保存。
3. 编码卡尺寸可根据容器大小按比例调整尺寸，但应当以便于识别为准。

一类、二类放射性物品运输容器制造编码卡应当至少包括下列内容：

容器名称	
容器编码	
容器外形尺寸	
制造单位	
出厂日期	

填写说明：
1. 容器编码为按一类、二类放射性物品运输容器编码规则进行的编码。
2. 容器外形尺寸填写容器的最大形状尺寸。如：圆柱体，Φ4m×10m，长方体，2m×3m×5m。
3. 本卡不能留空，不清楚的项目填"未知"。

放射性同位素与射线装置安全许可管理办法

（2006年1月18日国家环境保护总局令第31号公布 根据2008年12月6日《关于修改〈放射性同位素与射线装置安全许可管理办法〉的决定》第一次修订 根据2017年12月20日《环境保护部关于修改部分规章的决定》第二次修订 根据2019年8月22日《生态环境部关于废止、修改部分规章的决定》第三次修订 根据2021年1月4日《关于废止、修改部分生态环境规章和规范性文件的决定》第四次修订）

第一章 总 则

第一条 为实施《放射性同位素与射线装置安全和防护条例》规定的辐射安全许可制度，制定本办法。

第二条 在中华人民共和国境内生产、销售、使用放射性同位素与射线装置的单位（以下简称"辐射工作单位"），应当依照本办法的规定，取得辐射安全许可证（以下简称"许可证"）。

进口、转让放射性同位素，进行放射性同位素野外示踪试验，应当依照本办法的规定报批。

出口放射性同位素，应当依照本办法的规定办理有关手续。

使用放射性同位素的单位将放射性同位素转移到外省、自治区、直辖市使用的，应当依照本办法的规定备案。

本办法所称放射性同位素包括放射源和非密封放射性物质。

第三条 根据放射源与射线装置对人体健康和环境的潜在危害程度，从高到低，将放射源分为Ⅰ类、Ⅱ类、Ⅲ类、Ⅳ类、Ⅴ类，将射线装置分为Ⅰ类、Ⅱ类、Ⅲ类。

第四条 除医疗使用Ⅰ类放射源、制备正电子发射计算机断层扫描用放射性药物自用的单位外，生产放射性同位素、销售和使用Ⅰ类放射源、销售和使用Ⅰ类射线装置的辐射工作单位的许可证，由国务院生态环境主管部门审批颁发。

除国务院生态环境主管部门审批颁发的许可证外，其他辐射工作单位的许可证，由省、自治区、直辖市人民政府生态环境主管部门审批颁发。

一个辐射工作单位生产、销售、使用多类放射源、射线装置或者非密封放射性物质的，只需要申请一个许可证。

辐射工作单位需要同时分别向国务院生态环境主管部门和省级生态环境主管部门申请许可证的,其许可证由国务院生态环境主管部门审批颁发。

生态环境主管部门应当将审批颁发许可证的情况通报同级公安部门、卫生主管部门。

第五条 省级以上人民政府生态环境主管部门可以委托下一级人民政府生态环境主管部门审批颁发许可证。

第六条 国务院生态环境主管部门负责对列入限制进出口目录的放射性同位素的进口进行审批。

国务院生态环境主管部门依照我国有关法律和缔结或者参加的国际条约、协定的规定,办理列入限制进出口目录的放射性同位素出口的有关手续。

省级生态环境主管部门负责以下活动的审批或备案:

(一)转让放射性同位素;

(二)转移放射性同位素到外省、自治区、直辖市使用;

(三)放射性同位素野外示踪试验;但有可能造成跨省界环境影响的放射性同位素野外示踪试验,由国务院生态环境主管部门审批。

第二章 许可证的申请与颁发

第七条 辐射工作单位在申请领取许可证前,应当组织编制或者填报环境影响评价文件,并依照国家规定程序报生态环境主管部门审批。

第八条 根据放射性同位素与射线装置的安全和防护要求及其对环境的影响程度，对环境影响评价文件实行分类管理。

转让放射性同位素和射线装置的活动不需要编制环境影响评价文件。

第九条 申请领取许可证的辐射工作单位从事下列活动的，应当组织编制环境影响报告书：

（一）生产放射性同位素的（制备PET用放射性药物的除外）；

（二）使用Ⅰ类放射源的（医疗使用的除外）；

（三）销售（含建造）、使用Ⅰ类射线装置的。

第十条 申请领取许可证的辐射工作单位从事下列活动的，应当组织编制环境影响报告表：

（一）制备PET用放射性药物的；

（二）销售Ⅰ类、Ⅱ类、Ⅲ类放射源的；

（三）医疗使用Ⅰ类放射源的；

（四）使用Ⅱ类、Ⅲ类放射源的；

（五）生产、销售、使用Ⅱ类射线装置的。

第十一条 申请领取许可证的辐射工作单位从事下列活动的，应当填报环境影响登记表：

（一）销售、使用Ⅳ类、Ⅴ类放射源的；

（二）生产、销售、使用Ⅲ类射线装置的。

第十二条 辐射工作单位组织编制或者填报环境影响

评价文件时，应当按照其规划设计的放射性同位素与射线装置的生产、销售、使用规模进行评价。

前款所称的环境影响评价文件，除按照国家有关环境影响评价的要求编制或者填报外，还应当包括对辐射工作单位从事相应辐射活动的技术能力、辐射安全和防护措施进行评价的内容。

第十三条 生产放射性同位素的单位申请领取许可证，应当具备下列条件：

（一）设有专门的辐射安全与环境保护管理机构。

（二）有不少于5名核物理、放射化学、核医学和辐射防护等相关专业的技术人员，其中具有高级职称的不少于1名。

生产半衰期大于60天的放射性同位素的单位，前项所指的专业技术人员应当不少于30名，其中具有高级职称的不少于6名。

（三）从事辐射工作的人员必须通过辐射安全和防护专业知识及相关法律法规的培训和考核，其中辐射安全关键岗位应当由注册核安全工程师担任。

（四）有与设计生产规模相适应，满足辐射安全和防护、实体保卫要求的放射性同位素生产场所、生产设施、暂存库或暂存设备，并拥有生产场所和生产设施的所有权。

（五）具有符合国家相关规定要求的运输、贮存放射性同位素的包装容器。

（六）具有符合国家放射性同位素运输要求的运输工

具，并配备有 5 年以上驾龄的专职司机。

（七）配备与辐射类型和辐射水平相适应的防护用品和监测仪器，包括个人剂量测量报警、固定式和便携式辐射监测、表面污染监测、流出物监测等设备。

（八）建立健全的操作规程、岗位职责、辐射防护制度、安全保卫制度、设备检修维护制度、人员培训制度、台帐管理制度和监测方案。

（九）建立事故应急响应机构，制定应急响应预案和应急人员的培训演习制度，有必要的应急装备和物资准备，有与设计生产规模相适应的事故应急处理能力。

（十）具有确保放射性废气、废液、固体废物达标排放的处理能力或者可行的处理方案。

第十四条 销售放射性同位素的单位申请领取许可证，应当具备下列条件：

（一）设有专门的辐射安全与环境保护管理机构，或者至少有 1 名具有本科以上学历的技术人员专职负责辐射安全与环境保护管理工作。

（二）从事辐射工作的人员必须通过辐射安全和防护专业知识及相关法律法规的培训和考核。

（三）需要暂存放射性同位素的，有满足辐射安全和防护、实体保卫要求的暂存库或设备。

（四）需要安装调试放射性同位素的，有满足防止误操作、防止工作人员和公众受到意外照射要求的安装调试场所。

（五）具有符合国家相关规定要求的贮存、运输放射性同位素的包装容器。

（六）运输放射性同位素能使用符合国家放射性同位素运输要求的运输工。

（七）配备与辐射类型和辐射水平相适应的防护用品和监测仪器，包括个人剂量测量报警、便携式辐射监测、表面污染监测等仪器。

（八）有健全的操作规程、岗位职责、安全保卫制度、辐射防护措施、台帐管理制度、人员培训计划和监测方案。

（九）有完善的辐射事故应急措施。

第十五条 生产、销售射线装置的单位申请领取许可证，应当具备下列条件：

（一）设有专门的辐射安全与环境保护管理机构，或至少有1名具有本科以上学历的技术人员专职负责辐射安全与环境保护管理工作。

（二）从事辐射工作的人员必须通过辐射安全和防护专业知识及相关法律法规的培训和考核。

（三）射线装置生产、调试场所满足防止误操作、防止工作人员和公众受到意外照射的安全要求。

（四）配备必要的防护用品和监测仪器。

（五）有健全的操作规程、岗位职责、辐射防护措施、台帐管理制度、培训计划和监测方案。

（六）有辐射事故应急措施。

第十六条 使用放射性同位素、射线装置的单位申请领取许可证，应当具备下列条件：

（一）使用Ⅰ类、Ⅱ类、Ⅲ类放射源，使用Ⅰ类、Ⅱ类射线装置的，应当设有专门的辐射安全与环境保护管理机构，或者至少有1名具有本科以上学历的技术人员专职负责辐射安全与环境保护管理工作；其他辐射工作单位应当有1名具有大专以上学历的技术人员专职或者兼职负责辐射安全与环境保护管理工作；依据辐射安全关键岗位名录，应当设立辐射安全关键岗位的，该岗位应当由注册核安全工程师担任。

（二）从事辐射工作的人员必须通过辐射安全和防护专业知识及相关法律法规的培训和考核。

（三）使用放射性同位素的单位应当有满足辐射防护和实体保卫要求的放射源暂存库或设备。

（四）放射性同位素与射线装置使用场所有防止误操作、防止工作人员和公众受到意外照射的安全措施。

（五）配备与辐射类型和辐射水平相适应的防护用品和监测仪器，包括个人剂量测量报警、辐射监测等仪器。使用非密封放射性物质的单位还应当有表面污染监测仪。

（六）有健全的操作规程、岗位职责、辐射防护和安全保卫制度、设备检修维护制度、放射性同位素使用登记制度、人员培训计划、监测方案等。

（七）有完善的辐射事故应急措施。

（八）产生放射性废气、废液、固体废物的，还应具有确保放射性废气、废液、固体废物达标排放的处理能力或者可行的处理方案。

使用放射性同位素和射线装置开展诊断和治疗的单位，还应当配备质量控制检测设备，制定相应的质量保证大纲和质量控制检测计划，至少有一名医用物理人员负责质量保证与质量控制检测工作。

第十七条 将购买的放射源装配在设备中销售的辐射工作单位，按照销售和使用放射性同位素申请领取许可证。

第十八条 申请领取许可证的辐射工作单位应当向有审批权的生态环境主管部门提交下列材料：

（一）辐射安全许可证申请表（见附件一）；

（二）满足本办法第十三条至第十六条相应规定的证明材料；

（三）单位现存的和拟新增加的放射源和射线装置明细表。

第十九条 生态环境主管部门在受理申请时，应当告知申请单位按照环境影响评价文件中描述的放射性同位素与射线装置的生产、销售、使用的规划设计规模申请许可证。

生态环境主管部门应当自受理申请之日起 20 个工作日内完成审查，符合条件的，颁发许可证，并予以公告；不符合条件的，书面通知申请单位并说明理由。

第二十条 许可证包括下列主要内容：

（一）单位的名称、地址、法定代表人；

（二）所从事活动的种类和范围；

（三）有效期限；

（四）发证日期和证书编号。

许可证中活动的种类分为生产、销售和使用三类；活动的范围是指辐射工作单位生产、销售、使用的所有放射性同位素的类别、总活度和射线装置的类别、数量。

许可证分为正本和副本（具体格式和内容见附件二），具有同等效力。

第二十一条　取得生产、销售、使用高类别放射性同位素与射线装置的许可证的辐射工作单位，从事低类别的放射性同位素与射线装置的生产、销售、使用活动，不需要另行申请低类别的放射性同位素与射线装置的许可证。

第二十二条　辐射工作单位变更单位名称、地址和法定代表人的，应当自变更登记之日起 20 日内，向原发证机关申请办理许可证变更手续，并提供许可证变更申请报告。

原发证机关审查同意后，换发许可证。

第二十三条　有下列情形之一的，持证单位应当按照本办法规定的许可证申请程序，重新申请领取许可证：

（一）改变许可证规定的活动的种类或者范围的；

（二）新建或者改建、扩建生产、销售、使用设施或者场所的。

第二十四条　许可证有效期为 5 年。有效期届满，需要延续的，应当于许可证有效期届满 30 日前向原发证机关提出延续申请，并提供下列材料：

（一）许可证延续申请报告；

（二）监测报告；

（三）许可证有效期内的辐射安全防护工作总结。

原发证机关应当自受理延续申请之日起，在许可证有效期届满前完成审查，符合条件的，予以延续，换发许可证，并使用原许可证的编号；不符合条件的，书面通知申请单位并说明理由。

第二十五条　辐射工作单位部分终止或者全部终止生产、销售、使用放射性同位素与射线装置活动的，应当向原发证机关提出部分变更或者注销许可证申请，由原发证机关核查合格后，予以变更或者注销许可证。

第二十六条　辐射工作单位因故遗失许可证的，应当及时到所在地省级报刊上刊登遗失公告，并于公告30日后的一个月内持公告到原发证机关申请补发。

第三章　进出口、转让、转移活动的审批与备案

第二十七条　进口列入限制进出口目录的放射性同位素的单位，应当在进口前报国务院生态环境主管部门审批；获得批准后，由国务院对外贸易主管部门依据对外贸易的有关规定签发进口许可证。国务院生态环境主管部门在批准放射源进口申请时，给定放射源编码。

分批次进口非密封放射性物质的单位，应当每6个月报国务院生态环境主管部门审批一次。

第二十八条　申请进口列入限制进出口目录的放射性同位素的单位，应当向国务院生态环境主管部门提交放射性同位素进口审批表，并提交下列材料：

（一）放射性同位素使用期满后的处理方案，其中，进口Ⅰ类、Ⅱ类、Ⅲ类放射源的，应当提供原出口方负责从最终用户回收放射源的承诺文件复印件；

（二）进口放射源的明确标号和必要的说明文件的影印件或者复印件，其中，Ⅰ类、Ⅱ类、Ⅲ类放射源的标号应当刻制在放射源本体或者密封包壳体上，Ⅳ类、Ⅴ类放射源的标号应当记录在相应说明文件中；

（三）进口单位与原出口方之间签订的有效协议复印件；

（四）将进口的放射性同位素销售给其他单位使用的，还应当提供与使用单位签订的有效协议复印件。

放射性同位素进口审批表的具体格式和内容见附件三。

第二十九条 国务院生态环境主管部门应当自受理放射性同位素进口申请之日起10个工作日内完成审查，符合条件的，予以批准；不符合条件的，书面通知申请单位并说明理由。

进口单位和使用单位应当在进口活动完成之日起20日内，分别将批准的放射性同位素进口审批表报送各自所在地的省级生态环境主管部门。

第三十条 出口列入限制进出口目录的放射性同位素的单位，应当向国务院生态环境主管部门提交放射性同位素出口表，并提交下列材料：

（一）国外进口方可以合法持有放射性同位素的中文或英文证明材料；

（二）出口单位与国外进口方签订的有效协议复印件。

放射性同位素出口表的具体格式和内容见附件四。

出口单位应当在出口活动完成之日起 20 日内,将放射性同位素出口表报送所在地的省级生态环境主管部门。

出口放射性同位素的单位应当遵守国家对外贸易的有关规定。

第三十一条 转让放射性同位素的,转入单位应当在每次转让前报所在地省级生态环境主管部门审查批准。

分批次转让非密封放射性物质的,转入单位可以每 6 个月报所在地省级生态环境主管部门审查批准。

放射性同位素只能在持有许可证的单位之间转让。禁止向无许可证或者超出许可证规定的种类和范围的单位转让放射性同位素。

未经批准不得转让放射性同位素。

第三十二条 转入放射性同位素的单位应当于转让前向所在地省级生态环境主管部门提交放射性同位素转让审批表,并提交下列材料:

(一)放射性同位素使用期满后的处理方案;

(二)转让双方签订的转让协议。

放射性同位素转让审批表的具体格式和内容见附件五。

生态环境主管部门应当自受理申请之日起 15 个工作日内完成审查,符合条件的,予以批准;不符合条件的,书面通知申请单位并说明理由。

第三十三条 转入、转出放射性同位素的单位应当在转让活动完成之日起 20 日内,分别将一份放射性同位素转让审批表报送各自所在地省级生态环境主管部门。

第三十四条　在野外进行放射性同位素示踪试验的单位，应当在每次试验前编制环境影响报告表，并经试验所在地省级生态环境主管部门商同级有关部门审查批准后方可进行。

放射性同位素野外示踪试验有可能造成跨省界环境影响的，其环境影响报告表应当报国务院生态环境主管部门商同级有关部门审查批准。

第三十五条　使用放射性同位素的单位需要将放射性同位素转移到外省、自治区、直辖市使用的，应当于活动实施前10日内向使用地省级生态环境主管部门备案，书面报告移出地省级生态环境主管部门，并接受使用地生态环境主管部门的监督管理。

书面报告的内容应当包括该放射性同位素的核素、活度、转移时间和地点、辐射安全负责人和联系电话等内容；转移放射源的还应提供放射源标号和编码。

使用单位应当在活动结束后20日内到使用地省级生态环境主管部门办理备案注销手续，并书面告知移出地省级生态环境主管部门。

第四章　监督管理

第三十六条　辐射工作单位应当按照许可证的规定从事放射性同位素和射线装置的生产、销售、使用活动。

禁止无许可证或者不按照许可证规定的种类和范围从事放射性同位素和射线装置的生产、销售、使用活动。

第三十七条　生产放射性同位素与射线装置的单位，应当在放射性同位素的包装容器、含放射性同位素的设备和射线装置上设置明显的放射性标识和中文警示说明；放射源上能够设置放射性标识的，应当一并设置。

含放射源设备的说明书应当告知用户该设备含有放射源及其相关技术参数和结构特性，并告知放射源的潜在辐射危害及相应的安全防护措施。

第三十八条　生产、进口放射源的单位在销售Ⅰ类、Ⅱ类、Ⅲ类放射源时，应当与使用放射源的单位签订废旧放射源返回合同。

使用Ⅰ类、Ⅱ类、Ⅲ类放射源的单位应当按照废旧放射源返回合同规定，在放射源闲置或者废弃后3个月内将废旧放射源交回生产单位或者返回原出口方。确实无法交回生产单位或者返回原出口方的，送交有相应资质的放射性废物集中贮存单位贮存。

使用Ⅳ类、Ⅴ类放射源的单位应当按照国务院生态环境主管部门的规定，在放射源闲置或者废弃后3个月内将废旧放射源进行包装整备后送交有相应资质的放射性废物集中贮存单位贮存。

使用放射源的单位应当在废旧放射源交回、返回或者送交活动完成之日起20日内，向其所在地省级生态环境主管部门备案。

第三十九条 销售、使用放射源的单位在本办法实施前已经贮存的废旧放射源，应当自本办法实施之日起 1 年内交回放射源生产单位或者返回原出口方，或送交有相应资质的放射性废物集中贮存单位。

第四十条 生产放射性同位素的场所、产生放射性污染的放射性同位素销售和使用场所、产生放射性污染的射线装置及其场所，终结运行后应当依法实施退役。退役完成后，有关辐射工作单位方可申请办理许可证变更或注销手续。

第四十一条 辐射工作单位应当建立放射性同位素与射线装置台帐，记载放射性同位素的核素名称、出厂时间和活度、标号、编码、来源和去向，及射线装置的名称、型号、射线种类、类别、用途、来源和去向等事项。

放射性同位素与射线装置台帐、个人剂量档案和职业健康监护档案应当长期保存。

第四十二条 辐射工作单位应当编写放射性同位素与射线装置安全和防护状况年度评估报告，于每年 1 月 31 日前报原发证机关。

年度评估报告应当包括放射性同位素与射线装置台帐、辐射安全和防护设施的运行与维护、辐射安全和防护制度及措施的建立和落实、事故和应急以及档案管理等方面的内容。

第四十三条 县级以上人民政府生态环境主管部门应当对辐射工作单位进行监督检查，对存在的问题，应当提出书面的现场检查意见和整改要求，由检查人员签字或检查单位盖章后交被检查单位，并由被检查单位存档备案。

第四十四条 省级生态环境主管部门应当编写辐射工作单位监督管理年度总结报告,于每年3月1日前报国务院生态环境主管部门。

报告内容应当包括辐射工作单位数量、放射源数量和类别、射线装置数量和类别、许可证颁发与注销情况、事故及其处理情况、监督检查与处罚情况等内容。

第五章 罚 则

第四十五条 辐射工作单位违反本办法的有关规定,有下列行为之一的,由县级以上人民政府生态环境主管部门责令停止违法行为,限期改正;逾期不改正的,处1万元以上3万元以下的罚款:

(一)未在含放射源设备的说明书中告知用户该设备含有放射源的;

(二)销售、使用放射源的单位未在本办法实施之日起1年内将其贮存的废旧放射源交回、返回或送交有关单位的。

辐射工作单位违反本办法的其他规定,按照《中华人民共和国放射性污染防治法》、《放射性同位素与射线装置安全和防护条例》及其他相关法律法规的规定进行处罚。

第六章 附 则

第四十六条 省级以上人民政府生态环境主管部门依

据《电离辐射防护与辐射源安全基本标准》（GB18871-2002）及国家有关规定负责对放射性同位素与射线装置管理的豁免出具证明文件。

第四十七条 本办法自2006年3月1日起施行。

附件：1. 辐射安全许可证申请表（略）

2. 辐射安全许可证副本（略）

3. 放射性同位素进口审批表（略）

4. 放射性同位素出口表（略）

5. 放射性同位素转让审批表（略）

放射性同位素与射线装置安全和防护管理办法

（2011年4月18日环境保护部令第18号公布 自2011年5月1日起施行）

第一章 总 则

第一条 为了加强放射性同位素与射线装置的安全和防护管理，根据《中华人民共和国放射性污染防治法》和《放射性同位素与射线装置安全和防护条例》，制定本办法。

第二条 本办法适用于生产、销售、使用放射性同位素与射线装置的场所、人员的安全和防护，废旧放射源与被放射性污染的物品的管理以及豁免管理等相关活动。

第三条 生产、销售、使用放射性同位素与射线装置的单位，应当对本单位的放射性同位素与射线装置的辐射安全和防护工作负责，并依法对其造成的放射性危害承担责任。

第四条 县级以上人民政府环境保护主管部门，应当依照《中华人民共和国放射性污染防治法》、《放射性同位素与射线装置安全和防护条例》和本办法的规定，对放射性同位素与射线装置的安全和防护工作实施监督管理。

第二章 场所安全和防护

第五条 生产、销售、使用、贮存放射性同位素与射线装置的场所，应当按照国家有关规定设置明显的放射性标志，其入口处应当按照国家有关安全和防护标准的要求，设置安全和防护设施以及必要的防护安全联锁、报警装置或者工作信号。

射线装置的生产调试和使用场所，应当具有防止误操作、防止工作人员和公众受到意外照射的安全措施。

放射性同位素的包装容器、含放射性同位素的设备和射线装置，应当设置明显的放射性标识和中文警示说明；放射源上能够设置放射性标识的，应当一并设置。运输放射性同位素和含放射源的射线装置的工具，应当按照国家有关规定设置明显的放射性标志或者显示危险信号。

第六条 生产、使用放射性同位素与射线装置的场所，应当按照国家有关规定采取有效措施，防止运行故障，并避免故障导致次生危害。

第七条 放射性同位素和被放射性污染的物品应当单独存放，不得与易燃、易爆、腐蚀性物品等一起存放，并指定专人负责保管。

贮存、领取、使用、归还放射性同位素时，应当进行登记、检查，做到账物相符。对放射性同位素贮存场所应当采取防火、防水、防盗、防丢失、防破坏、防射线泄漏的安全措施。

对放射源还应当根据其潜在危害的大小，建立相应的多重防护和安全措施，并对可移动的放射源定期进行盘存，确保其处于指定位置，具有可靠的安全保障。

第八条 在室外、野外使用放射性同位素与射线装置的，应当按照国家安全和防护标准的要求划出安全防护区域，设置明显的放射性标志，必要时设专人警戒。

第九条 生产、销售、使用放射性同位素与射线装置的单位，应当按照国家环境监测规范，对相关场所进行辐射监测，并对监测数据的真实性、可靠性负责；不具备自行监测能力的，可以委托经省级人民政府环境保护主管部门认定的环境监测机构进行监测。

第十条 建设项目竣工环境保护验收涉及的辐射监测和退役核技术利用项目的终态辐射监测，由生产、销售、使用放射性同位素与射线装置的单位委托经省级以上人民政府环境保护主管部门批准的有相应资质的辐射环境监测机构进行。

第十一条 生产、销售、使用放射性同位素与射线装置的单位，应当加强对本单位放射性同位素与射线装置安全和防护状况的日常检查。发现安全隐患的，应当立即整改；安全隐患有可能威胁到人员安全或者有可能造成环境污染的，应当立即停止辐射作业并报告发放辐射安全许可证的环境保护主管部门（以下简称"发证机关"），经发证机关检查核实安全隐患消除后，方可恢复正常作业。

第十二条 生产、销售、使用放射性同位素与射线装置的单位，应当对本单位的放射性同位素与射线装置的安全和防护状况进行年度评估，并于每年1月31日前向发证机关提交上一年度的评估报告。

安全和防护状况年度评估报告应当包括下列内容：

（一）辐射安全和防护设施的运行与维护情况；

（二）辐射安全和防护制度及措施的制定与落实情况；

（三）辐射工作人员变动及接受辐射安全和防护知识教育培训（以下简称"辐射安全培训"）情况；

（四）放射性同位素进出口、转让或者送贮情况以及放射性同位素、射线装置台账；

（五）场所辐射环境监测和个人剂量监测情况及监测数据；

（六）辐射事故及应急响应情况；

（七）核技术利用项目新建、改建、扩建和退役情况；

（八）存在的安全隐患及其整改情况；

（九）其他有关法律、法规规定的落实情况。

年度评估发现安全隐患的，应当立即整改。

第十三条 使用Ⅰ类、Ⅱ类、Ⅲ类放射源的场所，生产放射性同位素的场所，按照《电离辐射防护与辐射源安全基本标准》（以下简称《基本标准》）确定的甲级、乙级非密封放射性物质使用场所，以及终结运行后产生放射性污染的射线装置，应当依法实施退役。

依照前款规定实施退役的生产、使用放射性同位素与射线装置的单位，应当在实施退役前完成下列工作：

（一）将有使用价值的放射源按照《放射性同位素与射线装置安全和防护条例》的规定转让；

（二）将废旧放射源交回生产单位、返回原出口方或者送交有相应资质的放射性废物集中贮存单位贮存。

第十四条 依法实施退役的生产、使用放射性同位素与射线装置的单位，应当在实施退役前编制环境影响评价文件，报原辐射安全许可证发证机关审查批准；未经批准的，不得实施退役。

第十五条 退役工作完成后六十日内，依法实施退役的生产、使用放射性同位素与射线装置的单位，应当向原辐射安全许可证发证机关申请退役核技术利用项目终态验收，并提交退役项目辐射环境终态监测报告或者监测表。

依法实施退役的生产、使用放射性同位素与射线装置的单位，应当自终态验收合格之日起二十日内，到原发证机关办理辐射安全许可证变更或者注销手续。

第十六条 生产、销售、使用放射性同位素与射线装置的单位，在依法被撤销、依法解散、依法破产或者因其他原因终止前，应当确保环境辐射安全，妥善实施辐射工作场所或者设备的退役，并承担退役完成前所有的安全责任。

第三章 人员安全和防护

第十七条 生产、销售、使用放射性同位素与射线装置的单位，应当按照环境保护部审定的辐射安全培训和考试大纲，对直接从事生产、销售、使用活动的操作人员以及辐射防护负责人进行辐射安全培训，并进行考核；考核不合格的，不得上岗。

第十八条 辐射安全培训分为高级、中级和初级三个级别。

从事下列活动的辐射工作人员，应当接受中级或者高级辐射安全培训：

（一）生产、销售、使用Ⅰ类放射源的；

（二）在甲级非密封放射性物质工作场所操作放射性同位素的；

（三）使用Ⅰ类射线装置的；

（四）使用伽玛射线移动探伤设备的。

从事前款所列活动单位的辐射防护负责人，以及从事前款所列装置、设备和场所设计、安装、调试、倒源、维修以及其他与辐射安全相关技术服务活动的人员，应当接受中级或者高级辐射安全培训。

本条第二款、第三款规定以外的其他辐射工作人员，应当接受初级辐射安全培训。

第十九条 从事辐射安全培训的单位，应当具备下列条件：

（一）有健全的培训管理制度并有专职培训管理人员；

（二）有常用的辐射监测设备；

（三）有与培训规模相适应的教学、实践场地与设施；

（四）有核物理、辐射防护、核技术应用及相关专业本科以上学历的专业教师。

拟开展初级辐射安全培训的单位，应当有五名以上专业教师，其中至少两名具有注册核安全工程师执业资格。

拟开展中级或者高级辐射安全培训的单位，应当有十名以上专业教师，其中至少五名具有注册核安全工程师执业资格，外聘教师不得超过教师总数的30%。

从事辐射安全培训的专业教师应当接受环境保护部组织的培训，具体办法由环境保护部另行制定。

第二十条 省级以上人民政府环境保护主管部门对从事辐射安全培训的单位进行评估，择优向社会推荐。

环境保护部评估并推荐的单位可以开展高级、中级和初级辐射安全培训；省级人民政府环境保护主管部门评估并推荐的单位可以开展初级辐射安全培训。

省级以上人民政府环境保护主管部门应当向社会公布

其推荐的从事辐射安全培训的单位名单，并定期对名单所列从事辐射安全培训的单位进行考核；对考核不合格的，予以除名，并向社会公告。

第二十一条 从事辐射安全培训的单位负责对参加辐射安全培训的人员进行考核，并对考核合格的人员颁发辐射安全培训合格证书。辐射安全培训合格证书的格式由环境保护部规定。

取得高级别辐射安全培训合格证书的人员，不需再接受低级别的辐射安全培训。

第二十二条 取得辐射安全培训合格证书的人员，应当每四年接受一次再培训。

辐射安全再培训包括新颁布的相关法律、法规和辐射安全与防护专业标准、技术规范，以及辐射事故案例分析与经验反馈等内容。

不参加再培训的人员或者再培训考核不合格的人员，其辐射安全培训合格证书自动失效。

第二十三条 生产、销售、使用放射性同位素与射线装置的单位，应当按照法律、行政法规以及国家环境保护和职业卫生标准，对本单位的辐射工作人员进行个人剂量监测；发现个人剂量监测结果异常的，应当立即核实和调查，并将有关情况及时报告辐射安全许可证发证机关。

生产、销售、使用放射性同位素与射线装置的单位，应当安排专人负责个人剂量监测管理，建立辐射工作人员个人剂量档案。个人剂量档案应当包括个人基本信息、工作岗位、剂量监测结果等材料。个人剂量档案应当保存至辐射工作人员年满七十五周岁,或者停止辐射工作三十年。

辐射工作人员有权查阅和复制本人的个人剂量档案。辐射工作人员调换单位的,原用人单位应当向新用人单位或者辐射工作人员本人提供个人剂量档案的复制件。

第二十四条 生产、销售、使用放射性同位素与射线装置的单位,不具备个人剂量监测能力的,应当委托具备下列条件的机构进行个人剂量监测:

(一)具有保证个人剂量监测质量的设备、技术;

(二)经省级以上人民政府计量行政主管部门计量认证;

(三)法律法规规定的从事个人剂量监测的其他条件。

第二十五条 环境保护部对从事个人剂量监测的机构进行评估,择优向社会推荐。

环境保护部定期对其推荐的从事个人剂量监测的机构进行监测质量考核;对考核不合格的,予以除名,并向社会公告。

第二十六条 接受委托进行个人剂量监测的机构,应当按照国家有关技术规范的要求进行个人剂量监测,并对监测结果负责。

接受委托进行个人剂量监测的机构,应当及时向委托单位出具监测报告,并将监测结果以书面和网上报送方式,直接报告委托单位所在地的省级人民政府环境保护主管部门。

第二十七条 环境保护部应当建立全国统一的辐射工作人员个人剂量数据库,并与卫生等相关部门实现数据共享。

第四章 废旧放射源与被放射性污染的物品管理

第二十八条 生产、进口放射源的单位销售Ⅰ类、Ⅱ类、Ⅲ类放射源给其他单位使用的,应当与使用放射源的单位签订废旧放射源返回协议。

转让Ⅰ类、Ⅱ类、Ⅲ类放射源的,转让双方应当签订废旧放射源返回协议。进口放射源转让时,转入单位应当取得原出口方负责回收的承诺文件副本。

第二十九条 使用Ⅰ类、Ⅱ类、Ⅲ类放射源的单位应当在放射源闲置或者废弃后三个月内,按照废旧放射源返回协议规定,将废旧放射源交回生产单位或者返回原出口方。确实无法交回生产单位或者返回原出口方的,送交具备相应资质的放射性废物集中贮存单位(以下简称"废旧放射源收贮单位")贮存,并承担相关费用。

废旧放射源收贮单位,应当依法取得环境保护部颁发的使用(含收贮)辐射安全许可证,并在资质许可范围内收贮废旧放射源和被放射性污染的物品。

第三十条 使用放射源的单位依法被撤销、依法解散、依法破产或者因其他原因终止的,应当事先将本单位的放射源依法转让、交回生产单位、返回原出口方或者送交废旧放射源收贮单位贮存，并承担上述活动完成前所有的安全责任。

第三十一条 使用放射源的单位应当在废旧放射源交回生产单位或者送交废旧放射源收贮单位贮存活动完成之日起二十日内，报其所在地的省级人民政府环境保护主管部门备案。

废旧放射源返回原出口方的，应当在返回活动完成之日起二十日内，将放射性同位素出口表报其所在地的省级人民政府环境保护主管部门备案。

第三十二条 废旧放射源收贮单位，应当建立废旧放射源的收贮台账和相应的计算机管理系统。

废旧放射源收贮单位，应当于每季度末对已收贮的废旧放射源进行汇总统计，每年年底对已贮存的废旧放射源进行核实，并将统计和核实结果分别上报环境保护部和所在地省级人民政府环境保护主管部门。

第三十三条 对已经收贮入库或者交回生产单位的仍有使用价值的放射源，可以按照《放射性同位素与射线装置安全和防护条例》的规定办理转让手续后进行再利用。具体办法由环境保护部另行制定。

对拟被再利用的放射源，应当由放射源生产单位按照生产放射源的要求进行安全性验证或者加工，满足安全和技术参数要求后，出具合格证书，明确使用条件，并进行放射源编码。

第三十四条 单位和个人发现废弃放射源或者被放射性污染的物品的,应当及时报告所在地县级以上地方人民政府环境保护主管部门;经所在地省级人民政府环境保护主管部门同意后,送废旧放射源收贮单位贮存。

废旧放射源收贮单位应当对废弃放射源或者被放射性污染的物品妥善收贮。

禁止擅自转移、贮存、退运废弃放射源或者被放射性污染的物品。

第三十五条 废旧金属回收熔炼企业,应当建立辐射监测系统,配备足够的辐射监测人员,在废旧金属原料入炉前、产品出厂前进行辐射监测,并将放射性指标纳入产品合格指标体系中。

新建、改建、扩建建设项目含有废旧金属回收熔炼工艺的,应当配套建设辐射监测设施;未配套建设辐射监测设施的,环境保护主管部门不予通过其建设项目竣工环境保护验收。

辐射监测人员在进行废旧金属辐射监测和应急处理时,应当佩戴个人剂量计等防护器材,做好个人防护。

第三十六条 废旧金属回收熔炼企业发现并确认辐射监测结果明显异常时,应当立即采取相应控制措施并在四小时内向所在地县级以上人民政府环境保护主管部门报告。

环境保护主管部门接到报告后,应当对辐射监测结果进行核实,查明导致辐射水平异常的原因,并责令废旧金属回收熔炼企业采取措施,防止放射性污染。

禁止缓报、瞒报、谎报或者漏报辐射监测结果异常信息。

第三十七条 废旧金属回收熔炼企业送贮废弃放射源或者被放射性污染物品所产生的费用，由废弃放射源或者被放射性污染物品的原持有者或者供货方承担。

无法查明废弃放射源或者被放射性污染物品来源的，送贮费用由废旧金属回收熔炼企业承担；其中，对已经开展辐射监测的废旧金属回收熔炼企业，经所在地省级人民政府环境保护主管部门核实、同级财政部门同意后，省级人民政府环境保护主管部门所属废旧放射源收贮单位可以酌情减免其相关处理费用。

第五章 监督检查

第三十八条 省级以上人民政府环境保护主管部门应当对其依法颁发辐射安全许可证的单位进行监督检查。

省级以上人民政府环境保护主管部门委托下一级环境保护主管部门颁发辐射安全许可证的，接受委托的环境保护主管部门应当对其颁发辐射安全许可证的单位进行监督检查。

第三十九条 县级以上人民政府环境保护主管部门应当结合本行政区域的工作实际，配备辐射防护安全监督员。

各级辐射防护安全监督员应当具备三年以上辐射工作相关经历。

省级以上人民政府环境保护主管部门辐射防护安全监

督员应当具备大学本科以上学历,并通过中级以上辐射安全培训。

设区的市级、县级人民政府环境保护主管部门辐射防护安全监督员应当具备大专以上学历,并通过初级以上辐射安全培训。

第四十条 省级以上人民政府环境保护主管部门辐射防护安全监督员由环境保护部认可,设区的市级、县级人民政府环境保护主管部门辐射防护安全监督员由省级人民政府环境保护主管部门认可。

辐射防护安全监督员应当定期接受专业知识培训和考核。

取得高级职称并从事辐射安全与防护监督检查工作十年以上,或者取得注册核安全工程师资格的辐射防护安全监督员,可以免予辐射安全培训。

第四十一条 省级以上人民政府环境保护主管部门应当制定监督检查大纲,明确辐射安全与防护监督检查的组织体系、职责分工、实施程序、报告制度、重要问题管理等内容,并根据国家相关法律法规、标准制定相应的监督检查技术程序。

第四十二条 县级以上人民政府环境保护主管部门应当根据放射性同位素与射线装置生产、销售、使用活动的类别,制定本行政区域的监督检查计划。

监督检查计划应当按照辐射安全风险大小,规定不同的监督检查频次。

第六章 应急报告与处理

第四十三条 县级以上人民政府环境保护主管部门应当会同同级公安、卫生、财政、新闻、宣传等部门编制辐射事故应急预案，报本级人民政府批准。

辐射事故应急预案应当包括下列内容：

（一）应急机构和职责分工；

（二）应急人员的组织、培训以及应急和救助的装备、资金、物资准备；

（三）辐射事故分级与应急响应措施；

（四）辐射事故的调查、报告和处理程序；

（五）辐射事故信息公开、公众宣传方案。

辐射事故应急预案还应当包括可能引发辐射事故的运行故障的应急响应措施及其调查、报告和处理程序。

生产、销售、使用放射性同位素与射线装置的单位，应当根据可能发生的辐射事故的风险，制定本单位的应急方案，做好应急准备。

第四十四条 发生辐射事故或者发生可能引发辐射事故的运行故障时，生产、销售、使用放射性同位素与射线装置的单位应当立即启动本单位的应急方案，采取应急措施，并在两小时内填写初始报告，向当地人民政府环境保护主管部门报告。

发生辐射事故的，生产、销售、使用放射性同位素与射线装置的单位还应当同时向当地人民政府、公安部门和卫生主管部门报告。

第四十五条 接到辐射事故或者可能引发辐射事故的运行故障报告的环境保护主管部门,应当立即派人赶赴现场,进行现场调查,采取有效措施,控制并消除事故或者故障影响,并配合有关部门做好信息公开、公众宣传等外部应急响应工作。

第四十六条 接到辐射事故报告或者可能发生辐射事故的运行故障报告的环境保护部门,应当在两小时内,将辐射事故或者故障信息报告本级人民政府并逐级上报至省级人民政府环境保护主管部门;发生重大或者特别重大辐射事故的,应当同时向环境保护部报告。

接到含Ⅰ类放射源装置重大运行故障报告的环境保护部门,应当在两小时内将故障信息逐级上报至原辐射安全许可证发证机关。

第四十七条 省级人民政府环境保护主管部门接到辐射事故报告,确认属于特别重大辐射事故或者重大辐射事故的,应当及时通报省级人民政府公安部门和卫生主管部门,并在两小时内上报环境保护部。

环境保护部在接到事故报告后,应当立即组织核实,确认事故类型,在两小时内报告国务院,并通报公安部和卫生部。

第四十八条 发生辐射事故或者运行故障的单位,应当按照应急预案的要求,制定事故或者故障处置实施方案,并在当地人民政府和辐射安全许可证发证机关的监督、指导下实施具体处置工作。

辐射事故和运行故障处置过程中的安全责任，以及由事故、故障导致的应急处置费用，由发生辐射事故或者运行故障的单位承担。

第四十九条 省级人民政府环境保护主管部门应当每半年对本行政区域内发生的辐射事故和运行故障情况进行汇总，并将汇总报告报送环境保护部，同时抄送同级公安部门和卫生主管部门。

第七章 豁免管理

第五十条 省级以上人民政府环境保护主管部门依据《基本标准》及国家有关规定，负责对射线装置、放射源或者非密封放射性物质管理的豁免出具备案证明文件。

第五十一条 已经取得辐射安全许可证的单位，使用低于《基本标准》规定豁免水平的射线装置、放射源或者少量非密封放射性物质的，经所在地省级人民政府环境保护主管部门备案后，可以被豁免管理。

前款所指单位提请所在地省级人民政府环境保护主管部门备案时，应当提交其使用的射线装置、放射源或者非密封放射性物质辐射水平低于《基本标准》豁免水平的证明材料。

第五十二条 符合下列条件之一的使用单位，报请所在地省级人民政府环境保护主管部门备案时，除提交本办法第五十一条第二款规定的证明材料外，还应当提交射线装置、放射源或者非密封放射性物质的使用量、使用条件、操作方式以及防护管理措施等情况的证明：

（一）已取得辐射安全许可证，使用较大批量低于《基本标准》规定豁免水平的非密封放射性物质的；

（二）未取得辐射安全许可证，使用低于《基本标准》规定豁免水平的射线装置、放射源以及非密封放射性物质的。

第五十三条　对装有超过《基本标准》规定豁免水平放射源的设备，经检测符合国家有关规定确定的辐射水平的，设备的生产或者进口单位向环境保护部报请备案后，该设备和相关转让、使用活动可以被豁免管理。

前款所指单位，报请环境保护部备案时，应当提交下列材料：

（一）辐射安全分析报告，包括活动正当性分析，放射源在设备中的结构，放射源的核素名称、活度、加工工艺和处置方式，对公众和环境的潜在辐射影响，以及可能的用户等内容。

（二）有相应资质的单位出具的证明设备符合《基本标准》有条件豁免要求的辐射水平检测报告。

第五十四条　省级人民政府环境保护主管部门应当将其出具的豁免备案证明文件，报环境保护部。

环境保护部对已获得豁免备案证明文件的活动或者活动中的射线装置、放射源或者非密封放射性物质定期公告。

经环境保护部公告的活动或者活动中的射线装置、放射源或者非密封放射性物质，在全国有效，可以不再逐一办理豁免备案证明文件。

第八章　法　律　责　任

第五十五条　违反本办法规定，生产、销售、使用放射性同位素与射线装置的单位有下列行为之一的，由原辐射安全许可证发证机关给予警告，责令限期改正；逾期不改正的，处一万元以上三万元以下的罚款：

（一）未按规定对相关场所进行辐射监测的；

（二）未按规定时间报送安全和防护状况年度评估报告的；

（三）未按规定对辐射工作人员进行辐射安全培训的；

（四）未按规定开展个人剂量监测的；

（五）发现个人剂量监测结果异常，未进行核实与调查，并未将有关情况及时报告原辐射安全许可证发证机关的。

第五十六条　违反本办法规定，废旧放射源收贮单位有下列行为之一的，由省级以上人民政府环境保护主管部门责令停止违法行为，限期改正；逾期不改正的，由原发证机关收回辐射安全许可证：

（一）未按规定建立废旧放射源收贮台账和计算机管理系统的；

（二）未按规定对已收贮的废旧放射源进行统计，并将统计结果上报的。

第五十七条 违反本办法规定，废旧放射源收贮单位有下列行为之一的，依照《放射性同位素与射线装置安全和防护条例》第五十二条的有关规定，由县级以上人民政府环境保护主管部门责令停止违法行为，限期改正；逾期不改正的，责令停业或者由原发证机关吊销辐射安全许可证；有违法所得的，没收违法所得；违法所得十万元以上的，并处违法所得一倍以上五倍以下的罚款；没有违法所得或者违法所得不足十万元的，并处一万元以上十万元以下的罚款。

（一）未取得环境保护部颁发的使用（含收贮）辐射安全许可证，从事废旧放射源收贮的；

（二）未经批准，擅自转让已收贮入库废旧放射源的。

第五十八条 违反本办法规定，废旧金属回收熔炼企业未开展辐射监测或者发现辐射监测结果明显异常未如实报告的，由县级以上人民政府环境保护主管部门责令改正，处一万元以上三万元以下的罚款。

第五十九条 生产、销售、使用放射性同位素与射线装置的单位违反本办法的其他规定，按照《中华人民共和国放射性污染防治法》、《放射性同位素与射线装置安全和防护条例》以及其他相关法律法规的规定进行处罚。

第九章　附　　则

第六十条 本办法下列用语的含义：

（一）废旧放射源，是指已超过生产单位或者有关标准规定的使用寿命，或者由于生产工艺的改变、生产产品的更改等因素致使不再用于初始目的的放射源。

（二）退役，是指采取去污、拆除和清除等措施，使核技术利用项目不再使用的场所或者设备的辐射剂量满足国家相关标准的要求，主管部门不再对这些核技术利用项目进行辐射安全与防护监管。

第六十一条 本办法自 2011 年 5 月 1 日起施行。

核安全信息公开办法

（2020 年 8 月 31 日　国环规核设〔2020〕1 号）

第一章　总　　则

第一条　为规范和加强核安全信息公开工作，保障公民、法人和其他组织对核安全的知情权、参与权、表达权和监督权，提升公众对核安全的认知水平，保障核能利用安全，依据《中华人民共和国核安全法》《中华人民共和国政府信息公开条例》制定本办法。

第二条　核动力厂营运单位应当按照本办法的规定，公开本企业核安全信息。

其他民用核设施营运单位核安全信息公开参照此办法

执行。

第三条 生态环境部（国家核安全局）作为国务院核安全监督管理部门，按照本办法开展政府核安全信息公开，并对民用核设施营运单位核安全信息公开工作进行监督。

第四条 核安全信息公开应当遵循客观、及时、准确的原则。

第五条 依法确定为国家秘密的核安全信息，或公开后可能危及国家安全、公共安全、核设施和核材料安全的核安全信息，不予公开。涉及商业秘密和个人信息的，按照国家有关规定执行。

第二章 核动力厂营运单位核安全信息公开

第六条 核动力厂营运单位应当建立企业核安全信息公开制度，明确核安全信息公开责任部门、公开内容、公开程序、公开途径等。

第七条 核动力厂营运单位应当公开的核安全信息包括：

（一）单位名称、注册地址、联系方式、核安全和环境保护守法承诺。

（二）本单位核安全管理制度。

（三）本单位取得的相关核安全许可证件和环境影响评价批复文件。

（四）本单位核设施安全状况。

（五）国际核事件分级标准（INES）1级及以上的运行事件/事故。

（六）各类流出物实际排放量与监管部门批复的流出物排放限值。

（七）营运单位开展的核设施周围环境放射性水平、与核设施运行有关的主要放射性核素种类浓度（活度）等辐射环境监测数据。

（八）本单位年度核安全报告。

第八条 鼓励核动力厂营运单位出于经验反馈共同提高的目的主动公开0级偏差运行事件信息。

第九条 核动力厂营运单位应当通过企业门户网站或所属集团公司门户网站，以及其他便于公众知晓的方式公开第七条、第八条规定的核安全信息。

核动力厂营运单位也可以通过新闻发布会、广播、电视、报刊、新媒体等多种方式公开核安全信息。

第十条 核动力厂营运单位应当广泛开展核安全宣传活动，包括：在保证核设施安全的前提下，对公众有序开放核设施；建设核安全科普中心，开展信息公开和科普宣传；开展科普进学校进社区等宣传教育活动，增进公众对核科学的了解等。

第十一条 对本办法第七条第（一）（二）（三）（四）项规定的信息，核动力厂营运单位应当自产生或者变更之日起20个工作日内向社会公开。

对本办法第七条第（五）项规定的核事件/事故信息，

核动力厂营运单位应在确定事件级别后 7 个工作日内向社会公开；如果核动力厂进入应急状态，则按照《国家核应急预案》及《核事故信息发布管理办法》有关规定，及时向社会公开。

对本办法第七条第（六）（七）项规定的信息，核动力厂营运单位应当在每季度第一个月底前向社会公开上季度相关信息。

对本办法第七条第（八）项规定的信息，核动力厂营运单位应当在每年 4 月 1 日前向社会公开上年度相关信息。

法律、法规和规章另有规定的，从其规定。

第三章　核安全监督管理部门核安全信息公开

第十二条　生态环境部（国家核安全局）依法履行政府信息公开职责，公开以下核安全信息：

（一）核安全监管法律、法规、标准、导则、政策、规划等。

（二）核安全行政许可事项、申请指南、许可条件以及颁发的审批决定。

（三）对核动力厂开展的例行、非例行核安全监督检查报告以及重大事件调查报告。

（四）核动力厂总体安全状况。

（五）全国辐射环境质量自动监测站辐射环境监测数据和全国辐射环境质量年报等。

（六）国际核事件分级标准（INES）1级及以上核动力厂运行事件/事故信息。

（七）国家核安全局年报，国际《核安全公约》《乏燃料管理和放射性废物管理安全联合公约》履约国家报告。

第十三条 核动力厂营运单位出于经验反馈共同提高的目的主动公开的0级偏差运行事件信息，生态环境部（国家核安全局）应于核动力厂营运单位主动公开之日起7个工作日内予以公开。

第十四条 生态环境部（国家核安全局）应当将本办法第十二条规定的核安全信息通过政府公告、政府网站或其他便于公众知晓的方式公开。

第十五条 对本办法第十二条第（一）（二）（三）（四）（五）（七）项规定的核安全信息，应当自形成或者变更之日起20个工作日内予以公开。

对本办法第十二条第（六）项规定的运行事件信息，生态环境部（国家核安全局）应当在收到核动力厂营运单位事件通告后7个工作日内向社会公开；如果核动力厂进入应急状态，则按照《国家核应急预案》及《核事故信息发布管理办法》有关规定，及时向社会公开。

法律、法规和规章另有规定的，从其规定。

第四章 监督和责任

第十六条 生态环境部（国家核安全局）应对民用核

设施营运单位核安全信息公开活动进行监督检查。被检查单位应当如实反映情况，提供必要的资料。

生态环境部（国家核安全局）应依据法律、法规及国家有关规定，不断完善政府信息公开工作。

第十七条 公民、法人或者其他组织发现民用核设施营运单位未依法公开核安全信息的，有权向生态环境部（国家核安全局）举报。生态环境部（国家核安全局）应当对举报人的相关信息予以保密，保护举报人的合法权益。

公民、法人或者其他组织认为国务院核安全监督管理部门政府信息公开工作侵犯其合法权益的，可以向国务院政府信息公开工作主管部门投诉、举报，也可以依法申请行政复议或者提起行政诉讼。

第五章 附 则

第十八条 本办法第二章、第三章中的事件/事故分级是指按照国际核事件分级标准（INES）对运行事件/事故进行的分级，即考虑核事件对人和环境的影响、对设施放射性包容和控制的影响、对纵深防御能力的影响，将核事件分为七级，其中较低级别称为事件，分别为异常（1级）、一般事件（2级）、重要事件（3级）；较高级别称为事故，分别为影响范围有限的事故（4级）、影响范围较大的事故（5级）、重要事故（6级）和重大事故（7级）。另外对不具有安全意义的微小事件称为"偏差"，归为0级。

第十九条 本办法由生态环境部（国家核安全局）负责解释。

第二十条 本办法自 2020 年 10 月 1 日起施行。

军工核安全设备监督管理办法

(2015 年 5 月 31 日　科工核应安〔2015〕544 号)

第一章　总　　则

第一条 为规范和加强军工核安全设备的监督管理，保障国防科技工业军用核设施（以下简称军工核设施）安全，依据《国防科技工业军用核设施安全监督管理规定》制定本办法。

第二条 本办法所称军工核安全设备，是指在军工核设施中使用的、执行核安全功能或对核安全有重要影响的设备，包括核安全机械设备和核安全电气设备。

军工核安全设备清单由国家国防科技工业局（以下简称国防科工局）在军工核设施安全许可证件审批过程中确定。

第三条 军工核安全设备的设计、制造、安装和无损检验活动适用本办法。

第四条 军工核安全设备监督管理人员、技术支持单位相关工作人员在军工核安全设备监督管理过程中，应当严格遵守国家保密相关规定,并为被监督管理单位保守技术秘密和业务秘密。

军工核设施营运单位以及从事军工核安全设备设计、制造、安装和无损检验活动的单位,应当按照国家保密法律法规要求建立并有效执行保密制度,确保国家秘密安全。

第二章 职　责

第五条 国防科工局负责对军工核安全设备的设计、制造、安装和无损检验活动实施统一监督管理,其主要职责包括:

(一)组织制定军工核安全设备监督管理相关规定和技术要求;

(二)负责组织核安全技术审评,批准颁发、变更、延续和吊销军工核安全设备设计、制造、安装和无损检验许可证;审查批准军工核安全设备清单;

(三)负责对军工核安全设备设计、制造、安装和无损检验活动实施监督检查;

(四)负责军工核安全设备执法和有关事件的调查与处理。

第六条 技术支持单位根据国防科工局的委托,开展技术审评和监督检查工作,主要职责包括:

(一)承担军工核安全设备设计、制造、安装和无损检验许可证申请材料的技术审评任务,编写并提交评价报告,提出有关许可证发放建议；

（二）承担军工核安全设备设计、制造、安装和无损检验活动的监督检查任务。

第七条 军工核设施营运单位对军工核安全设备的使用和运行安全负全面责任，主要职责包括：

（一）依据本办法和批准的军工核安全设备清单，督促设计、制造、安装和无损检验单位开展相关取证工作；

（二）对军工核安全设备设计、制造、安装和无损检验单位的项目质量保证大纲和质量计划进行审查认可；

（三）负责组织对在役的军工核安全设备进行检查、试验、检验和维修。

第八条 军工核安全设备设计、制造、安装和无损检验单位对其所从事的军工核安全设备的设计、制造、安装和无损检验活动承担全面责任，主要职责包括：

（一）根据军工核设施安全监督管理有关要求，建立技术体系和质量保证体系，保证其有效运行，并进行持续改进；

（二）在军工核安全设备设计、制造、安装和无损检验活动开始前，向国防科工局申请拟从事相应活动的许可证件；

（三）接受国防科工局及其委托的技术支持单位的监督检查，并接受军工核设施营运单位的检查。

第三章 许 可

第九条 军工核安全设备实行许可证制度，许可证包括：

（一）军工核安全设备设计许可证；

（二）军工核安全设备制造许可证；

（三）军工核安全设备安装许可证；

（四）军工核安全设备无损检验许可证。

第十条　申请领取军工核安全设备设计、制造、安装和无损检验许可证的单位，应当具备下列条件：

（一）具有法人资格；

（二）有与拟从事活动相关或者相近的工作业绩；

（三）有与拟从事活动相适应的、经考核合格的专业技术人员，其中从事军工核安全设备焊接和无损检验活动的专业技术人员应当取得相应的资质；

（四）有与拟从事活动相适应的工作场所、设施和装备；

（五）有健全的管理制度和完善的质量保证体系，以及符合军工核设施安全监督管理要求的质量保证大纲。

第十一条　对于未从事过相同或类似核安全设备制造或安装的申请单位，或虽制作过相同或类似设备，但主要人员或关键技术条件发生改变的申请单位，应当根据其申请的设备类别、活动范围、材料牌号、结构型式以及制造和安装工艺等，按照适当比例制作与目标产品在材料、结构型式、制造和安装工艺等方面相同或者相近的模拟件。

同时申请领取军工核安全设备设计和制造许可证的单位，应当在模拟件制作过程中，完成相应的鉴定试验。

第十二条　军工核安全设备设计、制造、安装和无损检验活动所涉及的关键工艺，原则上不得分包。确需分包时，应当选择适当的单位，并在相应许可申请文件中就分包事项、分包单位及分包管理情况予以说明，经审查批准后方可实施。

第十三条 申请领取军工核安全设备设计、制造、安装和无损检验许可证的单位，应当向国防科工局提交申请公文，以及符合本办法附件1要求的有关文件。

第十四条 国防科工局应在接到申请之日起5个工作日内，完成对申请文件的形式审查，并作出是否受理的决定。对不符合条件的，书面告知申请单位不予受理的理由；对符合条件的，组织专家或委托技术支持单位实施核安全技术审评，并告知申请单位。

第十五条 核安全技术审评方式包括文件审查、审评对话和现场核查等。

需要制作模拟件的，技术审评应当对模拟件制作方案、质量计划等进行审查，并在制作过程中实施必要的现场见证。

第十六条 国防科工局应当自许可证申请受理之日起20个工作日内完成审查，对符合条件的颁发许可证；对不符合条件的，书面告知申请单位并说明理由。核安全技术审评所需时间不计算在上述规定的期限内。

第十七条 军工核安全设备设计、制造、安装和无损检验许可证应当载明下列内容：

（一）单位名称、注册地址和法定代表人；

（二）准予从事的活动种类、范围和活动场所；

（三）有效期限；

（四）发证机关、发证日期和证书编号。

第十八条 军工核安全设备设计、制造、安装和无损检验许可证有效期为5年。有效期内，许可证持有单位按照许可证准予的活动种类和范围从事军工核安全设备相关工作。

第十九条 军工核安全设备设计、制造、安装和无损检验单位变更单位名称、注册地址、法定代表人的，应当自变更工商登记之日起20日内，向国防科工局申请办理许可证变更手续。变更后的许可证有效期适用原许可证的有效期。

军工核安全设备设计、制造、安装和无损检验单位变更许可证规定的活动种类、范围或者活动场所的，应当按照原申请程序向国防科工局重新申请领取相应的许可证。

第二十条 许可证有效期届满，军工核安全设备设计、制造、安装和无损检验活动单位需要继续从事相关活动的，应当于有效期届满6个月前，向国防科工局提交符合本办法附件2要求的有关文件。

国防科工局应当在许可证有效期届满前作出是否准予延续的决定；逾期未作决定的，视为准予延续。

第二十一条 禁止无许可证擅自从事或者不按照许可证规定的活动种类和范围从事军工核安全设备设计、制造、安装和无损检验活动。

禁止伪造、变造、转让许可证。

第二十二条 由境外企业设计、制造、安装和无损检验的军工核安全设备，军工核设施营运单位应当在采购前，提交有关境外单位技术能力、质量保证能力等方面的证明文件，报国防科工局审查备案。国防科工局根据需要对相关设计、制造、安装和无损检验活动实施监督管理。

军工核设施营运单位提交的有关材料应当为中文或中英文对照文本。

第四章 质量管理与过程控制

第二十三条 军工核安全设备设计、制造、安装和无损检验单位，应当提高核安全意识，建立完善的质量保证体系，确保军工核安全设备的质量。

第二十四条 军工核安全设备设计、制造、安装和无损检验单位应当根据其质量保证大纲和军工核设施营运单位的要求，在军工核安全设备设计、制造、安装和无损检验活动开始前，编制项目质量保证大纲，并经军工核设施营运单位审查认可。

军工核安全设备制造和安装单位应当根据具体活动编制相应的质量计划，并经军工核设施营运单位审查认可。

第二十五条 军工核设施营运单位应当对军工核安全设备设计、制造、安装和无损检验进行质量管理和过程控制，做好监造和验收工作。

第二十六条 军工核安全设备设计、制造、安装和无损检验单位应当按照项目质量保证大纲的要求，对所有过程进行控制，并对发现的问题及时进行处理和纠正。

军工核安全设备设计、制造、安装和无损检验单位应当对分包活动进行质量管理和过程控制。

第二十七条 军工核安全设备设计单位应当进行设计验证。设计验证可以采用设计审查、鉴定试验或者不同于原设计中使用的计算方法等形式。

第二十八条 军工核安全设备制造和安装单位应当对军工核安全设备制造和安装质量进行检验。未经检验或者检验不合格的，不得交付验收。

第二十九条 在军工核安全设备制造和安装活动中，军工核设施营运单位应当做好验收工作。有下列情形之一的，不得通过验收：

（一）不能按照质量保证要求证明质量受控的；

（二）出现重大质量问题未处理完毕的。

第五章 报 告

第三十条 军工核安全设备设计单位，应当在设计活动开始 15 个工作日前，将下列文件报送国防科工局：

（一）项目设计质量保证大纲和程序清单；

（二）设计内容和设计进度计划；

（三）设计验证活动清单。

第三十一条 军工核安全设备制造、安装单位，应当

在制造、安装活动开始 15 个工作日前,将下列文件报送国防科工局:

(一)项目制造、安装质量保证大纲和程序清单;

(二)项目制造、安装质量计划。

第三十二条 军工核安全设备无损检验单位,应当在无损检验活动开始 15 个工作日前,将下列文件报送国防科工局:

(一)项目无损检验质量保证大纲和程序清单;

(二)无损检验活动内容和进度计划;

(三)无损检验验收准则。

第三十三条 军工核安全设备设计、制造、安装和无损检验单位,在出现以下情况时,应当在 5 个工作日内向国防科工局报告:

(一)影响军工核安全设备质量或核设施安全而导致军工核设施营运单位发出停工指令;

(二)出现重大质量问题;

(三)主要人员、关键技术条件发生变动。

第六章 监督检查

第三十四条 监督检查分为例行检查、非例行检查和监督见证。例行检查是有计划的核安全监督检查。非例行检查是根据需要临时安排的监督检查,可以不预先通知。监督见证是国防科工局对监督见证点组织实施的现场监督检查。

被检查单位应当予以配合,如实反映情况,并提供必要的资料,不得拒绝和弄虚作假。对于监督检查中提出的整改要求,被检查单位应当认真予以落实。

第三十五条 军工核安全设备监督检查的内容主要包括:

(一)核安全法规标准和许可证条件遵守情况;

(二)质量保证体系运行情况;

(三)相关人员的资格;

(四)军工核安全设备设计、制造、安装和无损检验活动重要过程的控制情况;

(五)重大质量问题的调查和处理,以及整改要求的落实情况;

(六)军工核安全设备设计、制造、安装和无损检验活动的验收和鉴定情况;

(七)军工核设施营运单位的监造情况;

(八)其它必要的监督检查内容。

第三十六条 国防科工局及其委托的技术支持单位应当将监督检查情况,以及相应整改要求形成监督检查意见,发送被检查单位以及相关单位。

被检查单位应当针对监督检查中提出的问题和要求,制定相应的整改方案,并报国防科工局及其委托的技术支持单位。国防科工局及其委托的技术支持单位应当对整改要求的落实情况进行跟踪。

第三十七条 军工核安全设备监督检查人员在进行监

督检查时，对于违反核安全法规标准或许可证条件等行为，应当予以制止，并立即上报国防科工局。

第三十八条 国防科工局及其委托的技术支持单位对军工核安全设备设计、制造、安装和无损检验活动实施的监督检查不减轻也不转移被检查单位所应当承担的责任。

第七章 罚 则

第三十九条 从事军工核安全设备监督管理的部门、单位及其工作人员违反本办法规定，有下列行为之一的，对直接负责的主管人员和其他直接责任人员，依法给予处分；构成犯罪的，移送司法机关，依法追究法律责任：

（一）违反本办法规定核发许可证件的；

（二）对发现违反本办法的行为不依法查处的；

（三）在办理许可证件以及实施监督检查过程中，索取他人财物或者谋取其它不正当利益的；

（四）其它徇私舞弊、滥用职权、玩忽职守行为。

第四十条 国防科工局发现军工核安全设备设计、制造、安装和无损检验单位出现人员能力、活动场所、设施、装备、质量管理体系等相关方面有不符合原申请发证时能力情形的，应当责令其限期整改。逾期不整改或者经整改仍不符合条件的，由国防科工局暂扣或者吊销许可证。

第四十一条 拒绝或者阻碍国防科工局（或其委托的技术支持单位）监督检查的，由国防科工局责令限期改正；

— 511 —

逾期不改正或者在接受监督检查时弄虚作假的，暂扣或者吊销许可证。

第四十二条 对于伪造、变造、转让许可证的责任单位或个人，由国防科工局收缴伪造、变造的许可证或者吊销许可证；构成犯罪的，依法追究法律责任。

第四十三条 对于违反规定并由此产生质量事故的责任单位或个人，国防科工局视情节轻重，依法给予相应的处罚；构成犯罪的，移送司法机关，依法追究法律责任。

第四十四条 当事人对行政处罚不服的，可以在接到处罚通知之日起 60 日内向国防科工局申请行政复议，但对停工整顿或吊销许可证的处罚必须立即执行。

第八章 附 则

第四十五条 本办法中有关名词解释如下：

（一）模拟件：在军工核安全设备制造、安装许可申请时，申请单位针对申请的目标产品，按照 1∶1 或者适当比例制作的与目标产品在材料、结构型式、性能特点等方面相同或者相近的制品。该制品必须经历与目标产品或者样机一致的制作工序以及检验、鉴定试验过程等。

（二）鉴定试验：在设计过程中，为了保证设计满足预先设定的设计性能指标而对模拟件（或者样机）实施的实物验证试验。鉴定试验包括功能试验、抗震试验和环境试验（包括老化试验和设计基准事故工况试验）等。

（三）监督见证点：根据军工核安全设备设计、制造、安装和无损检验单位报送文件，选择的需检查的某一工作过程或者工作节点。根据检查方式的不同，检查点一般分记录确认点（R 点）、现场见证点（W 点）、停工待检点（H 点）等三类。

（四）关键工艺：指对军工核安全设备质量、性能、功能、寿命及可靠性有直接影响的重要工序，包括：结构设计、设计验证、成型、机加、焊接、热处理、无损检验、组装、性能试验等。

（五）军工核设施营运单位：经国家批准，负责建设、运行和管理军工核设施的企事业单位。

第四十六条 本办法自印发之日起施行。

附件：1. 军工核安全设备许可证申请书和申请文件格式及内容（一式二份，同时提交电子版文件）（略）

2. 军工核安全设备许可证延续申请书和申请文件格式及内容（一式二份，同时提交电子版文件）（略）

图书在版编目（CIP）数据

中华人民共和国核安全法律法规汇编：大字版／中国法制出版社编．—北京：中国法制出版社，2024.4
ISBN 978-7-5216-4438-8

Ⅰ.①中… Ⅱ.①中… Ⅲ.①核安全-安全法规-汇编-中国 Ⅳ.①D922.549

中国国家版本馆CIP数据核字（2024）第067276号

| 责任编辑：张 僚 | 封面设计：杨泽江 |

中华人民共和国核安全法律法规汇编：大字版
ZHONGHUA RENMIN GONGHEGUO HE'ANQUAN FALÜ FAGUI HUIBIAN：DAZIBAN

编者／中国法制出版社
经销／新华书店
印刷／保定市中画美凯印刷有限公司
开本／850毫米×1168毫米 32开　　　　　印张／16.25　字数／259千
版次／2024年4月第1版　　　　　　　　　2024年4月第1次印刷

中国法制出版社出版
书号 ISBN 978-7-5216-4438-8　　　　　　　　　　　定价：48.00元

北京市西城区西便门西里甲16号西便门办公区
邮政编码：100053　　　　　　　　　　　传真：010-63141600
网址：http：//www.zgfzs.com　　　　　编辑部电话：010-63141663
市场营销部电话：010-63141612　　　　　印务部电话：010-63141606

（如有印装质量问题，请与本社印务部联系。）